海上保険

グローバル・ビジネスの視点を養う

中出 哲

有斐閣

はしがき

　一般には，あまり知られていないが，各種の保険の中で最初に誕生した営利保険は，海上保険である。海上保険は，保険制度の中で最も歴史があり，日本でも，損害保険の事業は海上保険から始まった。現在，日本の損害保険会社の事業の中心は自動車保険であり，海上保険は，保険料収入での比重は小さいが，貿易や海運を支える保険として重要な役割を担っている。

　海上保険は，海上の各種危険に対する損害保険で，その中心は，貨物保険と船舶保険であるが，それ以外にも多くの種類がある。また，他の保険と比べて，以下のような特徴を有している。

　第1に，海上保険は，商社，メーカー，船会社などの事業者向けの保険で，ビジネスに伴うリスクを扱い，大規模リスクを対象とする。

　第2に，対象となる財物はさまざまで，補償する危険事故も多様である。そのため，枠組みも柔軟で，技術進歩とともに保険の内容も進化し，多彩な保険領域となっている。

　第3に，貿易や海運等のリスクを対象とし，保険を利用する者も日本法人に限定されず，事故が外国で生じる場合も多い。そのため，国際的な実務に整合的な内容になっている。

　第4に，海上保険誕生から700年間にわたって蓄積された膨大な実務や判例に支えられた保険となっている。

　筆者は，大学で海上保険について学んだ後，損害保険会社に入社して貨物保険と船舶保険の損害査定業務に従事した。各種の貨物の損害に触れ，また船舶修繕等の現場に数多く立会い，国際的事件・訴訟を扱った。その中で得られた経験は，その後の会社法務の仕事や保険法の研究においても基本的なバックボーンになった。

　海上保険の勉強と実務を通じて多くのことを学んだと感じているが，海上保険を学ぶ意義として，以下の4点をあげておきたい。

第1に，保険を含めた各種商業制度がいかに誕生して今日まで進化してきたか，歴史的なコンテクストから理解する姿勢を学ぶことである。

　第2に，制度をグローバルに捉えることである。イギリスの保険約款や法律制度についても学び，日本の保険制度や法律を広い見地から捉える視点が得られる。

　第3は，理論と実務のバランスである。海上保険は，商人が生み出した取引実務から法理論が生まれた。商人の創意工夫が原動力となり，法制度や理論に結びついていくことを理解することになる。

　第4に，各種の商業制度が有機的に結びつき，今日の国際的制度を作り上げてきたことを学ぶことである。海上保険は，貿易や海運における保険であり，その前提にグローバルなビジネスが存在する。海上保険は，それらのビジネスにさまざまな形で関係していることを理解することになる。

　海上保険の勉強は，物事を，縦軸（歴史的視点）と横軸（グローバルな視点）から捉えるとともに，実務と理論の関係，各種の商業制度が有機的に結びついて取引を発展させてきていることなど，多くのことを学べる。それは，深くて広い壮大な商学の世界への探求といってもよいであろう。貿易・海運など海上保険に関係する業務に携わっている人はもちろん，海上保険以外の保険事業に従事する人やこれから社会で活躍する学生にも有益であると確信している。

　本書は，筆者の現場経験と海上保険に対する上記の思いを骨格として，実務を出発点に，重要な事項や考え方をできるだけ体系的に説明するように努めて執筆した。そのため，本書は，伝統的な海上保険の教科書等とは構造と内容を異にしている。海運や貿易などの制度も理解しながら，縦軸と横軸から海上保険制度を理解することを目指している。本書全体を，①全体に共通する総論（第1章から第4章），②貨物保険・船舶保険の内容（第5章から第8章），③その他の海事制度と保険（第9章から第12章）という3つのパートに分けて海上保険を説明し，最後に，終章として今後の課題と展望を加えた。大学等の講義で利用しやすい章立てとした。

　まず，第1章から第4章は，海上保険の意義・種類・市場・契約などの概要を説明して，海上保険の内容を学ぶうえでの基礎知識を提供するものである。

第1章では，貿易，海運のリスクマネジメントにおける保険制度の意義を踏まえて，海上保険の特徴を学ぶ。また，ここでは，リスク分散に関する制度についても学ぶ。第2章では，海上保険の歴史を学ぶとともに，現在の市場の状況をグローバルな視点から鳥瞰する。第3章は，海上保険の事業に関する法的枠組みや海上保険契約に関する基礎的事項を学ぶ。第4章では，海上保険の契約理論について，日本法に加え，イギリス法も参照しながら理解を深める。

　第5章から第8章は，海上保険の中心をなす外航貨物海上保険と船舶保険を詳しく扱う。第5章では，貿易取引について理解を深めたうえで，外航貨物海上保険の手配について学び，続く第6章でその具体的な補償内容を学ぶ。第7章では，海運ビジネスにおける基礎的事項を確認したうえで必要となる船舶保険の種類を確認し，第8章では，船舶保険における補償内容を学ぶ。

　第9章から第12章は，海上保険に密接に関係する海難処理に関する制度とその他の海上保険を扱う。第9章では海難救助，第10章では共同海損と，海運に特有の海難処理に関する制度を学ぶ。第11章では，船舶による各種賠償責任とそれを補償する保険，第12章では，その他の海上保険について学び，海上保険の多様性を理解する。

　以上が，海上保険に関する解説部分であるが，最後に，終章として「海上保険の課題と展望」と題して筆者の問題提起を掲げている。研究の出発点は，現実に対する問いである。知識を習得するだけでなく，問題意識を高めていくことが重要である。そのような筆者の考えから終章を設けており，読者とともに考えたいテーマである。

　本書の執筆にあたっては，読者が読みやすい図書とする観点から，都度，脚注で参照文献を記すことは控えているが，巻末に主要参考文献として示しているとおり，多くの業績の恩恵に浴している。とくに，木村栄一・大谷孝一・落合誠一編『海上保険の理論と実務』（弘文堂，2011年）を主要文献として参考にした。同書は，現在，出版されている海上保険に関する図書の中で最も体系的かつ詳細な専門書である。

　巻末付録の海上保険の保険約款については，東京海上日動火災保険株式会社のものを，同社の許諾をいただいて掲載している。ここに厚く御礼を申し上げ

る。

　また，本書の草稿については，早稲田大学・田口尚志教授，中央大学・平澤敦教授のほか，東京海上日動火災保険株式会社の海上保険専門家（元社員・現社員）の井口俊明氏，近内保利氏，久保治郎氏，片岡敏彰氏，高野浩司氏，井原哲次郎氏，および日本船主責任相互保険組合の宮廣好一氏に，ご多忙の中，本文の全体または関係する章の草案に目を通していただき貴重な指摘や助言を賜った。心から御礼申し上げる。また，早稲田大学大学院商学研究科・草野哲史氏には，作表・作図や字句の点検にお力をいただいた。深く感謝申し上げる。

　本書の刊行は，株式会社有斐閣書籍編集第二部の渡部一樹氏の力なくしては実現できなかった。ここに厚く御礼申し上げる。

　本書の執筆には，科学研究費（15K03745）を利用した。

　多くの読者が，海上保険が他の商業制度と結びついて機能し，進化してきたことを理解し，海上保険，さらには貿易・海運をはじめ，国際的なビジネスや制度に関心を持っていただければ望外の喜びである。

　　2018 年 12 月

　　　　　　　　　　　　　　　　　　　　　　　　　　　　中　出　　哲

目　次

はしがき　i

第1章　海上のリスクマネジメントと保険 ——————— 1
1　貿易・海運とリスクマネジメント ·················· 2
 1-1　リスクへの対処　2
 1-2　リスクと類似の用語　2
 1-3　リスクマネジメントとは何か　3
 1-4　リスクへの対処方法　4
 1-5　損害保険の意義　5
2　貿易・海運に伴うリスクの特徴 ·················· 6
3　貿易・海運におけるリスクに対する各種保険制度 ······ 6
 3-1　貨物に関する保険　7
 3-2　船舶に関する保険　8
 3-3　海洋エネルギー開発関係の保険　8
 3-4　漁船保険，漁業共済　8
4　海上保険の特徴 ································ 10
 4-1　海上保険とは何か　10
 4-2　特　徴　10
5　海上保険を支えるリスク分散の制度 ············· 14
 5-1　巨大リスクへの対処　14
 5-2　共同保険　14
 5-3　再保険　15
 5-4　キャット・ボンド　18
 5-5　キャプティブ　20

第2章　海上保険の歴史と海上保険市場の現在 ——— 23
1　海上保険の誕生と広がり ························ 24
 1-1　保険の本質と保険の歴史　24
 1-2　海上保険の誕生　25
 1-3　海上保険の伝播　27
 1-4　日本における海上保険の誕生　28
2　冒険貸借と保険の違い ·························· 28

3　ロイズにおける保険の発展とロイズの特徴……………………………29
　3-1　ロイズの誕生　29
　3-2　ロイズの衰退と新ロイズの設立　30
　3-3　ロイズの発展と危機　31
　3-4　ロイズにおける保険取引　32
　3-5　ロイズの特徴　34
4　船主責任相互保険組合の歴史と特徴……………………………35
　4-1　P&Iクラブの誕生　35
　4-2　世界各国への広がり　36
　4-3　P&Iクラブの組織と特徴　37
　4-4　P&Iクラブにおけるリスクの分散　38
5　日本・世界における現在の海上保険市場……………………………39
　5-1　日　　本　39
　5-2　世　　界　40

第3章　海上保険の事業と契約に適用される法律　43

1　海上保険に適用される法律……………………………44
　1-1　海上保険の事業に適用される法律——保険業法　44
　1-2　海上保険の契約に適用される法律——保険法, 改正商法　45
2　海上保険の契約……………………………46
　2-1　約款による取引　46
　2-2　約款と法律の関係　47
　2-3　海上保険契約の言語　47
　2-4　契約の適用法と紛争解決の準拠法　48
　2-5　イギリスの海上保険法　49
　2-6　海上保険約款で規定されている事項　51
3　海上保険契約の締結……………………………53
　3-1　保険契約の締結と保険証券　53
　3-2　損害保険契約の当事者　54
　3-3　海上保険契約の締結と保険募集人　55
　3-4　告知義務　57
　3-5　海上保険における主要な告知事項　59
　3-6　保険料の支払い　59

第4章　海上保険契約の内容に関する法理論　61

1　海上保険契約の効力……………………………62
　1-1　契約の一般原則　62
　1-2　被保険利益　62

2 海上保険をつける金額 ……………………………………………… 63
- 2-1 保険価額と保険金額　63
- 2-2 超過保険　64
- 2-3 一部保険　64
- 2-4 価額協定　65

3 対象となる事故と免責 ……………………………………………… 65
- 3-1 保険事故　65
- 3-2 免　責　66
- 3-3 免責危険（原因免責）　67

4 因果関係 …………………………………………………………… 68
- 4-1 因果関係とは何か　68
- 4-2 日本法に基づく場合　69
- 4-3 イギリス法に基づく場合　70
- 4-4 因果関係判定の実務　71

5 危険の変動 ………………………………………………………… 71
- 5-1 危険の変動と契約内容の調整　71
- 5-2 危険の変動に関する日本法　72
- 5-3 危険の変動に関するイギリス法　73
- 5-4 約款上の扱い　74

6 保険事故発生時の義務 ……………………………………………… 74
- 6-1 損害防止義務　74
- 6-2 通知義務　75

7 保険給付 …………………………………………………………… 75
- 7-1 損害のてん補　75
- 7-2 全　損　76
- 7-3 分　損　77
- 7-4 控除等　77
- 7-5 重複保険　78
- 7-6 賠償責任保険における先取特権　79
- 7-7 保険給付の履行期　80
- 7-8 請求権の消滅時効　80

8 保険金支払いによる効果 …………………………………………… 81
- 8-1 残存物代位　81
- 8-2 請求権代位　82

9 海上保険契約の終了 ………………………………………………… 84
- 9-1 契約の解除　84
- 9-2 保険料の返還　84

第5章　貿易取引と貨物海上保険の手配と請求 ── 87

1　貿易取引 ── 88
- 1-1　貨物輸送　88
- 1-2　国際貿易における輸送の流れ　88
- 1-3　定型取引条件　89
- 1-4　インコタームズ　90

2　輸送の手配 ── 94
- 2-1　海上輸送と運送書類　94
- 2-2　船荷証券　94
- 2-3　海上運送状　97

3　荷為替と信用状 ── 97
- 3-1　荷為替手形　97
- 3-2　信用状　98

4　貨物海上保険の手配 ── 99
- 4-1　貿易貨物についてのリスク負担と保険の手配　99
- 4-2　FOB条件とCFR条件における保険手配　99
- 4-3　CIF条件における保険手配　100
- 4-4　保険手配と自国保険主義　101

5　貨物海上保険契約の締結 ── 104
- 5-1　保険契約の申込みと締結　104
- 5-2　保険契約の種類　104
- 5-3　保険料の算定と支払い　105
- 5-4　予定保険　106
- 5-5　保険価額と保険金額　107

6　事故時の対応と保険金請求手続き ── 108
- 6-1　保険事故時の対応　108
- 6-2　損害の認定　109
- Column　損害貨物評価の実務上の難しさ　109

第6章　外航貨物海上保険における補償内容 ── 111

1　外航貨物海上保険証券の沿革 ── 112
- 1-1　ロイズ保険証券の生成　112
- 1-2　協会貨物約款の制定　113
- 1-3　新協会貨物約款の制定　113

2　新貨物海上保険証券の構造 ── 114
- 2-1　MARフォームと新協会貨物約款の構造　114
- 2-2　日本における外航貨物海上保険証券の内容（MARフォーム準拠）　115
- 2-3　外航貨物海上保険証券表面の記載内容　116

2-4　外航貨物海上保険証券裏面に記載の約款　117
　　2-5　基本的な保険の補償　118
　3　マリン・リスクに関する協会貨物約款……………………………119
　　3-1　設けられている条項　119
　　3-2　協会貨物約款の特徴　120
　4　協会貨物約款における補償の対象……………………………………121
　　4-1　保険期間　121
　　4-2　輸送の打切りと保険の補償　122
　　4-3　航海の変更　122
　5　協会貨物約款における担保危険と免責危険……………………123
　　5-1　3つの基本条件　123
　　5-2　列挙責任方式と包括責任方式　123
　　5-3　協会貨物約款A条件における担保危険　123
　　5-4　協会貨物約款A条件における免責危険　124
　　5-5　協会貨物約款B条件における担保危険と免責危険　125
　　5-6　協会貨物約款C条件における担保危険と免責危険　127
　　5-7　追加危険　127
　6　協会貨物約款における保険金請求……………………………………128
　　6-1　被保険利益　128
　　6-2　継搬費用　128
　　6-3　推定全損　129
　　6-4　損害の軽減　129
　　6-5　法律・慣習　129
　7　戦争リスクに対する補償………………………………………………130
　　7-1　戦争リスクと保険の補償　130
　　7-2　戦争リスクに対する保険約款　130
　　7-3　戦争約款で対象となる戦争リスク　131
　　7-4　戦争リスクに対する保険期間　131
　8　ストライキ・リスクに対する補償……………………………………132
　　8-1　ストライキ・リスクと保険の補償　132
　　8-2　ストライキ・リスクに対する保険約款　132
　　8-3　ストライキ約款で対象となるリスク　132
　　8-4　ストライキ・リスクに対する保険期間　133
　9　貨物の特性に応じた特殊な補償………………………………………133

第7章　海運と船舶保険　　135

　1　船舶保険の対象とその多様性…………………………………………136
　　1-1　船舶保険の対象　136

  1-2　船舶の種類　136
 2　海運ビジネスと船舶の運航形態……………………………138
  2-1　複雑な当事者関係　138
  2-2　船舶の建造と関係する保険　139
  2-3　船 舶 金 融　139
  2-4　船舶の国籍　141
  2-5　船舶の賃貸借　143
  2-6　船　員　143
  2-7　船舶の傭船　144
  2-8　船舶の管理会社　144
 3　船舶の運航に伴う各種リスクと保険……………………145
 4　日本で利用されている標準約款……………………………145
  4-1　約款の種類　145
  4-2　和 文 約 款　146
  4-3　ITC-Amended　147
  4-4　イギリスの船舶保険約款　147
 5　世界の主要市場における標準約款…………………………148
  5-1　イギリスの船舶保険約款　148
  5-2　北欧の船舶保険約款　149
  5-3　米国の船舶保険約款　150
  5-4　ドイツの船舶保険約款　150
 6　船舶保険契約の締結…………………………………………151
  6-1　保険契約者　151
  6-2　被 保 険 者　151
  6-3　保険の目的物の範囲　152
  6-4　保険価額と保険金額　152
  6-5　告 知 義 務　152
  6-6　保 険 料 率　153
  6-7　保険料の支払い　153
 7　保険金の請求と支払い………………………………………154

第8章　船舶保険における補償内容　　　　　　　　　155

 1　船舶保険における補償………………………………………156
 2　担 保 危 険……………………………………………………157
  2-1　担保危険の表示方式　157
  2-2　包括責任方式と列挙責任方式　159
 3　免 責 危 険……………………………………………………159
  3-1　和文約款における免責危険　159

3-2　ITC 1983 における免責危険　161
　4　危険の変動の場合における危険の限定——以後免責 ················ 162
　5　てん補の対象となる損害の種類 ····································· 163
　　　5-1　和文約款におけるてん補の範囲　164
　　　5-2　全　　　損　164
　　　5-3　修　繕　費　165
　　　5-4　共同海損分担額　166
　　　5-5　衝突損害賠償金　166
　　　5-6　損害防止費用　167
　　　5-7　てん補すべき額の限度　168
　6　戦争，ストライキ，テロ，海賊等に対する補償 ················ 168
　7　不稼働損失に対する保険 ··· 170
　Column　船舶はどのような存在なのか　171

第9章　海難救助 ─────────────────────── 173
　1　海難救助の意義 ·· 174
　　　1-1　海難救助の特殊性　174
　　　1-2　海難救助に関する法制度の生成　174
　　　1-3　海難救助に関する法の統一　175
　2　海難救助の報酬の特徴 ·· 175
　　　2-1　高度で重大な救助作業　175
　　　2-2　不成功無報酬の原則　176
　　　2-3　環境保護への配慮　176
　　　2-4　救助報酬の負担者　177
　3　海難救助の成立 ·· 177
　4　救　助　契　約 ·· 178
　　　4-1　救助における契約と救助契約　178
　　　4-2　定額の曳航契約等　178
　　　4-3　ロイズ海難救助契約標準書式　179
　　　4-4　日本海運集会所　海難救助契約書式　181
　5　救　助　報　酬 ·· 182
　　　5-1　救助報酬の支払い　182
　　　5-2　海上保険における救助報酬の支払い　182
　Column　海難処理の緊迫した現場　183

第10章　共同海損 ───────────────────── 185
　1　共同海損の意義 ·· 186
　　　1-1　共同海損の淵源　186

        1-2 共同海損の背景　187
        1-3 共同海損と海上保険の関係　187
    2 共同海損に関する法律・規則の変遷 ……………………………… 189
        2-1 共同海損に関する統一法の必要性とYARの制定　189
        2-2 YARの浸透　190
        2-3 YARの簡素化と反動　190
        2-4 日本における共同海損に関する法　191
    3 YARの構造と基本原則 ……………………………………………… 192
        3-1 共同海損における2つの主義　192
        3-2 YARにおける基本原則　193
    4 共同海損として認められる行為と損害 ………………………… 195
        4-1 共同海損における損害　195
        4-2 主な共同海損行為と共同海損に認められる損害　195
    5 共同海損の分担 ……………………………………………………… 198
        5-1 分担する者　198
        5-2 負担価額　198
        5-3 犠牲損害の加算　199
    6 共同海損の精算の流れ ……………………………………………… 201
        6-1 共同海損精算人の起用　201
        6-2 共同海損の宣言と手続き　201
    Column 共同海損は廃止されるべきか　202

第11章 海上の賠償責任とP&I保険 ──────── 205

    1 海上航行に伴う賠償責任の特徴と種類 ………………………… 206
        1-1 各種の賠償責任　206
        1-2 海上事故の特徴　207
        1-3 賠償責任の種類　208
    2 船主責任制限 ………………………………………………………… 209
        2-1 責任制限額に関する種々の方式　209
        2-2 責任制限に関する国際条約　210
        2-3 日本の船主責任制限制度　211
    3 油濁損害に関する責任 ……………………………………………… 213
    4 海上の賠償責任に対する保険制度 ………………………………… 214
        4-1 賠償責任と対応する保険制度　214
        4-2 賠償責任保険の仕組みと意義　214
        4-3 賠償責任保険における支払対象と免責　216
        4-4 賠償責任保険において補償の対象とする事象　216
        4-5 賠償責任保険における支払義務発生の時点　217

4-6　支払対象となる損害　217
　　4-7　てん補限度額　218
　5　P&Iクラブによる P&I 保険の補償内容 …………………………… 218
　　5-1　特　　徴　218
　　5-2　補償内容　219
　　5-3　対象となる賠償責任・費用　219

第12章　その他の海上保険 ──────────────────── 221
　1　国内の貨物輸送に対する保険 ………………………………………… 222
　　1-1　貨物保険の種類　222
　　1-2　特　　徴　222
　　1-3　適　用　法　223
　　1-4　保険約款　223
　　1-5　保険事故と免責事故　224
　　1-6　てん補される損害　224
　　1-7　その他の約款記載事項　225
　2　船舶建造関係の保険 …………………………………………………… 225
　　2-1　船舶建造保険　225
　　2-2　船舶修繕者工事保険，船舶修繕費保険　226
　　2-3　船舶修繕者賠償責任保険　226
　　2-4　船舶修繕保険　226
　3　海洋石油開発関係の保険 ……………………………………………… 227
　　3-1　海洋石油開発事業の特徴　227
　　3-2　海洋石油開発関係の保険の特徴　228
　　3-3　海洋石油開発関係の保険市場　228
　　3-4　石油開発の段階と必要な保険　228
　　3-5　石油開発関係の主な保険　229
　　3-6　プロジェクトの特徴を踏まえた保険対応　229
　4　洋上風力発電関係の保険 ……………………………………………… 230
　　4-1　洋上風力発電の意義　230
　　4-2　洋上風力発電の保険の意義と内容　230
　　4-3　特　　徴　230

終　章　海上保険の課題と展望 ──────────────────── 233
　1　海運ビジネスの変化と海上保険 ……………………………………… 234
　　1-1　貿易における変化　234
　　1-2　海運における変化　234
　2　海上保険のリスクの変化 ……………………………………………… 235

2-1　リスクの増加　235
　　2-2　リスクの実態の不透明化　236
　3　海上保険における国際競争 ……………………………………237
　　3-1　イギリス　237
　　3-2　北　　欧　239
　　3-3　シンガポール　240
　　3-4　中　　国　241
　4　日本はどうすればよいか ………………………………………242
　　4-1　グローバル競争の中で　242
　　4-2　約款等の英文化　242
　　4-3　付加サービス　243
　　4-4　世界への発信　243
　5　技術革新と海上保険 ……………………………………………244
　　5-1　貿易・海上輸送の技術面の進化　244
　　5-2　海上保険に対する影響　245
　6　海上保険の本質 …………………………………………………246
　　6-1　海上保険とは何か　246
　　6-2　海上保険の事業の特徴　248
　　6-3　さらなる発展の方向性　249

主要参考文献　251
事項索引　255
欧文索引　261

巻末付録
　貨物海上保険普通保険約款──運送保険普通保険約款　265
　船舶保険普通保険約款　277
　外航貨物海上保険証券（MARINE CARGO POLICY）　巻末折込

本書のコピー，スキャン，デジタル化等の無断複製は著作権法上での例外を除き禁じられています。本書を代行業者等の第三者に依頼してスキャンやデジタル化することは，たとえ個人や家庭内での利用でも著作権法違反です。

第1章
海上のリスクマネジメントと保険
Marine Risk Management and Insurance

Introduction

　海上保険は，貿易や海運におけるリスクに対処する保険である。本章では，最初に，リスクマネジメントに関する基礎的事項とともに，貿易や海運におけるリスクを確認する。そのうえで，それらのリスクに対処する保険にどのような種類があるかを学ぶ。

　また，海上保険が有する特徴を理解する。海上保険は，事業者が利用する保険で，その対象は多岐にわたる。とくに，貨物の場合には，ほとんどあらゆる商品・資材が保険の対象となる。そのため，海上保険は柔軟で合理的な保険となっている。また，海上保険は，巨額のリスクも対象とし，国際的な性格を有している。こうした海上保険は，あらゆる保険の中でも最も歴史があり，その点にも特徴を見出すことができる。

　海上保険は，巨額の損害をてん補する保険であることから，巨額リスクへの対処が必要である。本章では，リスク分散の仕組みとして，共同保険，再保険，キャット・ボンドについても説明している。こうした危険分散は国際的なスケールで展開される。

　海上保険は，最も古い保険でありながらグローバルでダイナミックな保険である。海上保険の広くて深い世界を見ていこう。

2　第1章　海上のリスクマネジメントと保険

1　貿易・海運とリスクマネジメント

1-1　リスクへの対処

　海上保険について学ぶにあたり，最初にリスクマネジメントについて基礎的な事項を説明しておく。海上保険は，リスクマネジメントにおける重要な方策だからである。

　企業活動は，多くのリスクにさらされている。保険学では，リスク（risk）とは，結果が不確実となる不確実性をいう。リスクの中には，損失が生じる場合と利益が得られる場合の両方が存在するリスク（**投機的リスク**：speculative risk）もあれば，損失のみが生じるリスク（**純粋リスク**：pure risk）もある。前者は，株式相場，為替レート，原油相場，運賃水準などである。後者は，火災，地震，交通事故，船舶の沈没などである。

　ビジネスは，利益を得るためにリスクをとる営みともいえる。利益を得るためには，チャレンジが必要である。しかし，チャレンジは，つねに失敗の可能性と抱き合わせで，多くのリスクにさらされている。それゆえ，リスクを見極め，リスクをできるだけコントロールし，不測の事態が生じても事業を継続できるように計画的に準備しておく必要がある。

1-2　リスクと類似の用語

　英語の risk の訳語は，通常，「危険」となるが，危険ではなく，「リスク」と記しているのには理由がある。保険やリスクマネジメントの学問においては，risk, peril, hazard の意味を，以下のとおりに使い分けているが，日本語の「危険」は，いずれの意味をも包含してしまう。そのため，「リスク＝危険」とすると正確ではない。もっとも，以上の3つの用語を厳密に使い分けることが難しい場合もあり，つねに明確に使い分けているとはいえない面はある。

> リスク（risk）：不確実性
> ペリル（peril）：損失を引き起こす原因となる出来事・事故

> ハザード (hazard)：損失の発生を引き起こしたり，助長・拡大する要素
> 「危険事情」と訳される場合もある

　たとえば，船舶の沈没，衝突などの事故はペリルにあたり，悪天候，船舶の整備不良，貨物の梱包不良などがハザードにあたる。事故によって損失が生じる可能性をリスクという。

　ハザードには，人的なものとそうでないものがあるが，そのうち，保険学では，保険金請求詐欺や過大請求などの不正をモラル・ハザード (moral hazard) と呼んでいる。また，保険の存在などによって事故に対する注意力が低下するような状態をモラール・ハザード (morale hazard) と呼んでいる。

1-3　リスクマネジメントとは何か

　リスクを適切に管理して企業価値を高めるプロセスをリスクマネジメント (risk management) と呼ぶ。リスクマネジメントは，リスクに着目した経営管理手法である。リスクマネジメントでは，まず，リスクの認識が重要である。リスクを具体的に認識しなければ対策もとれない。そこで，リスクを具体的に洗い出す必要がある。そして，そのリスクを分析・評価する。こうした作業において有益であるのは，リスク・マップ (risk map) の作成である（図1-1）。リスクを洗い出して，その強度と頻度を評価してマップ上に示す。このような方

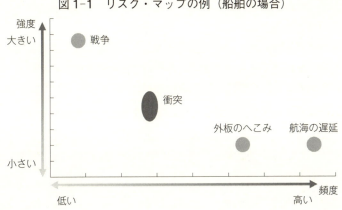

図1-1　リスク・マップの例（船舶の場合）

法で，リスクの全体像を可視化することができる。そして，各リスクに対する具体的な対処方法を決めて，それを計画的に実行し，その結果を定期的に評価（モニタリング）し，必要な対応を図る。そのうえで，再度，リスクを評価し，計画を見直して実行していく。こうした経営手法は，PDCA (plan, do, check, action) のマネジメント・サイクルと呼ばれる。リスクマネジメントも，こうしたマネジメント・サイクルの手法を使って実施していくことが合理的である。

1-4 リスクへの対処方法

　リスクを分析・評価したら，次は，リスクに対する対処を決める必要がある。対処としては，軽減，回避，転嫁（移転），保有がある。リスクの軽減として，事故発生の予防と損失の軽減がある。船舶の整備，運航ルートの調整，貨物の梱包の改善などがこれにあたる。事業者としては，さまざまなリスクに対応して，それぞれに対して損失の予防と軽減策を検討して実施していく。この対応の中で重要な点は，リスクの評価とコストとのバランスである。リスクを減少させるためには，そのためのコストも必要となるので，採算が合わなくなる場合もある。一方，発現すれば致命的な損失を生み出すリスクに対しては十分な対策が必要である。リスク軽減策をとっても損失の可能性を完全に除去することはできない場合もあるし，方策への費用支出によってビジネスが採算割れとなってしまう場合もある。

　そこで，そのリスクに対して，どう対処するかが問題となる。軽減策をとったとしてもリスクがあまりにも大きい場合や，経済的に採算が合わない場合は，リスクを回避するしかなく，リスクを完全に回避するのであれば，当該事業からの撤退も必要になってくる。一方，リスクを完全になくすことはできないが，リスクを他に転嫁することは可能である。損害保険に加入すれば，その分についての経済的なリスクは転嫁することができる。

　しかし，あらゆるリスクに対して保険が用意されているわけではないので，転嫁できないものは保有することになる。企業にとっては，企業がいかなるリスクを保有しているかを認識し，それが発現した場合（ペリルが発生した場合）においても事業を継続できるように方策をとっておく必要がある。事業継続のための計画は，BCP (business continuity plan) と呼ばれている。BCPでは，さ

まざまなペリルが発生したシナリオを設定して対応策を検討しておく。たとえば，巨大津波が東京湾を襲った場合にどう対応するかといった対策を具体的に定めておく。

　以上のように，リスクマネジメントにおいては，リスクを洗い出し，分析・評価して，リスクを減らす対策を検討して実行に移す。しかし，リスク自体を減らすことができない場合もあり，リスクの転嫁も重要となる。リスクの転嫁としては，いろいろな方法があるが，なかでも損害保険は最も一般的な制度となっている。

1-5　損害保険の意義

　発生する損失を補てんするために資金を準備する手法をリスクファイナンス（risk finance）と呼ぶ。損害保険は，リスクファイナンスの1つであるが，損害がてん補されることによって，そのリスクは保険者に転嫁されることになる。また，リスク移転のためのコスト（保険料）を会社の経費として会計処理することができるので，損害保険は，企業経営において合理的な手法である。

　損害保険がなければ，万が一の場合の損失によって企業が倒産することもありうる。それゆえ，損害保険は，事業を支え，新しいチャレンジを助ける制度ということもできる。損害保険は，万が一の場合に保険金という給付が得られる制度であることから，事故後に機能を発揮する制度であると理解している人が多い。

　しかし，この理解が正しいとはいえない。もちろん，事故後に重要となる制度であるが，損害保険があることによって，企業は，事業の安定性を確保し，それによって信用を高めることができる。銀行の融資においては，通常，融資の担保に保険をつけておくことが条件となるが，保険の手配によって，融資が円滑に進み，借入金利を下げることにもつながる。

　さらに，損害保険は，新しいチャレンジを支える制度であることにも注目すべきである。万が一の場合のリスクが転嫁できなければ，新しい事業への進出が難しくなる場合がある。損害保険が持つ，新しいチャレンジを支える制度としての意義を忘れてはならない。

2　貿易・海運に伴うリスクの特徴

　貿易や海運にはどのようなリスクが存在するのだろうか。
　事業の範囲が純粋に国内のみにとどまる場合もあるが、一般的に貿易や海運では、国際的なリスクに直接さらされている点を、その特徴としてあげることができる。ビジネスの舞台が国際的な場になることで、公海上や外国における自然災害はもちろん、日本では日常的リスクとしては想定していないリスク（たとえば、海賊、港湾ストライキ、政情不安、戦争）も、ただちに生じうるリスクとして想定しなければならない。また、取引の相手方や関係者が外国に所在する場合、外国の制度や法律に深く関わることになるため、日本では当然なことが通用しない場合が出てくる。このように、国際的なビジネスでは、国内とは比較できないさまざまなリスクが生じる点に特徴がある。
　以下は、代表的なリスクを示したものである。

貨物・船舶に共通するリスク
　各種の海難（沈没、座礁、衝突、船舶火災、津波、荒天など）、港湾ストライキ、テロ、戦争、海賊、原子力損害、為替の変動、運賃相場の変動、など

主として、貨物輸送関係のリスク
　破損、汚損、盗難などの貨物の各種損害、輸送の遅延、売買契約違反、代金未払い、受取拒否、取引の相手方の倒産、船会社等の倒産による輸送不能・中断、政府の輸入禁止措置、貨物価格の相場変動、など

主として、船舶運航関係のリスク
　船舶の損害、岸壁等との衝突等による賠償責任、乗組員・旅客の人身損害と賠償責任、油濁賠償責任、燃料油の高騰、運賃市況の下落、など

3　貿易・海運におけるリスクに対する各種保険制度

　貿易や海運に関係するリスクに対する保険としては、どのようなものがあるだろうか。まず、全体像を理解しておこう。

3-1 貨物に関する保険

各種の事故によって輸送貨物に損害が生じるリスクに対する保険として，**貨物海上保険**（marine cargo insurance），**運送保険**がある。前者は輸送に海上輸送を含む場合，後者は陸上・国内航空輸送の場合の保険である。運送保険は，厳密には海上保険ではないが，海上保険とほぼ類似の内容を有する保険である。両者を含めて，**貨物保険**（cargo insurance）という。貨物海上保険には，貨物が国内のみを移動する輸送を対象とする**内航貨物海上保険**と外国との間（および外国間）の輸送を対象とする**外航貨物海上保険**がある。運送保険には，荷主がその貨物につける保険や，運送業者が運送貨物に対して負う賠償責任を対象とする運送業者貨物賠償責任保険などがある。物流を包括的にカバーする保険（ロジスティクス保険とも呼ばれる）もある。

現在，貿易貨物の中でも，軽量で高価なものは航空輸送される場合が多い。これらは，海上にあるわけではないが，実務上は，外航貨物海上保険と同じ枠組みで，同種の保険約款を用いて引き受けられている。複数国間の陸上輸送の場合の貿易貨物も，外航貨物海上保険の枠組みを利用して引き受けられている。国内の陸上輸送貨物は，運送保険として引き受けられているが，約款は内航の海上輸送用の保険約款とほぼ同一のものとなっており，海上保険の枠組みを利用しているといえる。

貨物輸送については，このように，地理的な「海」という概念からはより広く，貿易や国際輸送に関するものは海上保険の枠組みが利用されている。今日，コンテナによる輸送の広がりなどによって，海上，陸上，航空などの複数の輸送手段を伴う複合一貫輸送が広がり，海上，陸上，航空という物理的な区分けで保険を分けることが適当でない状況も生じていて，海上保険として扱う領域は広がっている。

なお，貿易における相手国の政情不安や貿易禁止，相手企業の倒産等，海外への投資・融資取引等におけるリスクに対しては**貿易保険**がある。貿易保険は，主として，日本政府が全額出資の株式会社日本貿易保険（NEXI）が取り扱い，一部を民間の損害保険会社が引き受けている。これは外国のカントリー・リスク等を対象とするもので，信用保証保険の領域となるため，海上保険の範囲に

は含めていない。

3-2　船舶に関する保険

　各種事故によって船舶が被る物理的損害を補償する保険としては，**船舶保険**（hull insurance）がある。船舶保険も，内航と外航で保険の種類が分かれる。船舶保険は，船体に生じる損害をてん補するものであるが，加えて，船舶同士の衝突によって相手船とその積載貨物等の財産に生じた損害に対して負担する賠償責任も一定の範囲で対象とする。船舶の事故によって船主や船舶運航者は，衝突以外にも各種の賠償責任を負う。荷物・旅客・乗組員に対する責任，油濁責任，船骸の撤去責任などのさまざまな責任を負う可能性がある。それらの責任や費用支出は，**船主責任相互保険（P&I 保険）** の対象となる（船舶保険で支払われる船舶間衝突賠償責任を除く賠償責任をカバーする）。P&I 保険は，主として，外航は，船主の相互保険組合である P&I クラブ（P&I Club），内航は損害保険会社によって引き受けられている。P は Protection，I は Indemnity の頭文字をとったものである。

　船舶に事故による損害が生じたために，船舶が運航できない場合には，船主は利益を失う。それをカバーする保険としては，船舶不稼働損失保険がある。

　船舶の建造については，船舶建造保険がある。造船業者がその賠償責任に対してつける保険としては，造船業者賠償責任保険がある。

3-3　海洋エネルギー開発関係の保険

　近年ますます重要になっている保険として，海洋エネルギー開発関係の保険がある。海洋の石油掘削装置や海上の風力発電装置に関する各種保険である。それらの保険は，エネルギー装置自体の損害，事故による収益上の損害，費用の支出，賠償責任の負担など，リスクの実態をもとにアレンジされるオーダーメイド型の海上保険である（⇒詳しくは第 12 章）。

3-4　漁船保険，漁業共済

　一般に，海上保険という場合は，営利の保険制度を指すが，国の制度として運営されているものとして，漁船に対する漁船保険，漁獲物・養殖の水産物な

表 1-1　主要な海上保険の種類

対象財産		該当する保険の種類	引受組織
貨物	貿易貨物（国際航空輸送，3国間輸送を含む）	外航貨物海上保険	民間保険会社
	国内海上輸送貨物	内航貨物海上保険	
	国内陸上輸送貨物	運送保険	
	漁獲物，養殖水産物	内航貨物海上保険（特約による）	
		漁業共済	漁業共済組合
船舶	外航船舶	外航船舶保険	民間保険会社
	内航船舶	内航船舶保険	
	ヨット，モーターボート	プレジャーボートの保険（名称は各社で異なる）	
	各種船舶（各種の賠償責任）	船主責任相互保険（P&I保険）	P&Iクラブ
	漁船	漁船保険	漁船保険組合
石油掘削装置など	領海内，外国の各種海上施設など	当該財産に関する総合的保険（名称は種々）	民間保険会社

（出所）　中出哲・中林真理子・平澤敦監修『基礎からわかる損害保険』（有斐閣，2018年）をもとに一部修正。

どに対する漁業共済の制度がある。いずれも，保険の内容面において民間の保険に類似する部分が多いが，海上保険という場合には，これらの保険は含めない場合が多い。なお，漁船，水産物は，民間の保険会社でも一部引き受けられており，その場合は，海上保険に含めることになる。

　各種の海上保険について，その対象財産，該当する保険，引受組織をまとめると表1-1のとおりとなる。

4 海上保険の特徴

4-1 海上保険とは何か

　海上保険（marine insurance）という名称の具体的な保険は存在しない。各種の保険を包含して海上保険と呼んでいる。改正商法（以下，本書では，2018年改正商法を指す）には，海上保険契約の定義規定があり，「航海に関する事故によって生ずることのある損害を塡補することを約するもの」として定義している（815条）。しかし，実務では，改正商法の定義より広く，海上の財産や国際物流の対象物に対する各種保険を広く海上保険として扱っている。航空貨物や国内陸上運送貨物の保険は，貨物保険の1つとして，広くは海上保険の領域として扱われている。ただし，漁船保険，漁業共済など，国の制度として運営しているもの（民営の制度とはいえないもの）は，海上保険には含めない場合がある。

　それでは，厳密には「航海に関する事故」とはいえない場合においても，なぜ海上保険という枠組みで保険が引き受けられているのだろうか。海上保険は，もともと多様な財産とリスクに対応する国際的な保険であり，ビジネスの要請に応じて設計する柔軟な枠組みを有している。海洋の財産や国際的な物流のリスクの引受けには海上保険の枠組みが最も適合しているのである。このことは，日本だけでなく，ロンドンなどの国際市場においても同様な状況にある。

4-2 特　　徴

　海上保険において対象となるリスクは，貿易や海運などのグローバルなビジネスにおいて生じるリスクで，そのリスクの特徴は，海上保険の特徴にも表れてくる。

　海上保険は，他の損害保険とは異なる種々の特徴を有している。そのため，保険事業として行う場合も，海上保険あるいはマリンといって他の分野とは区別して扱う場合が多い。この点は，法律も同じで，海上保険については，改正商法に特別に規定が設けられている（改正商法第3編海商第7章海上保険815条から830条）。その理由は，海上保険が歴史的に最も古く，かつ他の保険とは異な

る種々の法制度を有しているために，他の主要海洋国においても，海上保険については，保険契約に関する法律とは別に，海上保険に関する法律を定めている場合が多い。以下に，海上保険の特徴をあげる。

(1) **事業者が利用する保険**

一部の例外を除いて，海上保険は，事業者のリスクに対する保険である。対象の財産やリスクの状況もさまざまで個別性が高いことから，保険の引受内容や保険料率算定の自由度は高く，基本的な商品をもとに企業のニーズに応じた特約を付加して保険を設計する方式がとられている。また，企業取引に適合する運営が求められる点もその特徴である。たとえば，貿易貨物の場合は，大量かつ継続的な物流に対して効率的に保険を提供する必要があり，貨物保険では，包括予定保険（⇒第5章5-4）など，その点を踏まえた仕組みが存在する。法律面でも，海上保険は，事業者保険としての特徴を有している。消費者との保険契約では，契約者の保護が重視されるが，事業保険では，取引の自由度，効率性が重視される。

(2) **多 様 性**

まず，保険につける対象物が多種多様である。貨物については，合法的な財物であれば，理論上，不動産を除くさまざまな財物が保険の対象となる。実際に，自動車，機械，原油，鉱石，肉・魚，生花，冷凍食品，美術品，貨幣・紙幣，生きた動物など，さまざまな財物が貨物保険の対象として引き受けられている。また，輸送のルートもさまざまであり，船舶も，貨物船，タンカー，LNG（liquefied natural gas〔液化天然ガス〕）タンカー，客船などさまざまなものがある。損害てん補の対象とする損害も多様である。船舶や貨物の財産価値上の損害だけでなく，収益上の損害，費用の支出，賠償責任の負担などの損害をてん補の対象とすることができる。事故発生地も多様である。港，河川，湖，陸上，空となる場合もあれば，日本の国外で事故が発生する場合も多くある。

(3) **柔軟性と合理性**

さまざまな多様性に対応するために，海上保険の枠組みは柔軟である必要がある。海上保険は，その多様性に対する柔軟性にその特徴を見出すこともできる。

海上保険は，円滑なビジネスを支える制度であるので，ビジネスの実情に応

じた柔軟な対応が可能な仕組みがとられている。合理性を高めるために，個人分野の保険には存在しない仕組みもある。たとえば，貿易貨物では，包括予定保険という枠組みが利用されている。それにより，保険の手配が遅れたり，個別の保険手配を失念したりして保険保護が受けられないという事態を回避することができる。また，海上保険では保険の価額はほぼすべて協定（約定）されていて，価額評価をめぐる争いが回避されている。保険金を全部支払う全損の制度にも，全損処理が合理的な場合にただちに保険金額の全部を支払う推定全損という制度が利用されている。

(4) 巨大リスク

海上の損害は，しばしば巨額となる。自動車専用船には，数千台の完成車が積載される。豪華客船や巨大LNG船の価値は，数百億円にもなる。油濁は巨額の賠償責任を発生させる。また，特定の場所における集積リスク（たとえば，東京湾内の船舶と港湾倉庫保管貨物におけるリスクの集積）は甚大なものとなっている。科学技術の進歩にもかかわらず，海上では，荒天，戦争，ストライキなどさまざまなリスクが存在し，それによる損害額は巨額になる可能性がある。

リスクが大きいため，海上保険では，再保険（⇒本章第5節）が不可欠となる。再保険は，主に国際的に手配される。

(5) 国 際 性

貿易貨物や外航船は，複数の国を移動し，事故はどこで生じるかわからない。また，複数国の当事者が関係する場合もある。このため，日本で利用している貿易貨物保険のほぼすべてと外航の船舶保険の一部では，ロンドンで制定された英文約款が利用されている。内航の船舶保険は，日本の法律に基づく日本語の約款となっているが，イギリスの約款等の内容を参考にして作成されている。

また，海上保険は，国際的な競争にさらされている保険でもある。保険業法上，日本所在の財産について保険をつける場合は，日本で営業が認められている保険会社等を選ばなければならない義務があるが（保険業法186条1項），外航貨物海上保険や外航船舶保険はその例外で，直接外国の保険会社等に保険をつけることが認められている（保険業法施行令19条）。貿易貨物の場合，売主と買主のどちらが保険をつけるかを選ぶことができるうえ，日本の荷主が保険を手配する取引条件の場合であっても，その保険をどの国の保険会社につけるか

は自由となっている。

　海上保険は，国際的な競争の一方で，国際的な取組みも進んでいる分野である。国際海上保険連合（International Union of Marine Insurance：IUMI）は，世界各国の保険協会等で構成される国際組織で，統計資料の整備，事故防止のためのノウハウの共有に向けた活動などを行っている。

　このように，海上保険は国際的な特徴を有している。そのため，その内容は国際的に適合する内容にならざるをえない。さらに，国際競争の中で，日本の事業者に理解されるだけでなく，外国の事業者にも理解される必要がある。

(6) 最も長い歴史を有する保険

　海上保険は，商業的な保険制度の中で最も歴史のある保険である。第2章で詳しく説明するが，海上保険は，14世紀後半にイタリアの商業都市で生まれ，17世紀に火災保険が誕生するまでは，保険といえば海上保険の時代であった。このことは，海上保険は単に歴史が長いというだけではなく，数百年間の中で，商人間の競争とさまざまな事件や紛争を経て改良されてきた保険だということを意味している。その結果，契約文言に工夫がなされ，多くの紛争は判例として蓄積され，契約法の理論は海上保険の法律へと昇華していった。たとえば，イギリスでは，海上保険契約の法原則から約款文言の一字一句まで多くの解釈が数多くの事件を通じて判例法として存在し，イギリス法を形成している。

　こうした過去からの知的財産の存在は，約款文言の変更において保守的にさせる側面もあるが，当該約款文言のもとで具体的な事故が支払いの対象となるかならないかについての予測性を高めることで，約款の信頼性を高めている。当然ながら，貿易取引や輸送技術は時代とともに改良され，それらの変化は，海上保険契約にも反映されている。海上保険は，長く蓄積してきた知的財産を基盤としつつ，時代の変化に適合して改良されてきた制度であるところに，その歴史性を理解する必要がある。

(7) 海事関係の独自の制度

　海上保険では，海事に特有な制度にも関係する。海上には多くのリスクがあり，それに対処するための種々の制度が存在する。海難救助（⇒第9章），共同海損（⇒第10章）などは，海事に独自の制度である。海上保険は，海事関係の制度や法律を踏まえたものになっている。

5 海上保険を支えるリスク分散の制度

5-1 巨大リスクへの対処

　海上保険では，損害が巨額になる可能性がある。貨物保険では，港の倉庫等に大量の貨物が保管され，その集積リスクも巨大になる。とりわけ船舶保険では，船舶の隻数が限られていて，大数の法則が利きにくいという保険制度における根本的な難しさがある。

　海上保険を引き受けるためには，リスク分散の仕組みが必要である。商人は，海上保険を生み出した頃から，リスク分散の仕組みとして，共同保険と再保険を利用していた。これらの制度は，海上保険の歴史と同じくらい古いものである。

　共同保険や再保険などの保険市場における制度だけではリスク分散に限界がある場合には，さらに，リスクの分散を保険市場から資本市場に広げる制度も利用される。その例として，キャット・ボンドがある。

　以下に，これらのリスク分散の制度について，簡単に説明しておく。

5-2 共同保険

　共同保険（co-insurance）とは，1つの保険案件を複数の保険者によって引き受ける方式をいう。それぞれの保険者は，同一条件の保険契約を締結する。しかし，各々は独立して責任を負い，連帯責任は負わない（図1-2）。

　1つの保険案件を複数の保険会社で引き受ける場合，各社がばらばらに保険金の支払処理などを行えば，時間とコストがかかるうえ，判断に違いが生じることもある。たとえば，10社による共同保険の場合を考えてみる。事故後に損害の鑑定のために専門家を起用する場合，各社がそれぞれ鑑定人を起用すれば，10人の鑑定人が登場し，それぞれの鑑定結果も同じになるとは限らない。1人の鑑定人に絞るとすると，そのための合意に時間がかかるし，合意できないかもしれない。そうしたことは，迅速に保険金の支払処理を進めるうえで問題である。そこで，保険契約者は，保険処理の窓口となる幹事保険会社を決め

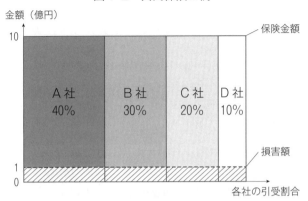

図1-2 共同保険の例

保険金額が10億円であり、4つの保険会社が上記記載の割合で共同保険を引き受けた場合、1億円の損害が生じたときは、A社は4000万円、B社は3000万円、C社は2000万円、D社は1000万円の保険金をそれぞれ支払うことになる。

て、保険契約者は、幹事保険会社との間で契約交渉、事務処理、保険金支払処理を行う。非幹事会社はそれに従うことに合意する。ただし、最終的な責任は、それぞれの会社が単独で負うもので、連帯責任は負わない。たとえば、いずれかの保険会社が倒産した場合でも、他の会社がそれを負担することはない。この共同保険による引受けは、国内の保険会社間でなされる場合が多いが、複数の国の保険会社による国際的な共同保険の場合もある。

5-3 再 保 険

(1) 再保険の仕組みと形態

再保険（reinsurance）は、保険者が負担する保険契約における支払責任の一部または全部をてん補する損害保険である。再保険は、保険の保険といってよい。再保険を出す（リスクを引き受けてもらう）会社を**元受保険者**または**出再者**（reinsured）といい、再保険を引き受ける会社を**再保険者**または**受再者**（reinsurer）という。

再保険にはいろいろな形態があるが、契約の方式を基準とすれば、引き受け

る案件ごとに個別に手配される**任意再保険**（facultative reinsurance）と，契約内容と条件をあらかじめ設定しておき，それに合致する保険契約が締結されれば，それが自動的に再保険で引き受けられる**特約再保険**（treaty reinsurance）に分けることができる。

また，再保険契約における再保険金の支払責任の基準としては，①保険金額を基準として，出再者と受再者が按分する**割合再保険**（proportional reinsurance）と，②保険金額で按分せずに別の基準で按分する**非割合再保険**（non-proportional reinsurance）に分かれる。

割合再保険の代表的なものとして，Quota Share Treaty がある。これは，保険金額に対する割合（出再率）で再保険に出し，保険料，保険金は，同じ出再率を乗じて計算する方式である。たとえば，保険金額10億円の契約について10%を再保険に出すとして，1億円の損害が生じれば，再保険者は1000万円を支払う方式である。

また，割合再保険を保険金額をベースとして設定する Surplus Treaty があり，この場合は，保険金額が一定額（保有金額）を超えたら再保険に出す。包括的に設定している場合であれば，出再率は個別契約ごとに異なるが，それぞれの出再率に乗じて保険金が算出される。

これに対し，非割合再保険の中で，代表的なものとして Excess of Loss Reinsurance がある。この場合，定めた一定額の損害額（excess point）を超えたら，てん補限度額内で再保険金が支払われる。再保険料は発生確率等をもとに算出される。さらに，損害率（保険金÷保険料）が一定程度を超えた場合に補てんする Stop Loss Reinsurance という方式もある。

実際には，いろいろなバリエーションがあり，同一のリスクに対して，各種の再保険を組み合わせて利用している場合もある。再保険は，国際的に手配される場合が多い。再保険の主要市場としては，イギリス（ロイズ），スイス，ドイツ，米国，バミューダ，シンガポールなどがある。

(2) Quota Share Treaty

Quota Share Treaty は，保険金額の一定の割合（出再率）を再保険に出す特約である。元受保険者が再保険者に対して支払う保険料は，元受保険の保険料に出再率を乗じて算出される（別途，出再手数料は生じる）。また，元受保険者は，

図 1-3 Quota Share Treaty の例

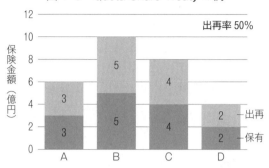

X 社（出再者）は A から D の引き受けた契約について，それぞれの保険金額の 50% を Y 社（受再者）に再保険を出す特約をした場合，出再額と保有額は図 1-3 となる。A 契約（元受保険金額：6 億円）について，1 億円の損害が生じた場合には，X 社は Y 社から 5000 万円（1 億円×50%）の再保険金を得ることができる。

損害発生時には，損害額に出再率を乗じた金額を再保険金として受け取ることができる（図 1-3）。

(3) Surplus Treaty

Surplus Treaty は，保険金額のうち，一定の金額を超えた部分について再保険に出す特約である。保険料と再保険金については，Quota Share Treaty と同様に，出再額と保有額の割合に応じて決まる。Surplus Treaty では，Quota Share Treaty と比較して，元受保険者にとって，元受保険の保険金額のばらつきが大きい場合であっても，保有する金額を揃えることができる。

X 社が保険金額 4000 万円を超える引受けをした場合に，その額を超える部分を Y 社に再保険に出すという特約をしている場合は，次の引受けになる（図 1-4）。

1 億円の貨物 F　　→　　X 社　4000 万円分　　Y 社　6000 万円
3000 万円の貨物 H　→　X 社　3000 万円分　　Y 社　　　0 円

ここで，1 億円の貨物 F に 1000 万円の事故が生じた場合，貨物 F は，4000

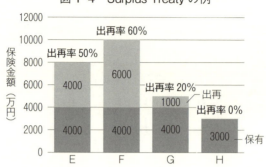

図 1-4　Surplus Treaty の例

X 社（出再者）は，E から H の引き受けた契約について，保険金額が 4000 万円を超える部分を Y 社（受再者）に再保険を出す特約をした場合は，出再額と保有額は図 1-4 となる。それぞれの契約における出再率が異なることになる。

万円を超える 6000 万円の部分，つまりその価額の 6 割に再保険がついているので，X 社は Y 社から損害額 1000 万円の 6 割である 600 万円を再保険金として得ることができる。3000 万円の貨物 H に 1000 万円の損害が生じた場合，X 社は Y 社から再保険金を受け取ることはできない（図 1-4）。

(3) Excess Loss

Excess Loss は，上記のとおり，保険金額ではなく損害額をベースとして，あらかじめ設定した損害額（エクセス・ポイント）を超過した損害を再保険金として回収できる契約である（図 1-5）。

- X 社が 3000 万円の「保険金支払責任」を負った場合（K 契約）　→　Y 社からの再保険金 0 円
- X 社が 6000 万円の「保険金支払責任」を負った場合（I 契約）　→　Y 社から 2000 万円の再保険金が支払われる（図 1-5）。

5-4　キャット・ボンド

キャット・ボンド（catastrophe bond：CAT bond）は，企業が社債（corporate bond：CB）を発行して資金を調達する場合に，特定の事故が発生したら元本の

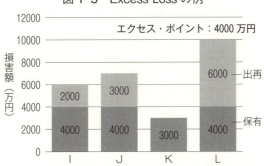

図1-5　Excess Loss の例

X社がY社と，4000万円を超える超過損害がカバーされる再保険を契約した場合，引受時の金額にかかわらず，X社に4000万円を超える事故が生じた場合に，それを超える金額について，再保険金が得られる。

返済を免除される条件を加えた社債である。これを保険会社が利用すれば，保険会社は，特定事故の発生における保険金支払いに対して，保険市場におけるリスク分散からさらに広く資本市場にリスクを分散することができる。キャット・ボンドは，特定の事故による大災害などへのリスク分散としての効果がある。

　典型的な方式としては，特別目的事業体（special purpose vehicle：SPV）を介在させる方式がある（図1-6参照）。まず，保険会社が，SPVを設立して，保険会社は，それとデリバティブ契約を締結して手数料を支払う。このデリバティブ取引では，支払いの発生条件となる事象（トリガー・イベント）を定めて，そのイベントが発生した場合は，保険会社は，SPVが管理・運用する資産を受け取る方式にする。一方，SPVは，投資家に対して，イベントが発生した場合は，元本・利息の全部または一部が没収される条件でCBを発行して利息を支払う。

　この方式によって，投資家から調達された資金がSPVにおいて管理され，万が一の場合にはそれが保険会社に支払われる。社債を買う人は，リスク部分があるので通常より高い利回りが得られる。この方式では，SPVの設立・運用，証券化のための費用など，仕組みの構築のために多額の費用が必要となる。

図1-6　キャット・ボンドの仕組み

5-5　キャプティブ

　最後に，保険会社がそのリスクを分散するために利用するものではないが，リスク分散における1つの保険の形態であるキャプティブについて説明する（図1-7）。

　キャプティブとは，**キャプティブ保険会社**（captive insurance company：以下，キャプティブという）をいう。これは，大規模な企業や企業グループなどによって，その企業グループのリスクを転嫁するために保険会社として設立された子会社である。キャプティブは，企業グループのリスクをいったんは引き受けるが，そこから，さらに，再保険に出してリスクの分散を図る。こうした方法によって，企業グループの会社は，自らのリスクを各種の損害保険ではなく，リスクをまとめて再保険として手配することになる。キャプティブは，バミューダ，シンガポール，マレーシア，ハワイ州など，特定の地域に設立されているが，日本では，その設立は事実上認められていない。

　キャプティブの利点としては，企業グループが世界の再保険市場から直接保険を手配できるというメリットがあり，それを元受けの保険会社との契約交渉に活用できるという点がある。一方，国際的スキームになるので，海外会社の運営コストや税務処理が必要となってくる。いずれにせよ，キャプティブにリスク移転しても，再保険に出していない部分は，企業または企業グループ内にリスクが残る。なお，バミューダなどでは，自らキャプティブを設立するので

図1-7　キャプティブの仕組み（例）

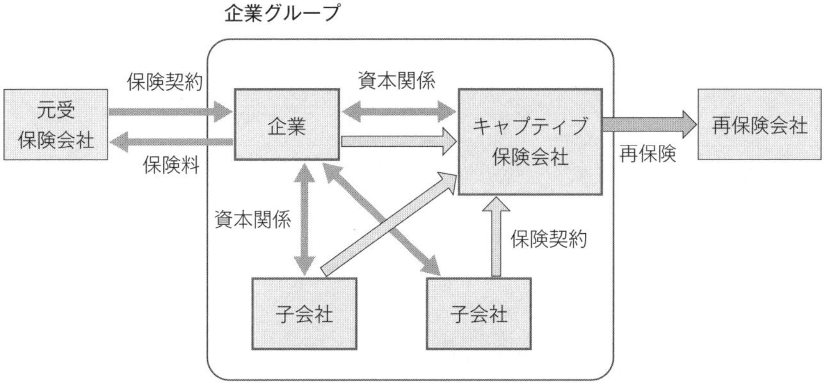

はなく，そのスキームの一部を借りて利用するレンタ・キャプティブ（rent-a-captive）の方式も生み出されて利用されている。

第2章
海上保険の歴史と海上保険市場の現在
The History of Marine Insurance and the Current Marine Insurance Market

ロイズ・コーヒー店（アフロ提供）と現在のロイズ・オブ・ロンドン（筆者撮影）

Introduction

　一般には，あまり知られていないが，各種の保険の中で初めて誕生した営利保険は，海上保険である。海上保険は14世紀のイタリアの商業都市で生まれた。どのようにして海上保険は誕生したのだろうか。

　イタリアで誕生した海上保険は，その後，ヨーロッパの主要港に広がっていくが，ロンドンにおいてさらに発展する。その舞台となったのがロイズである。ロイズは，1軒のコーヒー店で，そこが保険の取引所になっていった。

　一方，船主の各種賠償責任に対する保険の始まりは19世紀である。リスクの引受主体は，保険会社ではなく，クラブと呼ばれる船主の組合で，それが発展し，今日のP&Iクラブとなった。

　本章では，海上保険がどのように誕生し，今日まで発展してきたか，その歴史を学ぶとともに，現在の世界の保険市場について保険料の数値等をもとに概観する。現在の市場はこれまでの歴史の上に形成されている。歴史を踏まえて，今日の世界の海上保険市場の特徴を理解してほしい。

1 海上保険の誕生と広がり

1-1 保険の本質と保険の歴史

　歴史は，現在から過去を見たものであり，現在を生きる私たちの認識や概念をもとにして過去を見ることになる。それゆえ，保険の歴史は，保険の本質をどのように捉えるかによって変わりうる。たとえば，共同体において共同体の構成員が少しずつ拠出して将来の不測の事態のために共同で準備して，損失を被った人の救済に充てることを保険の本質と捉えれば，こうした営みの原点は，原始共同体にまでさかのぼるであろう。

　保険制度には，公保険も存在するが，保険制度の中核である民営の私保険を対象とすれば，現代の保険は，基本的には，経済的な商業制度であり，保険を引き受ける人も保険に加入する人も，自らの選択で行い，強制されない。保険に加入する人の動機は，損害が生じて困っている他人に金銭を支払うためではなく，自分が困ったときのためであり，そのために保険料を支払う。保険を引き受ける者も，利益を得る事業として運営している。保険の加入によって保険料が集まり，加入者は多数となり，抽象的には，保険加入者の団体と拠出した額のファンドが形成される。しかし，この経済的な団体は，保険の加入によって結果として生まれる経済的・抽象的団体にすぎず，加入者間で助け合うことを目的として形成されたものではない。

　このように，保険は，リスクを転嫁したいという者とリスクを引き受けて利益を得ようとする者との間で行う任意の商業取引という点に特徴がある。もちろん公的な社会保険のように営利ではない保険もあるし，各種の共済制度や組合方式による相互保険（P&I保険）など，相互性の高い特徴を有する制度もあるが，基本的原理としては，保険は，リスクを引き受けること自体を事業とするところに重要な特徴があるといえる。

　保険の本質をこのように捉えて商業制度としての保険の歴史をさかのぼると，保険制度は，14世紀の海上保険の誕生にその起源を求めることができる。

1-2　海上保険の誕生

　海上保険は，現在の通説では，14世紀の北イタリアのピサやフィレンツェなどの商業都市で誕生したと考えられている。海上保険は，700年を超える歴史があり，今日の各種保険の始まりとされる。

　生命保険や社会保険を含めて，今日，保険は，個人生活から企業活動の隅々まで深く浸透している。それだけ経済活動に密着した社会経済制度でありながら，それが，海上保険という一般には馴染みがない分野から始まっているのはなぜだろうか。保険制度は，リスク負担に対して対価を支払う制度であり，私有財産制度，自己責任原則，契約観念などが存在して初めて成り立つ。そのため，個人分野で保険が生まれるのは，市民社会が成熟する17世紀頃となる。それまでは，保険といえば，海上保険を指す時代が3世紀も続くのである。

　それでは，海上保険はいかにして誕生したか。地中海では，古くから交易が盛んであった。交易によって，多くの物資が，アフリカ，中東，さらにはシルクロードを通じて東アジアからヨーロッパに輸送された。貿易の成功は，多額の利益をもたらしたが，貿易に伴うさまざまなリスクは大変大きな脅威であった。海難に遭遇すれば，全財産を失うことにもつながった。そうしたリスクに対処する方法として商人が考えた制度としては，古くは**冒険貸借**（海上貸借ともいう）がある。

　この制度は，ギリシャ・ローマ時代から地中海沿岸地方で利用されていた融資制度で，航海を行う業者は，船舶や積荷を担保にして金融業者から資金の融資を受けるが，海難や海賊などによって航海中に船舶や貨物が滅失した場合には資金の返済を免除される。冒険貸借では，通常の融資に加えて，航海中に財産が全滅するリスクを金融業者が負担するものであるので，航海が無事に終了した場合は，元本に多額の利子（20～30%といわれる）を加えて返済する義務があった。しかし，航海に成功すれば，航海業者は大きな利益を得られるので，元本と利子の返済は困難でない。金融業者も，貿易の成功から利益を得ることができたのである。冒険貸借は，海運・海上貿易に有益な制度として，地中海沿岸諸国に広がり，12～13世紀には，イタリア，フランス，スペインなどの商業都市でも海上貿易において盛んに利用されるようになった。

ところが，13世紀，借金苦が大きな社会問題になり，労働をせずにお金を貸すだけで利益を得ることに対する社会的批判が高まっていた。そうしたなか，ローマ法王グレゴリウス9世は，1234年頃，教会法に基づき，利子をとることをいっさい禁止する徴利禁止令を発した。冒険貸借の制度は，利子をとる制度であるから，行うことができなくなったのである。しかし，海上貿易には多額の資金が必要で，リスクも大きいので，冒険貸借は必要である。金融業者にとっても，そこから多くの利益が得られる。そこで，商人は，徴利禁止令に違反しないで冒険貸借と同じ効果が得られるような制度をいろいろと考えていったのである。利子をとることは禁止されているので，利子ではなくサービスに対する報酬や謝礼としたり，好意による無報酬の借入として実際の借入額より大きな金額を証書に記載して借入額以上の金額を返済する方法（事故があれば返済は免除する）をとったり，船舶・貨物の売買を仮装して金融業者が船舶・貨物を買い取って代金を支払い，航海が無事に終了したときは，船主や荷主がより高い値段で買い戻す形（事故があれば金融業者が損失を被る）など，さまざまな形式をとって取引がなされた。

 一方，航海業者の中には，航海が無事に終了したにもかかわらず事故を装って金銭を戻さない業者もいて，金融業者にとっては，多額の資金を提供することのリスクがあった。また，この頃になると，航海業者にも資金が蓄積し，資金の融資がなくても航海に出る業者が現れてくる。しかし，そうした航海業者にとっても，海難や海賊等による事故が生じたら，それまで蓄積してきた財産を失う大きなリスクがある。融資は，航海業者の財産の状況によっては必ずしも必要でない場合もあるが，危険に対する対処はつねに必要である。こうした中で，しだいに融資の部分を切り離して，リスク負担のみに対して対価を得る取引が生まれたのである。これが海上保険の誕生である。

 現在，残されている資料に基づけば，こうしたリスクの引受けのみを対象とする取引がなされるようになったのは，14世紀の半ばから後半で，ピサ，ジェノヴァ，フィレンツェ，ヴェネツィアなどの北イタリアの商業都市がその舞台となった。当時の北イタリアの商業都市では，ルネサンス期の自由な経済活動と文化が花開いていて，為替手形，複式簿記をはじめ，各種の商業制度が利用され進化した。海上保険を生み出したのは，学者でも為政者でもない。商業

1 海上保険の誕生と広がり　27

都市における自由で合理的な商人の創意工夫が海上保険を生み出したのである。

1-3 海上保険の伝播

　こうして生まれた海上保険の制度は，地中海貿易の発展と北イタリアのロンバード人などの国外移住などを背景に，15世紀には，マルセーユ，バルセロナ，リスボン，ボルドー，ブルージュ，アントワープと地中海の貿易都市に，だいたい時計回りに広がっていった。16世紀には，ブルージュやアントワープなどのフランドル地方は，海上交易で栄え，これらの港湾都市は，イタリアに代わる海上保険の中心地になっていく。その後，海上保険は，アムステルダム，ハンブルク，さらにはロンドンにも広がっていった。

　海上保険取引の発展とともに，海上保険の契約書式や海上保険取引に関する法律も整備されていった。1369年のジェノヴァの条例は，世界最古の海上保険条例として知られている。その後，フィレンツェやヴェネツィアでも海上保険条例が制定され，15世紀には，バルセロナでいくつかの条例が制定されている。16世紀頃には，フランスのリヨンで海事関係の慣習法をまとめたギドン・ドゥ・ラ・メール（Guidon de la mer）が編纂され，そこでは海上保険に関する慣習も明文化されている。17世紀には，フランスで，ルイ14世の海事王令が制定され，そこにも海上保険に関する章（全74カ条）が織り込まれている。このように，海上保険取引における慣習は，法として明確化・体系化され，これらは，今日の海上保険のみならず保険契約法の骨格を形成していった。

　海上保険は，16世紀にロンドンにも伝わり，当初は，北イタリアから移住してきたロンバード人によって引き受けられていた。その後，イギリスでは，産業革命や経済活動の発展に合わせ，貿易や海運が高度に発達していく。それに伴い，海上保険も大きく発展した。とくに，ロンドンでは，後述するロイズが海上保険取引の中心的な市場となり，ロイズの発展とともに海上保険はイギリスにおいてさらに発展していった。

　海上保険は，18世紀に米国に伝わり，日本では，19世紀後半の明治時代になって利用されることになる。

　海上保険が誕生してから，17世紀後半のイギリスでの火災保険の営業，16世紀から17世紀のドイツにおける市営火災保険組合の誕生まで，保険といえ

ば海上保険を意味していた。そのため，海上保険取引を通じて形成された契約文言や契約の法理論は，さまざまの種類の保険の基礎となった。

1-4 日本における海上保険の誕生

日本では，17世紀，朱印船貿易において投銀（抛銀）と称する冒険貸借が利用されていた。これは，ポルトガルより伝わったものとされる。しかし，投銀は，江戸初期の鎖国によって外国との通商禁止とともに急速に衰えた。17世紀末から18世紀には，廻船問屋が通常より高い運送賃をとって受託貨物の輸送中の損害を補償する海上請負が利用されていた。しかし，これらの制度からは，海上保険は生まれなかった。ヨーロッパにおいては，17世紀，海上保険が盛んに利用されていたが，日本においては，19世紀後半になって初めて海上保険の制度が導入されることになった。

1879年，東京海上保険会社が日本で最初の保険会社として設立され，同社は，同年に貨物海上保険，1884年に船舶保険，1914年に運送保険の営業をそれぞれ開始した。

2 冒険貸借と保険の違い

海上保険は，冒険貸借から派生して誕生したと考えられるが，それでは，冒険貸借と海上保険は，本質的にどこが違うだろうか。図2-1を見てほしい。

冒険貸借は，資金を貸す制度であるので，その本質は融資である。しかし，万が一の事故が生じた場合に返済を免れる条件が組み入れられている。この条件部分，すなわち危険の負担を加えたところに冒険貸借の特徴がある。保険は，この危険負担のみを切り出して，返済を免れる方式ではなく，損害に対応する金銭を支払うことにして，そのための対価を算定して，危険負担という部分のみを取引するところに特徴がある。

冒険貸借と海上保険を比較すると，金銭を支払う順序が異なることがわかる。冒険貸借では，金融業者から先に金銭が支払われるが，海上保険では，先に航海業者が金銭を支払う。イタリアの商業都市でこの制度が生まれた頃，この最初に支払う金銭を，イタリア語（ラテン語）で「最初に」という意味のprimo

図 2-1　冒険貸借と保険の違い

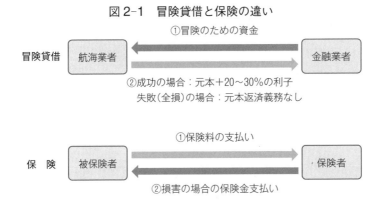

と称した。保険料の英語は premium であるが，primo を語源としている。この「最初に」という点に保険の重要な特徴が表れている。

　それまでの契約は，売買，サービス，貸借，融資など，いずれも商品，サービス，金銭などを得る一方，その対価として代金等を支払う方式といえる。それに対して，保険では，具体的な給付は，万が一の事態が生じた場合のみになされる。特定の事象が生じた場合の将来の条件付給付に対して，最初に金銭を支払うのである。そして，最初に多数の加入者が金銭を支払うことによって，特定の事象が生じた加入者に対して支払う保険金の原資（ファンド）が形成される。保険料の語源は，「最初に支払うもの」という言葉から生じているが，その用語は保険制度の特徴を表しているのである。

3　ロイズにおける保険の発展とロイズの特徴

3-1　ロイズの誕生

　イタリアで生まれた海上保険は，16世紀にロンバード商人によってロンドンに伝わった。17世紀，ロンドンは，貿易の中心として発展し，海上保険も発展していく。そのロンドンにおいて，海上保険の発展の舞台になったのは，ロンドンのロイズ（Lloyd's of London）である。ロンドンは，現在でも，再保険，

海上保険，その他の企業分野の保険取引の世界の中心となっているが，それを支えているのがロイズである。こうした世界の保険の中心としての地位を築くことになったロイズは，実は，1つのコーヒー店から始まった。

イギリスでは，17世紀半ばに，コーヒーが流行となり，数多くのコーヒー店（coffee house）が誕生した。コーヒー店は，職能別クラブと結びつき，一種の社交場として広がっていく。多くのコーヒー店の中で，ロンドンのエドワード・ロイド（Edward Lloyd）のコーヒー店は，テムズ川の船着場の近くにあり，船乗りが多く集まった。そして，船乗りから得られる情報を得ようと貿易業者もそこに集まっていた。それを目当てに保険引受業者（当時は個人）も集まり，そこで保険の契約がなされるようになる。ロイズ・コーヒー店（Lloyd's Coffee House）の正確な設立年月日は不明であるが，1688年には，ロイズに関係する記録がある。

ロイドは，コーヒー店の店主に徹し，保険のビジネスには携わらなかった。しかし，ロイドは，そこに来る人に最新の海事情報を提供した。そのために，足の速い従業員を雇って港に向かわせて最新の情報を入手し，いち早くそれを店で提供したりした。こうしてロイドのコーヒー店は，海事・貿易関係の業者が集まる場所としてますます栄えていった。同店は，1734年には，海事・貿易関係の新聞（Lloyd's List）も発行する。この新聞は，今日でも，海事関係の最も権威ある情報紙として，海上保険や海運関係の専門家に読まれている。

3-2 ロイズの衰退と新ロイズの設立

ロイズ・コーヒー店は，海上保険の取引場所として栄え，1760年代は，そこの保険業者は，戦争リスクの存在等で多額の利益を得たが，戦争が終結すると海上保険料の水準が下がり，利益が得られなくなった。そこで，保険引受業者は，新たな利益の源泉を求め，しだいに賭博保険に手を染めていく者が多くなり，ロイズの名声も下がっていった。賭博保険とは，たとえば，次の戦争でナポレオンが負けたら約束した金額を支払うといった契約で，事故が発生しても損失が必ずしも生じないような取引（被保険利益が存在しない取引）を指す。そうしたなか，ロイズの一部の者によって，こうした取引には手を染めず，純粋な保険取引の場にしようと，1769年に新ロイズが設立された。新ロイズは，

1774年に場所を王立取引所内に移転し，保険取引の専門取引所として成長していった。一方，旧ロイズは，その後，消滅した。

イギリスでは，19世紀初頭，東インド会社の成功を背景に，数多くの会社が設立されては消滅する状況にあった。そこで，1810年，保険取引は，2つの勅許会社[1]のみに独占させることが法律で定まった。しかし，このことは逆にロイズの発展に資することになった。ロイズは，保険会社ではなく個人による保険取引の場であったため，この法律による制限を受けなかった。独占保険会社の評判は芳しくなく，一方，新たな保険会社の参入は阻止され，ロイズはさらに発展していった。なお，勅許会社による独占は1824年海上保険法によって廃止された。

3-3 ロイズの発展と危機

1871年には，国会制定のロイズ法（Lloyd's Act）が制定され，ロイズは，ロイズ保険組合（Corporation of Lloyd's）として特権も与えられ，さまざまな保険を引き受けて，保険の市場として世界的な地位を確立し，その後，1世紀は，全盛期となった。しかし，ロイズは，1980年代になって，米国の製造物責任や石綿訴訟関係（賠償責任保険），および多発する自然災害によって多額の再保険金支払いに直面し，さらには組織内部の問題も加わって，存続の危機に瀕することになった。当時，ロイズで保険を引き受ける者（ネーム〔name〕と呼ばれる）は個人のみに資格が与えられていて，その責任は無限責任となっていた。ネームは，大富豪等の資産家であったが，破産する者や自殺者まで出た。

そこで，ロイズは，歴史的な大改革を断行する。1994年には，新たに有限責任の法人メンバーを会員として認めた。1996年には，1985年以前に引き受けられたすべての契約に対するネームの責任を終了させるために，バミューダに損失処理のための会社を設立して，そこに過去の契約を移した。さらに，内部のガバナンス，リスク管理体制の強化，会計制度の変更など，種々の大改革を行った。そして，新たな個人会員の受入れも停止した。ロイズは，長年，独自の自治組織によるものとして金融監督当局の管理外に置かれていたが，2001

---

1 勅許会社（chartered company）とは，国王によって個別に法人格が与えられた会社。

年からは，2000年金融サービス法のもとでFSA（Financial Services Authority：金融サービス機構）の監督下に入った。

こうした一連の改革が成功し，ロイズは現在も，再保険や海上保険などの企業分野における国際的な保険市場として存在している。法人もロイズのメンバーになることが認められたことから，日本の大手損害保険会社もロイズの会員になり，またはシンジケートを買収して取引をしている。2017年の年次報告書では，ロイズにおける資本の13.7%は日本の保険企業に属する状況となっている。

3-4 ロイズにおける保険取引

ここで，ロイズにおける保険取引について解説する（図2-2）。まずロイズは，保険会社ではない。取引所の1つであるが，証券取引所などの取引所と同じ構造のものでなく，部分的に相互化した特殊な取引所となっている。正式名称をThe Society of Lloyd's といい，ロイズの運営にあたる法人は，Corporation of Lloyd's である。後者の会社は，ビルの管理等を行うもので，保険ビジネスをしているわけではない。保険の契約を引き受けるのは，ロイズではなく，そのメンバーである。端的にいえば，その本質は，「ロイドさんのコーヒー店で」保険を契約するというものである。それゆえ，Lloyd's なのである。

保険契約を申し込む者は，ロイズ・ブローカー（Lloyd's broker）に依頼し，ロイズ・ブローカーは，ロイズにおいて，保険引受けの判断を行う者（アンダーライター：underwriter）と保険の契約を締結する。この場合，通常，引受金額の一部のみが引き受けられ，ロイズ・ブローカーは，リスクに対して全額の保険契約が得られるように，また他のアンダーライターと交渉して，残りの額を引き受けてもらう。このようにして，共同保険の仕組みを用いてリスクはロイズにおいて広く分散して引き受けられる。

ロイズは，ロイズで保険の仲介が認められる者を，高度な専門知識があるとロイズが認めたブローカーのみに限定し，それによって取引の安全性も高めた。一方，アンダーライターは，保険引受けの判断業務を行う専門家である。保険を引き受ける者（ロイズ会員：企業と個人の両方が存在する）は，シンジケートという団体を作り，シンジケートとして保険の引受業務をアンダーライターに委

図2-2 ロイズにおける保険引受方式（イメージ）

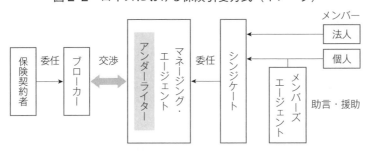

嘱する。シンジケートを構成する会員（メンバー）は，現在は，法人がほとんどを占めるが，ロイズの誕生から1994年までは，個人のみが認められていて，かつ，そのメンバーは，保険の引受けにおいて無限責任を負う制度となっていた。すなわち，ロイズにおける危険の引受けは，ネームによる共同保険で，それぞれが独立責任を負っていた（すなわち，誰かが破綻しても連帯責任は負わない）。ロイズのメンバーは，十分な資産を有する資産家のみが許され，実際に，ロイズにおいて保険引受けの実務を行うわけではなく，書類の上でのみ登場した。そのため，メンバーはネームと呼ばれていた。このようにして，ロイズにおける取引がなされ，そこで取引を行う者に対する高いハードルを設定することで信用が高められたのである。

　ロイズでは，リスクは，複数のシンジケートに分散され，そのシンジケートの中でさらに多くの保険者に分散されていく。このように，二重の方法で，リスクが細分化されて消化される。ロイズにおいては，世界の他の市場では引受会社がないような特殊なリスクも引き受けられ，ロイズで引き受けられないリスクはないとまでいわれた。この点も，ロイズの重要な伝統となった。

　ロイズは，取引の場所を提供するだけでなく，専門的で重要な情報を提供した。それがコーヒー店時代からの伝統でもある。そして，ロイズは，そこで取引をする人が便利になるようにさまざまな工夫も行った。保険証券の様式や各種の保険約款を起草して提供した。約款の作成は，高度な専門知識が必要で，そのために多くの時間と費用が必要となる。こうしたノウハウ部分を結晶化させて書式として提供した。さらに，取引をする人が個々に支払いの決済をする

場合，多くの手間がかかるだけでなく，トラブルが生じてそれに巻き込まれることもある。そこで，ロイズは，決済システムを共有化して，統一的に会計処理できる仕組みを構築した。このように，そこで取引する人にとって必要となるさまざまな機能を提供したのである。

現在では，ロイズは，これらの各種の機能に加え，メンバーから金銭を徴収して，ロイズで取引するメンバーが破綻した場合に備えた基金を形成して運営している。これによって，ロイズ全体として，保険契約者に対する信用を高めている。また，ロイズ全体としての決算や年次報告などの各種の開示も行い，さらに，格付機関から格付けも取得している。

このようにして，ロイズは，保険市場としてのロイズの信用を高めるとともに，市場参加者の取引の利便性を高めている。ロイズの各種機能を考えると，ロイズを単なる取引場所としての市場と見てよいのかという疑問が出てくるであろう。全体としてはあたかも保険会社のように，あるいは保険会社の集合体のように機能しているのである。

また，ロイズは，世界の主要国に代理店を設けて，代理店を経由したビジネスにも力を入れている。日本には，保険業法上の特定法人として，1996年にロイズ・ジャパン株式会社を設立し，同社は特定損害保険業免許を取得し，ロイズの日本における総代理店として営業している。

3-5　ロイズの特徴

ロイズは，コーヒー店から始まる長い歴史を有し，無限責任の個人が保険を引き受け，さまざまなリスクに対応する市場として発展してきた。しかし，ロイズの改革により，保険を引き受けるメンバーについては，現在は，法人が中心となっている。また，ロイズ市場で提供されている資本は，2017年の年次報告では，米国法人18.8％，バミューダ法人15.9％，日本法人13.7％，イギリス法人13.0％，EU法人11.5％，個人無限責任10.2％と，世界の保険会社の資本によるグローバルな市場になっている。

一方，なかなか保険で扱いが難しいような特殊なリスクに対しても引き受けるというロイズの伝統は，現在も健在である。また，各種の保険証券様式や標準約款などを提供し，とりわけ，再保険や海上保険などのグローバルな保険分

野において，世界の保険市場の中心として大きな影響力を有している。

4 船主責任相互保険組合の歴史と特徴

4-1 P&Iクラブの誕生

　船舶によって生じる各種の賠償責任については，船舶間の衝突責任の一部は船舶保険で支払いの対象となるが，それ以外の賠償責任は，主として，P&IクラブのP&I保険（⇒第11章第5節）によって補償が提供されている。この組織は，クラブという名称から想像できるように，営利の会社ではなく，会員が会員のために相互に保険をつける組織で，相互保険組合と呼ばれるものである。集団におけるメンバーが相互に助け合う営みは古代までさかのぼると考えられるが，船主が相互に海上の事故に対する補償を目的に団体を構成する制度が生まれるのは，保険の歴史に比べるとはるかに遅く，19世紀になってからである。19世紀には，賠償責任に関する法制度の整備が進み，法的リスクの顕在化を背景に，それに対する保険のニーズが高まり，P&Iクラブが発展していった。

　現在，P&Iクラブは，世界の主要海運国に存在するが，市場として一番大きいのはイギリスと北欧である。歴史を見ると，P&Iクラブはこれらの地域で発展してきたことがわかる。

　イギリスでは，19世紀初頭，保険取引は，2つの勅許会社とロイズによってのみ引き受けられていた。一方，貿易・海運は，汽船の実用化，新大陸への移住，石炭等の輸送など，興隆を極め，イギリス中北部の港も重要な貿易港となっていた。ロイズや勅許会社はロンドンに集中し，ロンドン以外の港を拠点とする船主は，海上保険の契約を締結するのに不便であった。また，ロンドンの保険者が提示する保険料が高額であるとの不満が高まっていた。そうしたなか，船主たちは，非営利で相互に保険を付け合う方式を考案し，相互船体保険組合（Shipowner's Mutual Hull Underwriting Association：一般にハル・クラブと呼ばれる）を設立した。こうした組合の設立はイギリスの主要港に広がっていった。

　イギリスでは，1836年のDe Vaux対Salvador事件判決において，衝突相

手船に対する賠償責任は，船舶保険契約では支払いの対象とはならないことが確定し，賠償責任に対する補償を得るためには特約が必要となった。また，乗客の死亡・傷害に対する賠償責任，船骸の撤去，港湾施設に対する法律上の賠償責任も明確化されていき，船主にとって賠償責任のリスクは経営上きわめて切実なものとなっていった。しかし，ロイズをはじめとする保険者は，船主の過失に対する責任を保険で補償することに対してきわめて消極的であった。また，ハル・クラブによる補償も限定的であった。船舶保険において特約をつけて船舶間の衝突による相手船に対する賠償責任を補償する場合でも，その全部を保険につけることは認めず，4分の3までとなっていた。

　船主がさらされている賠償責任リスクがますます顕在化する一方，保険による補償は限定されていた中で，船舶保険の特約やハル・クラブでは支払いの対象とならない損害を補償するため，既存のハル・クラブを再編成して，1855年に，世界初のプロテクション・クラブ（Protection Club）として，The Ship Owners Mutual Protection Society が設立された。その後，イギリスの複数港で，複数のプロテクション・クラブが設立された。

　一方，貨物の損害については，荷主が貨物保険を利用していて，保険者も保険金支払い後の船会社に対する代位請求（⇒第4章8-2）をあまりしていなかったことから，船主にとってその賠償責任は現実的なリスクとはなっていなかった。しかし，運送契約上の免責条項の効果を制限した1870年のWesternhope号事件判決，その他の判決により，荷主に対する賠償責任のリスクの重大性が認識された。こうした貨物輸送のリスクをプロテクション・クラブの補償で消化するには限界があり，1874年には，荷物に対する賠償責任を補償するインデムニティ・クラブ（Indemnity Club）が設立された。

　このようにプロテクションの組合とインデムニティの組合がそれぞれ誕生し，その後，両者が合併するなどして，今日のP&Iクラブとして知られる船主責任相互保険組合に組織変更され，P&Iクラブは，荷主に対する賠償責任を含め，各種の賠償責任を補償する組織として発展してきたのである。

4-2　世界各国への広がり

　北欧においては，1830年代から，ノルウェーにおいてハル・クラブが設立

され，船舶保険についての相互保険が始まったが，その後，1897年に，ノルウェーで最初のP&Iクラブとして Assuranceforeningen Skuld が設立され，その後，他のクラブも設立された。これらのクラブの規則は，イギリスのクラブの規則をもとにしたものとなっていたなど，イギリスの制度に大きな影響を受けていた。また，スウェーデンでも，1872年に最初のハル・クラブが設立され，20世紀には，P&I保険のクラブになっている。

米国においても，20世紀に入り，船主の各種賠償責任を補償する制度の必要性が認識されたが，イギリスは，米国に対してイギリスの保険者に保険をつけるように要求したため，米国は，それに対抗し，1917年に，American Steamship Owners Mutual Protection & Indemnity Association を設立した。

日本では，1950年に，船主相互保険組合法が制定されて，日本船主責任相互保険組合（Japan P&I Club）と日本小型船相互保険組合が設立された。後者は，2005年に解散している。

4-3 P&Iクラブの組織と特徴

P&Iクラブは，船会社がメンバーになって相互に保険を引き受ける非営利の組合組織である（図2-3参照）。P&Iクラブでは，加盟会社がそれぞれ船のトン数に応じて前払い保険料（advance call）を支払うが，組合全体としての支払いが当初の見込みより多くなれば，組合員すべてに対して追加払い（supple-

図2-3 相互保険組合の仕組み（イメージ）

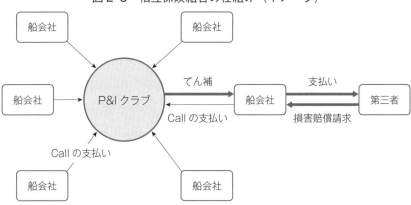

mentary call) が求められ,年度に余剰が生じれば保険料の一部が返戻される。通常の民営の保険では,保険料の額が決定していて前払いとなるが,その点で違いがある。なお,営利保険における保険料にあたる英語は premium であり,その語源は,前述したとおり,先に払うもの (primo) であるが,P&I クラブでは call と呼ぶ。分担請求とも訳してよいもので,最初の支払いで確定するものではない。こうした用語の違いにも,営利保険と P&I 保険における本質的違いが表れている。

　P&I クラブは,損害保険会社の船舶保険では対象外となる各種の賠償責任を引き受けている。具体的には,岸壁等への接触による損害や油濁に対する賠償責任,積荷や乗組員に対する賠償責任などである。対象とする賠償責任,費用や免責等については,クラブの保険契約規則(組合の定款に基づく規則で,毎年見直されている)において詳細に規定されている。保険会社による保険契約との違いとして,保険契約の規則上は支払いの対象とならない場合においても,組合が組合事業の目的に照らしててん補することが相当と認めた場合には支払いを行う取決めがある。

　また,営利保険では,通常,賠償責任や費用支出の必要が確定すれば,船主(被保険者)に保険金が支払われるが,P&I クラブでは,まず船主が支払いを行ったうえで,組合でそれをてん補する方式がとられている。

4-4　P&I クラブにおけるリスクの分散

　船主責任は,油濁損害に対する賠償責任など,時には巨額になる。したがって,リスクの分散が不可欠である。世界の主要な 12 の P&I クラブ (Japan P&I Club を含む) は,全世界の船腹量の 9 割以上を引き受けていて,それらのクラブは,営業上では競争関係にあるが,国際グループ (International Group of P&I Club) を結成して,クラブ間で保険プール方式の共同保険や再保険を利用してリスクの分散を図っている。その例として,国際グループは,バミューダにハイドラ (Hydra) 社という再保険専門会社を設立して巨大リスクに対する国際的なリスク分散を図っている。

5 日本・世界における現在の海上保険市場

5-1 日　本

(1) 損害保険会社による海上保険

　海上保険の引受けの中心は，損害保険会社である。日本では，保険事業は，保険業法に基づく認可事業として営まれている。海上保険は，損害保険の1つで，損害保険会社によって引き受けられている。また，ロイズの日本法人，外国の保険会社で日本で子会社や支店として営業している会社によっても引き受けられている。

　損害保険会社の海上保険分野（船舶保険，貨物海上保険，運送保険）の過去3年間の保険料の規模は，表2-1のとおりである（ただし，以下の数字には，損害保険協会に加盟していない組織による保険料は含まれていない）。2017年度で，保険料（元受正味保険料）は，船舶保険740億円，貨物海上保険1288億円，運送保険659億円で，損害保険料全体の2.9％となっている。

　損害保険全体の保険料収入に占める海上保険の割合は，第二次世界大戦後の1950年では約25％であったが，その後は，火災保険・自動車保険等の個人分野における保険の普及により，1990年代には全体の約3％となり，その後の20年間は，ほぼ横ばいの状況となっている（元受正味保険料収入は売上にあたる。上記数字には，再保険契約の形態をとって引き受けられる海上保険は含まれていない）。

表2-1　元受正味保険料の規模

（単位：100万円）

保険の種類	2013年度	2014年度	2015年度	2016年度	2017年度（比率）
船舶	84,475	88,086	89,862	75,113	74,061（0.8％）
貨物海上	132,187	134,582	128,540	115,597	128,768（1.39％）
運送	64,386	64,179	65,408	64,075	65,931（0.71％）
損害保険合計	8,568,830	8,821,694	9,063,694	9,010,137	9,278,951（100％）

（注）（　）内は，損害保険料合計に対する比率。
（出所）日本損害保険協会「種目別統計表」に基づいて筆者作成。

表2-2　P&Iクラブの市場規模（保険年度期初の加入トン数）

（単位：総トン数）

年度	外航	内航	合計
2014	89,310,000（97.25%）	2,530,000（2.75%）	91,840,000
2015	90,500,000（97.21%）	2,600,000（2.79%）	93,100,000
2016	89,600,000（97.18%）	2,600,000（2.82%）	92,200,000
2017	88,200,000（97.24%）	2,500,000（2.76%）	90,700,000
2018	91,100,000（97.33%）	2,500,000（2.67%）	93,600,000

（注）　それぞれの年度の数字は，各2月20日時点の数値。
（出所）　Japan P&I Club 年次報告書（2014から2018まで）に基づいて筆者作成。

(2)　P&Iクラブ

P&Iクラブの近年の市場規模は表2-2のとおりである。日本船主責任相互保険組合のほか，外国のP&Iクラブの一部も，日本に法人を設立して営業している。なお，損害保険会社も，内航船や作業船などについてP&I保険を引き受けているが，P&I保険の中心は，P&Iクラブによる引受けとなる。

5-2　世　界

(1)　海上保険の市場統計

海上保険の市場は，グローバルであり，全世界の状況を見ておく（国際海上保険連合〔IUMI〕の統計〔2018年9月公表〕に基づく。数字はドル換算した比率）。

2017年の数字では，全世界の海上保険料の合計は285億USドル（以下，ドル）で，貨物保険が57%，船舶保険が24%，エネルギー関係が12%，賠償責任が7%を占める（図2-4）。

(2)　貨物海上保険

貨物保険の保険料は合計で161億ドル。その内訳を地域別に見ると，ヨーロッパが4割，アジア（豪州，ニュージーランドを含む）が3割，ラテンアメリカが1割強といった状況である（図2-5）。

国別に大きなところをあげると，イギリス（以下，イギリスはロイズと保険会社の両方を含み，ロイズは比例再保険などの数字を含む）が全世界の12.1%（そのう

図2-4 世界の海上保険料の内訳（2017年）

図2-5 貨物海上保険料（地域別）

図2-6 船舶保険料（地域別）

ち，ロイズが 8.8%）を占め，次に中国 9.6%，日本 9.0%，ドイツ 7.4%，ブラジル 5.3%，米国 5.1% と続く。

なお，日本は，2012 年までは，世界第 1 位であったが，その後，中国に抜かれている（為替変動の影響もある）。

(3) 船舶保険

船舶保険の保険料は全世界で 69 億ドル。そのうちの約半分（48.1%）がヨーロッパで，アジアが約 4 割である（図 2-6）。

保険料の多い順としては，イギリスが 21.5%（そのうち，ロイズが 16.4%），シンガポール 12.1%，中国 10.6%，北欧 9.0%，日本 7.3%，ラテンアメリカ 5.8%，イタリア 4.5%，フランス 4.0%，米国 3.3% と続く。

(4) P&I 保険

国際的な P&I 保険の保険料（call）は，合計で 31.1 億ドル。P&I クラブの拠点ベースで地域を見ると，イギリスが約 6 割，北欧が約 3 割と大部分を占めている（図 2-7）。

図2-7　P&I Gross Call（2017）

図2-8　海洋エネルギー（地域別）

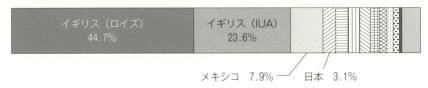

日本以下の国・地域は，マレーシア（3.0%），北欧（2.9%），イタリア（2.6%），ブラジル（2.3%），エジプト（1.8%），インド（1.6%），ナイジェリア（1.4%），米国（0.6%），その他（4.6%）。

(5) 海洋エネルギー関係の保険

海洋の石油掘削事業や風力発電などの海洋エネルギー関係の海上保険では，全世界の保険料は，35億ドルとなっている（図2-8）。

国別の内訳を見ると，イギリスが圧倒的に強く，世界の保険料の7割を占める（そのうちロイズ44.7%，ロイズ以外23.6%）。続いてメキシコ7.9%，日本3.1%，マレーシア3.0%，北欧2.9%，イタリア2.6%，ブラジル2.3%などとなっている。

第3章
海上保険の事業と契約に適用される法律
Law Applicable to Marine Insurance Business and Contract

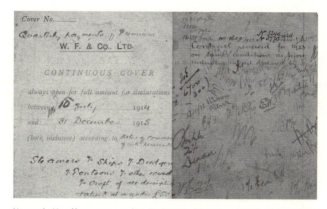

約100年前に使われていた海上保険証券（東京海上日動火災保険提供）

Introduction

　海上保険は，海上保険事業として営まれる。保険事業に関する基本的法律は，保険業法であるので，まずそれについて理解する必要がある。海上保険は，保険業法に基づいて認可を受けて営まれるが，個人分野の保険に比べると，法律上の規制は少し緩やかで自由の範囲が広い。

　また，海上保険は契約という法的な形式をとって営まれる。そこで，海上保険について理解するためには，その契約に関する法律を知っておく必要がある。海上保険契約には，保険法と改正商法が適用される。保険法は，保険の契約に適用される一般法である。加えて，改正商法には海上保険に関する規定が存在し，それらも適用される。明治時代に制定されてから長らく改正されていなかったが，2018年に全面的な改正がなされた。外航の海上保険契約では，英文契約が利用されており，その場合は，保険の補償内容を示す部分についてはイギリス法を適用する方式が利用されている。そこで，外航の海上保険契約を理解するためには，イギリス法の理解も必要となる。

　本章では，海上保険の事業に適用される保険業法，海上保険契約に適用される保険法と改正商法，さらには，イギリス海上保険法について，基礎的な事項を学ぶ。

1　海上保険に適用される法律

1-1　海上保険の事業に適用される法律——保険業法

　海上保険取引には，その性格に応じて各種の法律が適用される。営利事業としての海上保険事業には**保険業法**が適用される。

　保険業法は，保険事業を健全かつ適切に運営し，保険募集の公正を確保し，保険契約者等の保護を図るために制定された法律である（1条）。同法は，保険の事業のさまざまなプロセスを規制していて，保険契約の募集，締結，その実施等についても規定を設けている。なお，保険の契約プロセスには，保険商品の内容に応じて，金融商品の販売等に関する法律，金融商品取引法，消費者契約法なども適用され，そこにもいろいろな義務が定められている。

　日本において，海上保険を事業として行う場合，保険業法に基づき，損害保険業免許が必要となる（3条）。事業免許は，保険事業の骨格となる基礎書類（定款，事業方法書，普通保険約款，保険料および責任準備金の算出方法書等）を内閣総理大臣（実際には，その業務を委任されている金融庁）に提出して審査を受けて交付を受ける（4条）。事業方法書は，保険事業の内容を示す書類で，海上保険の分野では，海上保険事業方法書と運送保険事業方法書に分かれる。保険会社は，保険の種類ごとに普通保険約款を作成し，海上保険事業の領域では，船舶保険，外航貨物海上保険，内航貨物海上保険ごとに策定し，届出して利用されている。

　保険業法では，日本に所在する人や財産，日本国籍の船舶や航空機についての保険事業は，原則として，日本国に所在するか支店等を設けている保険会社にしか認めていない（これを「**海外直接付保の禁止**」という）（186条1項）。この規制の理由は，保険事業を営む事業者を日本政府のもとで監督し，日本国民・事業者を守るためである。しかし，その例外として，外航の船舶保険，外航の貨物海上保険，その他の特定の保険については，日本の企業等が海外の保険会社に直接保険をつけることが認められている（保険業法施行令19条）。

表 3-1　海上保険に関係する保険法

第1章 総則		1条（趣旨），2条（定義）
第2章 損害保険	第1節 成立	3条（損害保険契約の目的），4条（告知義務），5条（遡及保険），6条（損害保険契約の締結時の書面交付），7条（強行規定）
	第2節 効力	8条（第三者のためにする損害保険契約），9条（超過保険），10条（保険価額の減少），11条（危険の減少），12条（強行規定）
	第3節 保険給付	13条（損害の発生及び拡大の防止），14条（損害発生の通知），15条（損害発生後の保険の目的物の滅失），16条（火災保険契約による損害てん補の特則），17条（保険者の免責），18条（損害額の算定），19条（一部保険），20条（重複保険），21条（保険給付の履行期），22条（責任保険契約についての先取特権），23条（費用の負担），24条（残存物代位），25条（請求権代位），26条（強行規定）
	第4節 終了	27条（保険契約者による解除），28条（告知義務違反による解除），29条（危険増加による解除），30条（重大事由による解除），31条（解除の効力），32条（保険料の返還の制限），33条（強行規定）

第2章第5節：傷害疾病損害保険の特則（34, 35条），第6節適用除外（36条）

1-2　海上保険の契約に適用される法律——保険法，改正商法

　海上保険は，契約という形をとって実施され，海上保険の契約には，契約の一般法である民法が適用される。しかし，民法の規定は，その強行規定（公序良俗，信義則など）を除けば，契約において変更が可能な任意規定である。

　海上保険契約は，保険の契約であるので，**保険法**が適用される。保険法は，民法の特別法で，あらゆる種類の民営の保険契約に適用される。同法は，保険契約の成立から終了の流れに沿って，基本的な規律を定めている（表3-1）。

　保険法の規定は，①当事者間で変更することが認められない強行規定，②保険契約者・被保険者等の不利に変更することが認められない片面的強行規定，③任意規定に分かれる。②の**片面的強行規定**とは，消費者等の利用者の保護の観点から導入されたもので，海上保険はその例外として，その強行性は排除されていて，契約において保険法の片面的強行規定から変更する自由が認められている（36条）。

表3-2 海上保険に関係する改正商法（第3編第7章）の全体像

条	内容	条	内容
815条	定義等	824条	船舶の変更
816条, 817条	保険者の填補責任	825条	予定保険
818条	船舶保険の保険価額	826条	保険者の免責
819条	貨物保険の保険価額	827条	貨物の損傷等の場合の填補責任
820条	告知義務	828条	不可抗力による貨物の売却の場合の填補責任
821条	契約締結時に交付すべき書面の記載事項	829条	告知義務違反による解除
822条	航海の変更	830条	相互保険への準用
823条	著しい危険の増加		

　さらに，海上保険契約については，改正商法（第3編海商第7章海上保険815条から830条）も適用される（表3-2）。改正商法の海上保険契約に関する規定はすべて任意規定であるので，それに反する合意が可能である。

2　海上保険の契約

2-1　約款による取引

　保険は，保険商品と呼ばれることも多いが，その中身は危険の引受けという役務（サービス）で，契約という法的な形式を利用して営まれる。保険契約の骨格を形成する条項が**普通保険約款**（general insurance clauses）である。普通保険約款は，保険契約に関する基本的な事項を記したものであるため，それだけでは，各種の保険を引き受けるには十分でない。そこで，さまざまな**特別約款**（special clauses：一般に，特約と略される）や**特別条項**（special clause：特別約款と性格は同じであるが，条項の数が単独のものを指す場合や特別約款をさらに修正する場合にこの名称が利用されることが多い）を加えて，さまざまな種類の保険が組み立てられて引き受けられている。

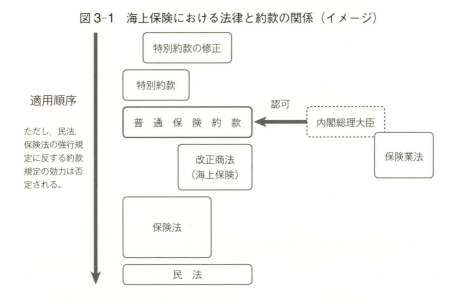

図3-1 海上保険における法律と約款の関係（イメージ）

2-2　約款と法律の関係

　上記のとおり，保険業法のもとで届出した普通保険約款が保険契約の骨格となり，それにさまざまの特別約款が加えられる。特別約款は，普通保険約款を修正・補完するものであるので，普通保険約款よりも優先される。さらに，個別の合意によって特別約款が修正されれば，その修正が優先される。こうして形作られた保険契約には，改正商法（海上保険），保険法における損害保険に関する規定や民法における契約に関する規定が適用されるが，海上保険については，これらの法律の条文はほとんどが任意規定であり，強行規定を除いて，個別の契約自由が優先される。以上の法律関係を図示すると，図3-1のとおりとなる。

2-3　海上保険契約の言語

　海上保険では，主要な貨物保険，船舶保険のいずれにおいても，国内の港のみに寄港する**内航**と外国の港にも寄港する**外航**とで，保険契約の内容と文言に大きな違いがある。内航は，国内の港間の移動になることから，日本語の保険

証券と日本語の約款による取引となる。一方，外航は，保険の目的物が外国に移動し，外国におけるリスクも対象としている。

また，貿易貨物の場合は，貿易の当事者のいずれかは外国の会社となり，外航船舶の場合は，保険契約者や被保険者が外国の会社である場合も多い。当事者が外国の会社になるような場合は，通常，英語の保険証券と保険約款が利用される。日本では，ロンドン市場で利用されている保険約款をもとに，一部，日本の実情に沿うように変更したものを利用している。

ロンドンは，海上保険について世界の中心的な市場であり，そこで提供されている標準約款は，日本だけでなく多くの国において利用されている。その結果，ロンドンの各種標準約款は，事実上の国際標準となっている。

2-4 契約の適用法と紛争解決の準拠法

自動車保険や火災保険などの国内陸上の損害保険契約では，日本法が契約に適用され，当事者の紛争が訴訟となる場合は日本の裁判所で争うことになる。国内運送保険や内航の日本語による海上保険約款の場合も同じである。しかし，英文の保険証券・約款を利用する場合は，事故が海外において生じることがあり，保険契約の当事者・関係者は必ずしも日本に所在するとは限らない。そこで，どの国の法律を適用して（適用法の問題），どの国の裁判所で紛争解決するか（裁判管轄の問題）を契約において取り決めておく必要がある。

契約に対していずれの国の法律が適用されるかを指定する約款は，準拠法約款と呼ばれ，海上保険では，イングランドの法律・実務に準拠する旨が記載されていることから，**イギリス法準拠約款**と呼ばれている。その具体的文言は，保険会社によって若干の相違がある。なお，イギリスは，正確には，イングランド，スコットランド，ウェールズ，北アイルランドからなる王国の連合（正式名は，The United Kingdom of Great Britain and Northern Ireland）であり，適用される法律は，厳密には，王国によって異なる。本書では，イングランドの法をもってイギリス法という。その理由から，約款では，イングランドの法と実務を適用すると記されているが，本書では，イギリス法準拠約款と称する。

英文の外航船舶保険契約の場合は，通常，契約締結に関する問題，契約の有効性の問題，保険料関係などは日本法による一方，保険金が支払われるかどう

かのてん補責任，支払額の算定，保険金の支払い・決済などについては，イングランドの法と慣習によることを合意する。また，裁判管轄については，保険会社の本店所在地である東京地方裁判所などを指定する条項が規定されている。

外航の貨物海上保険契約では，てん補責任，支払保険金の算定，保険金の支払い・決済などについては，イングランドの法と慣習によることに合意する。しかし，通常，船舶保険とは異なり，それ以外の法律事項について日本法を適用することの規定は設けられておらず，また，裁判管轄についても規定されていない。船舶保険と異なり，外航貨物海上保険では，売買契約に伴って保険証券が譲渡され，保険金請求をする被保険者が外国の荷主になる場合があることから，保険証券の譲受人(ゆずりうけにん)の立場も踏まえた柔軟な枠組みがとられている。

このように，外航の領域では，ロンドンの標準約款をもとにした約款が利用され，イギリス法準拠約款が設けられていることから，保険約款を理解するためには，イギリスの法律と慣習の理解がどうしても必要となってくる。それは，世界標準についての理解といってもよい。そこで，以下に，イギリスの海上保険法について若干説明しておく。

2-5 イギリスの海上保険法

法律の体系は，大きく分けると，日本，ドイツ，フランスのような成文法を骨格とする大陸法系の国と，イギリス，米国などの判例法を骨格とする国に分かれる。

イギリスでは，保険契約に適用される法は，判例法が基本であり，具体的事件において下された膨大な数の判決から法が形成されている。海上保険については，**イギリス1906年海上保険法**（Marine Insurance Act 1906）が制定されているが，同法は，それまで数百年にわたる海上保険に関する判例法のエッセンスを条文の形に整理したものである（表3-3）。同法を見ることによって，判例法の重要な点を理解することができる。イギリス法は，過去の膨大な判決をもとにしているので，どのような事実の場合にどのような法的効果が得られるかの予測（予見可能性）が高い。そのため，商業取引における法的なリスクを減らし，円滑な取引を行ううえで優れている。しかし，過去の判例に引きずられてしまうことから，時代の変化に適合しにくいという点がある。実際に，判例

表 3-3 イギリス 1906 年海上保険法の主な規定内容

見出し	条文	主な項目
海上保険	1～3条	海上保険の定義など
被保険利益	4～15条	賭博契約の無効，被保険利益の定義など
保険価額	16条	保険価額の算定基準
告知および表示	17～21条	最大善意の契約，告知義務など
保険証券	22～31条	記載事項，署名，評価済保険証券，船名等未詳保険証券など
重複保険	32条	重複保険
担保（ワランティ）その他	33～41条	担保の性質，違反が許される場合，明示担保，船舶の堪航担保，適法担保など
航海	42～49条	危険開始の黙示条件，航海の変更，離路，航海の遅延など
保険証券の譲渡	50, 51条	譲渡の時期・方法，利益を有しない者の譲渡不可
保険料	52～54条	保険料支払いの時期，ブローカー経由の場合，領収の効果
損害および委付	55～63条	てん補損害，免責損害，分損，全損，現実全損，行方不明，推定全損の定義・効果，委付の通知・効果
分損（救助料，共同海損および特別費用を含む）	64～66条	単独海損損害，救助料，共同海損損害
損害てん補の限度	67～78条	保険者責任の範囲，全損，船舶の分損，貨物の分損，共同海損分担額，救助料，連続損害，損害防止約款など
損害の支払いに伴う保険者の権利	79～81条	代位権，分担請求権，一部保険の効果
保険料の返還	82～84条	返還の強制，合意による返還，約因の欠如による返還
相互保険	85条	相互保険の場合のこの法律の修正
補則	86～94条	被保険者による追認，合意や慣習による黙示義務の変更，文言の解釈など
附則	第1附則	保険証券の様式（＊ロイズS.G.保険証券様式を掲載）
	保険証券の解釈原則 1～17条	＊ロイズS.G.保険証券様式における文言（「滅失したと否とを問わない」「海固有の危険」「海賊」「強盗」「船員の悪行」「その他一切の危険」「船舶」「運送賃」「貨物」など）の意味についての解釈（判例法）を示したもの
	第2附則	（廃止された）

表 3-4　イギリス 2015 年保険法の主な規定内容（2016 年企業法〔Enterprise Act 2016〕による変更後の内容）

章	見出し	条文	主な項目
1	保険契約	1 条	主要用語の定義
2	公正な告知の義務	2～8 条	適用と解釈，公正な告知の義務，被保険者・保険者の知っていること，違反の場合の救済
3	ワランティ，その他の条件	9～11 条	ワランティおよび表示，ワランティに対する違反，損害と関係のない条件など
4	不正な保険金請求	12～13 条	不正請求に対する救済，グループ保険の場合
4A	保険金支払いの遅延	13A 条	保険金支払いに関する黙示条項
5	信義，契約による適用除外	14～18 条	信義，契約による適用の除外，明瞭性の要件など
6	2010 年第三者法の改正	19～20 条	（省略）
7	総則	21～23 条	附帯規定，適用範囲，施行日等
附則	附則 1（1～3 章）	1～12 条	違反に対する救済，意図的または無頓着による違反，比例的減額
	附則 2		第三者法関係（省略）

法や 1906 年海上保険法の内容が時代の変化に適合していないという問題も提起された。

　そこで，イギリスでは，2015 年保険法という制定法が定められ，最大善意の原則，告知義務，ワランティなどの保険法の重要な事項について，判例法と 1906 年海上保険法が部分的に修正された（表 3-4）。

　なお，2015 年保険法は，保険契約に関する規律を網羅的・体系的に示した日本の 2008 年保険法とは異なり，判例法やそれまでの制定法の修正点のみを記した法律である。

2-6　海上保険約款で規定されている事項

　海上保険約款では，どのようなことが規定されているのだろうか。貨物保険，船舶保険の約款の規定内容については，本書第 5 章から第 8 章で，詳しく説明

表 3-5　保険約款の主な記載事項

契約締結関係	告知義務，違反の場合の効果
保険料支払義務	保険料の支払義務
保険の対象物	船舶の範囲（端艇の扱いなど）
保険の期間	保険の開始と終了日時についての具体的な規定
保険価額	物の価額を超過して保険がつけられた場合の措置 物の価額が減少した場合の措置
対象とする事故	対象とする事象，免責，支払う保険金の種類，保険金の算定方法，一部保険の場合の保険金計算
支払対象とする損害，算定方法	物理的損害，救助料分担，共同海損分担額，損害防止費用，修繕費となる対象（船舶保険），分損の計算方法（貨物保険）
事情の変更	告知事項に変更が生じた場合やリスクが増加した場合の通知義務と違反の場合の効果
事故時の対応	損害防止義務，保険会社への連絡，債権の保全，その他の必要な手続き
保険金の支払い	支払手続き，支払い後の保険者の権利（請求権代位），時効
契約の解除	解除の事由，解除の場合の保険料の返還の有無
一般条項	準拠法，裁判管轄

するが，ここでは，一般に日本の海上保険約款において規定されている事項について概観しておく。

　日本の普通保険約款では，契約の締結，保険をつける対象，保険の期間，保険価額，保険で対象とする事故，免責，てん補する損害とその算定基準，事情が変動した場合の通知，損害が生じた場合の対処，保険金支払い，保険料支払い，解除，準拠法など，各種の事項が詳細に定められている（表 3-5 参照）。普通保険約款は，標準的な保険契約を想定したものであるので，一般的・原則的な内容となっている。引き受けるリスクによっては，標準的内容ではうまく適合しないので，特別約款を利用して内容が修正される。こうした構造は，イギリスの約款でもほぼ同じである。

3 海上保険契約の締結

3-1 保険契約の締結と保険証券

　保険契約は，契約当事者の合意により成立する（これを諾成契約という）。理論上は，当事者が口頭で合意すれば，保険契約は成立する。実際には，保険を募集する人が申込人から必要な保険等についての情報・要望を受けて，保険契約の内容を設定して，その説明を行い，保険に加入する人は，所定の書類（申込書）に必要事項を記入してその保険の申込みを行い，保険会社が承認することによって契約が成立する方式がとられる。保険契約の締結時，保険会社から保険契約者には，所定の事項が記載された書面が交付される。海上保険の場合は，通常，**保険証券**（insurance policy）が交付されるが，輸入貨物について買主が保険をつける場合などは，**保険証明書**（certificate of insurance）が交付される場合もある。これらの書類には，加入会社名，保険をつける対象，保険の期間，保険の条件，保険料，保険会社の代表者の署名などが記されている。保険法や改正商法は，契約時の書面に記載しなければならない事項について規定している（保険法6条，改正商法821条）。海上保険では，通常，表3-6に掲げる保険契約における明細が記載される。

　保険証券や保険証明書には，通常，契約書に記されているような条文は記載されていない。保険契約における契約条項は，保険約款としてまとめられている。実際の保険契約では，約款で保険法に沿って詳細なルールを規定したり，保険法上の規律を修正している。約款でとくに定めがない事項については，海

表3-6　海上保険証券における主な記載事項

貨物・船舶共通	保険契約者・被保険者の名称，保険会社の名称，保険の目的物の名称，保険期間，保険金額（保険価額），保険の条件，保険料の額，適用される約款・特別約款
貨物保険	輸送の期間，輸送船舶の名称，貨物の仕切状番号
船舶保険	航路定限

上保険では改正商法と保険法の規律が適用されるが，保険約款には，保険法に記載されている事項のほとんどについて規定が設けられている。

しかし，貿易貨物に関する外航海上保険契約において保険証券が作成される場合は，上記とは異なり，保険証券に保険約款部分も記載されている。それは，売買契約に基づいて貨物が輸出者から輸入者に移転され，保険証券もまた譲渡されるためである。保険証券の表面と裏面に，契約の明細，保険約款，特別約款が記載されている（巻末の貨物海上保険普通約款参照）。保険証券は，通常，A4サイズの紙1枚で，その両面に細かな字でぎっしりと条項が記載されているので，約款の部分の判読が容易でない面はあるが，これらの約款条項の部分は，ロンドンの標準約款等で，世界的に利用されているものである（もちろん，要望があれば，保険会社は約款についての拡大版などを提供している）。

なお，輸入者が貨物に保険をつける場合には，こうした正式の保険証券の発行を省略し，輸入貨物の税関申告に必要な**保険料明細書**（debit note）を発行する方法がとられる場合が多く，その場合，保険料明細書には，引受内容の明細のみで保険約款は記載されない。

3-2 損害保険契約の当事者

損害保険契約における当事者は，保険者と保険契約者である（図3-2）。法律上，**保険者**（insurer）とは保険を引き受ける者，**保険契約者**（policyholder）とは

図3-2 日本法における損害保険契約の構造

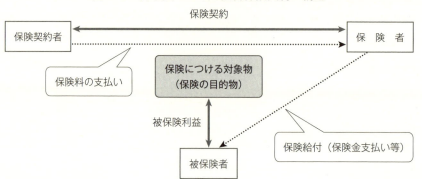

保険をつけるために契約をする者をいう。損害保険契約では，契約の両当事者が相互に義務を負う。このような契約を双務契約という。保険者は，保険事故が発生したときに保険給付の義務等を負い，保険契約者は，保険料を支払う義務等を負う。保険料は，一括払い，分割払いなどがある。

損害保険契約では，事故が生じた場合に，保険で対象とする損害を被る者を**被保険者**（assured または insured）と呼ぶ。被保険者は，契約上の当事者ではなく，関係者にあたる。被保険者は，被保険利益（⇒第4章1-2）を有する者で，保険をつけた財産に滅失・損傷が生じた場合に，財産上の損失を被る者をいう。

なお，イギリス法においては，大陸法のように保険契約者と被保険者の概念を分離して契約構造を理解する考え方はとられておらず，保険を自分のために締結する人を assured と呼ぶ。保険契約者と被保険者が別の場合は，他人（assured）のために契約を締結するという考え方をとる。

3-3 海上保険契約の締結と保険募集人

日本では，損害保険の保険料のうち9割強を占める契約が保険代理店を通じて締結されている。しかし，船舶保険では，保険会社の社員による直接契約が多い。国際的な海上保険では，保険ブローカーを通じて契約が締結される場合がある。

保険代理店（insurance agent）は，保険会社から委託を受けて，その会社の商品を販売し，保険契約者と保険会社との保険契約を締結させて，保険会社から報酬（代理店手数料）を得る独立の商人である。代理店には，個人の場合と法人の場合がある。通常，保険代理店は，保険会社から損害保険契約を締結する権限が与えられている。保険代理店が複数の保険会社から委託を受けている場合を**乗合代理店**という。海上保険では，法人代理店が中心で，企業が子会社として設立している会社が保険代理店になり，そこを通じて契約が締結される場合もある。

保険業法において，保険募集を行う者は，保険の募集にあたり，重要事項に関する虚偽説明，特別利益の提供など，特定の行為をすることを禁止されている（300条1項）。また，保険の募集・締結にあたり，重要情報の提供，重要事項の説明，顧客の意向の把握と確認についての義務を負っている（294条，294

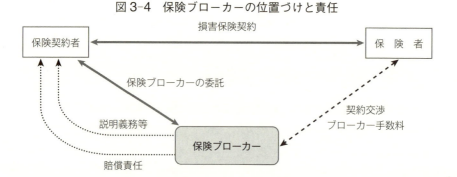

図3-3 保険代理店の位置づけと責任

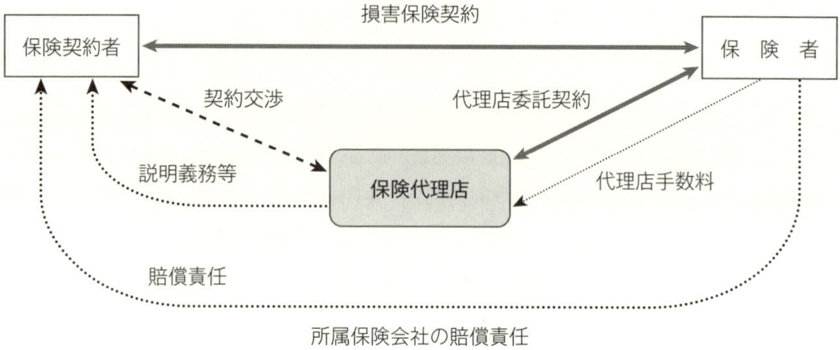

図3-4 保険ブローカーの位置づけと責任

の2条,294の3条)。ただし,企業間の取引である海上保険契約については,情報提供,意向把握・確認義務は,一定程度軽減されている。

保険代理店は,故意や過失によって保険契約者等に対して損害を与えた場合,不法行為責任,債務不履行責任,金融商品の販売等に関する法律に基づく責任などの民事上の責任を負う。保険業法に基づき,保険代理店の所属保険会社は,保険代理店が保険募集について保険契約者に加えた損害について,原則として,責任を負う(283条)(図3-3)。

保険仲立人(insurance broker:以下,保険ブローカーという)は,顧客の依頼に基づき顧客のために保険会社との間で契約の媒介をして報酬を受領する(図3-4)。保険ブローカーは,英米の海上保険契約の手配において広く利用されている。ロイズでは,原則として,ロイズが認定したロイズ・ブローカーを通じて

保険契約が締結される。

保険ブローカーは，保険契約者のために保険の手配を行い，保険業法上，顧客に対して，ベストアドバイスの提供，重要事項の説明，顧客の意向確認等の義務を負う。保険ブローカーも，保険代理店と同じく，故意や過失によって顧客に損害が生じた場合に各種の民事上の賠償責任を負う。しかし，保険代理店の場合と異なり，保険会社は，保険ブローカーの過失に対して責任を負わない。そのため，顧客を保護する観点から，保険業法は，保険ブローカーに対して，顧客等に対する賠償責任に備えて，保証金の供託や賠償責任保険の手配を義務づけている（291 条，292 条）。なお，保険ブローカーは，顧客が保険手配を依頼した業者であるので，理論上は，その報酬は顧客が支払うことになるが，実務上は，行政の指針に沿って，保険会社が支払う方式がとられている。顧客は，その額の開示を求めることが認められている。

3-4 告知義務

保険契約の締結にあたっては，保険契約者または被保険者は，危険に関する重要な事項を保険者に告知しなければならない。これを**告知義務**（duty of disclosure）という。保険者は，引き受ける危険の内容や程度をもとに，契約申込みに承諾するか，承諾する場合の条件や保険料を決定する。しかし，そのために必要となる危険に関する情報の多くは加入する側に存在する。そこで，そのような情報の提供がなされるように，告知義務の制度が設けられている。

保険法は，危険に関する重要な事項のうち保険者となる者が告知を求めたものを告知事項として規定している（4 条）。故意または重過失による告知義務違反があった場合には，保険者は契約を解除できる（28 条）。契約を解除した場合，その契約は，将来に向かってのみ効力がなくなる（31 条 1 項）。しかし，告知義務違反を理由として契約を解除した場合は，保険者はすでに生じている保険事故について免責される（31 条 2 項）。ただし，告知されなかった事実に基づかずに発生した保険事故による損害に対しては，保険者は保険金を支払わなければならない（同項 1 号但書）。

保険法では，保険者が告知を求めた事項に対して事実を告知すればよいが，海上保険契約の場合，船舶や貨物は，洋上や外国にあったりして，保険者がそ

れらを直接確認することが難しい場合が多い。加えて，対象物の種類・状態もさまざまである。そのため，保険者の側で，具体的に何について告知を求めるかの判断が難しく，保険契約者や被保険者からの自発的な告知が必要な状況にある。そこで，改正商法は，保険契約者または被保険者は，海上保険でてん補する損害の発生可能性に関する重要な事項について事実の告知をしなければならないことを規定し（改正商法820条），保険法の原則とは異なり，自発的に重要事項を告知することを法律上の義務として規定している。義務違反の効果については，保険法と同じである（改正商法829条）。

　イギリス法における告知義務についても概要を説明しておく。イギリスでは，保険契約を最高信義（最大善意ともいう）による契約として，保険契約者・被保険者（assured）に重要事実を自発的に開示すること（disclosure）と不実表示（misrepresentation）をしない義務を課し，違反の場合には，それが故意であるか過失であるかにかかわらず，保険者に契約を取り消す権利を与えていた（1906年海上保険法17条～21条）。しかし，この規律は，消費者等には厳しいとして，消費者保険については，2012年消費者保険（開示および表示）法（Consumer Insurance〔Disclosure and Representations〕Act 2012）が制定されて，質問に対して応答する義務に変更するとともに，違反の場合に一律に契約の解除権を与える方式から，故意等による場合かどうか，違反がなされていなかった場合の対応（引受不可，異なる条件，異なる保険料）に沿って契約を調整して保険責任を導く方式に変更となった。

　海上保険を含む事業者保険については，2015年保険法が制定されて，告知義務については，公正な告知の義務（duty of fair presentation）という新たな考え方が導入されて，被保険者は，知っていることや知っているべきことの情報を自発的に開示し，かつ保険者の質問に正しく回答する義務を負う。しかし，保険者がさらに質問をしなければそれ以上の情報の提供の義務はないとして，具体的に当事者それぞれが知っているべき事項等を明確化した。違反の場合の効果については，2012年消費者保険（開示および表示）法と同じく，違反がなかった場合にとられていた状態に基づいて調整する方式が導入された。2015年保険法の内容は，それと異なるルールを適用することを当事者が明確に合意すれば変更が可能である。

3-5　海上保険における主要な告知事項

海上保険における告知事項は，保険をつける対象物や航海によって異なるが，一般的には，主な事項として以下をあげることができる。

貨物保険	貨物（名称，数量，金額），航路（発送地，積込港，荷卸港，仕向地），輸送用具（種類，名称），梱包・積付方法，など
船舶保険	船種，船質，船籍，船級，船齢，総トン数，積荷，航路，船員，など

3-6　保険料の支払い

保険料は，保険者の危険負担が開始する前に支払う必要がある。通常，各種の保険契約では，保険料を領収する前に事故が生じた場合は，保険金は支払われないことが規定されている。しかし，貨物海上保険では，頻繁になされる貿易取引において，個々の輸送ごとに，輸送が開始する前に保険料を支払うことが物理的に難しかったり，合理的でない場合があり，実態に対応した措置がとられている（⇒詳しくは第5章）。

第4章
海上保険契約の内容に関する法理論
Legal Theory of Marine Insurance Contract

村瀬春雄『村瀬保険全集』(1926 年刊行,村瀬保険全集刊行会)

Introduction

　本章では,海上保険契約について学ぶ。貨物保険,船舶保険などの具体的な保険契約の内容については,第5章以降で扱う。本章では,各種の海上保険契約に共通する基本的な事項を学ぶ。

　契約の締結関係については,第3章ですでに説明しているので,本章では,それ以外の重要な事項について説明する。契約の効力,保険をつける金額,補償の対象とする危険,免責とする危険,因果関係,危険の変動,損害が発生した場合の被保険者等の義務,損害てん補の内容,重複保険,保険金を支払った後の効果(保険代位など),契約の解除などである。また,重要な事項については,該当するイギリス法の内容についても説明している。

　海上保険の契約では,いろいろな状況について保険金が支払われるかどうかをあらかじめ取り決めておかなければならない。見えないリスクに対する補償を具体的な文字でもって規定していくのであるから複雑になる。加えて,対象とするリスクがグローバルで,かつ当事者も海外となる場合があるので,日本国内に限定される保険契約とは異なる事象も出てくる。その分,難しい面がある。しかし,海上保険契約を学ぶことは,海上保険を知るだけでなく,グローバルな契約の世界を知ることにもつながるであろう。

1 海上保険契約の効力

1-1 契約の一般原則

　保険契約は，契約当事者の合意によって成立する。しかし，民法に基づき，公序良俗に反する契約（たとえば，密輸品に対する貨物保険契約）は無効である。日本では，外航の分野で，イギリス法に準拠する英文約款が広く利用されている。その場合，保険責任と保険金支払いについてのみイギリス法に準拠する条項が利用されているので，日本で締結される契約の有効性の問題については，日本の法に従って判断される。

　また，保険事業は，保険業法に基づく認可事業であるので，認可で認められた保険契約でなければならない。違反があった場合，違反した事業者に対して罰則が適用される。しかし，認可に違反しても，契約自体は，私法上，有効である。

1-2 被保険利益

　損害保険は，損害てん補の保険であるので，被保険者に損害が生じる可能性があることが大前提となる。損害がなくても保険給付が得られるとなれば，利得が生じてしまい，またそうした契約を賭博と区別することが難しくなる。損害を被る可能性がない場合に保険料を受領することも適当でない。被保険者が損害を被る可能性がないような場合は，契約自体を無効としておく必要がある。

　保険法は，「損害保険契約は，金銭に見積もることができる利益に限り，その目的とすることができる」（3条）と規定している。ここでいう利益とは，利害関係のことと理解されていて，経済的な利害関係がある場合にのみ損害保険契約が有効となる。経済的な利益関係がない場合は，事故が生じても損害を被らないことから，契約は無効となる。ここでいう利益とは，学問上，**被保険利益**（insurable interest）と呼ばれている。この規定は，強行規定（⇒第3章1-2）である。

　被保険利益は，損害が発生する根拠となる利害関係であるから，金銭に見積

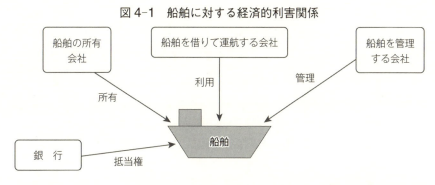

図 4-1　船舶に対する経済的利害関係

船舶にはいろいろな会社が利害関係を有する。誰のどのような利害関係に対して保険をつけるか？

もることが可能な客観的な経済的利益でなければならない。また，適法な利益でなければならない。麻薬を所有することは違法であり，保険の対象とする利益として認めることはできない。なお，被保険利益は，契約時には実在していなくても，その存在を客観的に予想できるものであればよい。たとえば，売買契約を締結した時点では貨物が実在しなくても，その取得を予定して保険を締結することは認められる。

財物について同時に複数の者が利害関係を有している場合がある（図4-1）。その結果，事故が発生した場合に複数の関係者に損害が生じる可能性がある。そこで，保険契約では，誰のいかなる種類の損害を対象として保険をつけるのかを明確にしておく必要がある。

2　海上保険をつける金額

2-1　保険価額と保険金額

保険法では，保険をつける対象物（**保険の目的物**〔subject-matter insured〕という）の価額を**保険価額**（insured value）という（保険法9条）。船舶保険では船舶の価額，貨物保険では貨物の価額が保険価額となる。これに対し，保険契約で

は，いくらまでの損害をてん補するかを決める必要がある。保険給付の限度額として契約で定める金額を**保険金額** (sum insured；insured amount) という。保険価額は，客観的な価値を示し，保険金額は，保険契約者が設定する額といえる。なお，賠償責任保険においては，価額という概念がうまく当てはまらず，保険価額という概念が適合しない。保険金額についても，しばしば**支払限度額** (limit of liability：L/L) という用語が利用されている。

改正商法は，海上保険における保険価額について，船舶保険においては保険期間の始期における船舶の価額，貨物保険においては，貨物の船積みされた地・時における貨物の価額に運送賃と保険の費用（保険料）を加えた額とすることを規定している（818条，819条）。

保険価額と保険金額が同じ場合を**全部保険** (full insurance)，保険金額が保険価額よりも高い場合を**超過保険** (over insurance)，保険金額が保険価額よりも少ない場合を**一部保険** (under insurance) という。

2-2 超過保険

損害保険は，損害をてん補する保険であるので，損害額を超える給付は認められない。そこで，事故時に保険金額が保険価額を超えていても，保険価額を超える保険金は支払われない。そのため，超過して保険につけても，契約後に保険価額が上昇しない限りは保険料の無駄となる。

保険法は，契約の締結のときに保険金額が保険価額を超えていたことについて，保険契約者や被保険者が善意で（知らないで）かつ重大な過失がなかったときは，保険契約者は超過部分を取り消すことを認めている（9条）。また，契約締結後に保険価額が著しく減少したとき（すなわち，それによって著しい超過保険になるとき），保険契約者は，将来に向かって保険金額をその保険価額まで減額し，それに対応する保険料の減額を請求することを認めている（10条）。

2-3 一部保険

一部保険の場合，保険料は保険金額に保険料率をかけて算出することから，その分，保険料も少なくなっている。そのため，一部保険の場合は，保険がついているのは保険価額に対する保険金額の割合（これを付保割合という）部分で

あるので，保険金は，てん補すべき損害額にこの付保割合をかけて算出する（比例てん補方式と呼ぶ）（保険法19条）。

＜一部保険の場合の保険金の計算式＞

$$\text{保険金} = \text{損害額} \times \underbrace{\left(\frac{\text{保険金額}}{\text{保険価額}}\right)}_{\text{付保割合}}$$

2-4 価額協定

海上保険の実務においては，価額の評価について当事者間で争いとなることを避けるために，ほとんどの場合において，保険契約者と保険者で，保険価額を事前に評価して協定している。そのため，超過保険や一部保険における調整が必要となる場合はほとんど生じない。こうした価額の協定は，損害発生時点で実際の保険価額より著しく高額でない限りは有効で，価額を協定した場合（その価額を**約定保険価額**〔agreed value〕という），その価額を基準として保険金が算定される（保険法18条2項）。

3 対象となる事故と免責

3-1 保険事故

損害保険契約は，一定の偶然の事故によって生ずる損害をてん補する保険契約である。契約では，対象とする「一定の偶然の事故」を定めておく必要がある。これを**保険事故**（peril insured）という。海上保険では，**担保危険**（risk covered）と呼ばれる場合が多い。保険事故は，偶然なものでなければならないが，その偶然性とは，理論的には，発生するかどうかがわからないもの，発生することは確実であるがその時期がわからないもの，保険期間内に発生することはほぼ確実であるがその程度がわからないもの，のいずれをも含む。具体的に対象とする保険事故は，保険契約において明確化される。

保険事故の定め方は，保険の種類によって異なるが，大きく分けると，沈没，

座礁，船舶火災……と個々の危険を列挙して示す方式（列挙責任主義）と「……にかかわるすべての事故」として包括的に示す方式（包括責任主義）がある。

外航の船舶，貨物海上保険で，英文約款を利用する場合は，イギリス法準拠約款が添付されているので，保険事故として記載されている事故の意味は，イギリスの制定法と判例法に基づいて解釈される。イギリスでは，膨大な判例の蓄積があり，それを踏まえて文言の解釈がなされる。

3-2 免　責

一定の事由は，保険金支払いの対象外となる。保険者が保険給付義務を負わないものとする事由を**免責**（exclusion）という。保険約款においては，支払いの対象としない事象を免責として定めるが，免責という場合でも，次の異なる次元の事象があるので，区別が必要である。

(1) 免責危険

損害は，事故によって生じるが，その原因となる事故・危険（peril）を保険の対象外とする場合に用いられるのが，**免責危険**（excluded perils）である。原因免責，免責事故という場合もある。一般に，免責という場合はこれを指す。たとえば，免責として，故意・重過失，戦争を記している場合はこの意味である。

(2) 以後免責

以後免責は，一定の事象が生じた場合に，その事象と事故との因果関係を問わずに，保険者の責任を免じる方式であり，爾後免責とも呼ばれる。イギリスでは，ワランティという法律制度を利用して設定される（⇒本章5-3）。たとえば，船舶保険契約において危険度が高い海域を航行する場合を除外しておき，そこを航行した場合には，保険者は責任を負わない方法である。つまり，その区域を航行していることと発生した事故との因果関係を問わずに，保険者は責任を負わない。

以後免責という制度には，一度その事象が生じたら，それ以降の保険者の責任を停止させる方式（理論上，if clauseと呼ばれる）やその事象が続いている間においてのみ（たとえば，禁止区域を航行している間のみ）保険者の責任を一時停止する方式（理論上，while clauseと呼ばれる）があり，危険の変動に対処する方

法として利用されている。

(3) 不てん補損害

　特定の損害（loss）を支払いの対象外とする場合にも，免責という用語を用いる場合がある。たとえば，小損害免責という用語は，少額の損害をてん補の対象から外すために，所定の割合または額の損害を支払いの対象外とするものである。

　なお，免責として，摩耗・自然の消耗と記されている場合は，(1)と(3)の両方の意味があり，保険の目的物に生じた摩耗・消耗の部分についての損害を免責とするとともに，摩耗や消耗が原因となって別の事故（たとえば，海水の浸入）が生じた場合の損害のいずれも支払いの対象としないという意味である。

3-3　免責危険（原因免責）

　保険契約では，特定の事象による損害を免責として支払いの対象から外している。免責危険には，法律に定めがあるもの（法定免責事由）と契約で定めるもの（約定免責事由）がある。

　改正商法は，次の事由によって生じた損害について保険者はてん補する責任を負わないと規定している（826条）。

- 保険の目的物の性質もしくは瑕疵または通常の損耗
- 保険契約者または被保険者の故意または重大な過失（ただし，責任保険契約の場合は，故意のみ）
- 戦争その他の変乱
- 船舶保険契約において，各航海に係る発航の当時の船舶の不堪航。ただし，各航海に係る発航の当時において，保険契約者または被保険者が注意を怠らなかったことを証明した場合を除く
- 貨物保険契約においては，貨物の荷造りの不完全

　保険法は，次の事由によって生じた損害について保険者はてん補する責任を負わないと規定している（17条）。

- 保険契約者または被保険者の故意または重大な過失（ただし，責任保険契

約の場合は，重大な過失は除く）
- 戦争その他の変乱

　免責事由は，法律に規定されているが，改正商法，保険法における免責の条文はいずれも任意規定であり，約款においてそれとは異なる規定を設けることができる。約款では，法律に規定されている免責についても織り込んで，免責を詳細に規定している。約款における免責については，貨物保険，船舶保険のそれぞれの章で詳しく解説する。

　なお，イギリス海上保険法においても，各種の免責事由が示されている。
　特定の事由を免責とする理由は免責事由によって異なる。保険契約者または被保険者の故意は，モラル・ハザード（⇒第1章1-2）の防止などに基づくものである。戦争その他の変乱などは，大数の法則に乗りにくく，保険でリスクを消化することが難しいためである。保険の目的物の性質，瑕疵（欠陥のこと），通常の損耗などは，保険制度の基本となる偶然な事故にあたるか疑問がある（偶然性に欠ける）場合があり，また，仮に偶然といえる場合であっても頻繁に生じる事象を保険の対象とすると，その分，保険料が高くなって保険制度として合理的ではなくなるためである。さらに，発航当時の船舶の不堪航（船舶が航海に堪えられない状態）や貨物の荷造りの不完全などを保険の対象としてしまうと，経費を下げるために，船舶の安全性を確保するための努力や注意が弱くなってしまったり，貨物の荷造り（梱包など）が十分でないものになるなど，事故や損害を未然に防止する努力を怠ってしまう場合がありうるからである。

4　因果関係

4-1　因果関係とは何か

　損害が保険給付の対象となるのは，保険事故「によって生じた」場合に限られる。また，保険で対象として記載した事故が生じても，免責による場合には対象外となる。この「によって生じた」という関係を**因果関係**（causation）という。因果関係は，保険事故と損害との間，複数の原因間，いずれにおいても

問題となる。

　海上保険で対象とする事故は，種々の原因が関係して発生する場合が多く存在する。また，海上保険契約では，対象とする危険の種類，免責が複雑となっている。加えて，損害が巨額になる場合があり，損害がいずれの原因によって生じたか，因果関係をめぐる判定に争いが生じる場合がある。そのため，因果関係は，実務上も重要な問題となり，とりわけ海上保険の研究者によって長年にわたり研究されてきた。しかし，求められる因果関係について，公式のように一般的かつ抽象的に示すことは難しい状況にある。

4-2　日本法に基づく場合

　日本では，改正商法や保険法には，求められる因果関係の内容について規定する条文はなく，解釈上の問題となる。因果関係に関する学説は，条件説，近因説，最後条件説，最有力条件説，蓋然説，自然成り行き説など，いくつか存在する。刑法や民法では，それらの法律における因果関係についての学説として，**相当因果関係説**が通説となっている。相当因果関係説とは，ある行為からそのような結果が生じるのかが経験上，通常であると考えられる場合に因果関係を認める考え方である。保険契約について求められる因果関係についても，相当因果関係説が通説で，判例もその立場に立つ。

　しかし，相当因果関係説を海上保険に適用とした場合には，難しい問題が生じる場合がしばしばある。保険では，保険金を支払うか支払わないかを決定しなければならない。損害の原因が複数存在し，保険で対象とする事象と免責としている事象のどちらも損害の相当原因といえる場合がありうる。たとえば，貨物海上保険契約では，航海の遅延が免責として規定されている。一方，保険の担保条件によるが，通常は，海水の浸入は保険の支払対象である。その場合，航海が遅延していて到着時には食料が腐敗することが経験上確実といえる状況になっていたが，たまたま航海中に船倉に海水が入ってそのために食料が使用不能となった場合，保険金は支払われるか。何をもって相当原因と見るべきであろうか。相当因果関係説では，複数の原因が相当原因といえる場合がありうる。その場合の保険金支払いの可否等が問題となる。

　一方，いずれの原因もそれだけでは通常損害には至らないので相当原因とは

いえないが，複数の原因が競合して損害が生じる場合がある。たとえば，貨物の梱包が損害を生じさせるほどの不完全なレベルではなかったが，荒天に遭遇し，他の貨物にはまったく損害がなかったが，その梱包方式のすべての貨物に損害が生じた場合はどうであろうか。梱包の問題と荒天が競合して問題が生じたが，そのどちらかだけでは，損害にはなりえなかった場合である。

このように，相当因果関係説という考え方だけで，因果関係の問題を解決できるかは疑問がある。保険約款における条項の文言や趣旨も踏まえた解釈が必要となる。とくに，免責条項については，特定の事象を除外するという契約上の意図をもとに，優先的に適用するという考え方も主張されている。

4-3 イギリス法に基づく場合

外航の英文証券・約款では，保険金支払責任については，イギリス法に準拠することになる。イギリス法では，判例法上および成文法上，近因説と呼ばれる考え方がとられている。イギリス1906年海上保険法は，「別段の定めがある場合を除き，保険者は，被保険危険に近因して生じた一切の損害に対して責任を負うが，被保険危険に近因して生じたものでない一切の損害に対しては責任を負わない」と規定している（55条1項）。「近因して生じた（proximately caused by）」という表現は，近因説と呼ばれる考え方を示している。何をもって近因とするかは，かつては，損害の発生から過去に原因をさかのぼっていって，時間的に最も近くに存在する原因を損害の原因として認定する考え方であった。しかし，時間的に近いか遠いかという基準は，判定においてわかりやすく便利である一方，不合理な結果となる場合があり，その後，判例では，最も効果において近い原因（最有力原因）を指すと理解されるようになった。また，種々の原因の中には，純粋に自然の作用や被保険者の過失などの人為的な原因など質的に異なるものが存在し，原因の競合などの種々の事象が存在するなか，何をもって近因と見るか，近因説を抽象的に示すことは難しく，それは，裁判官の認定によらざるをえないという説明がなされる場合が多い。

なお，イギリス法では，保険事故によるか免責事故によるかのいずれかを判定し，近因は1つに絞られるという考え方が支配的であった。しかし，近年は，近因は必ずしも1つに限定されないという考え方も出てきている。さらに，イ

ギリスでは，約款において種々の因果関係を示す用語が利用されており（たとえば，caused by；proximately caused by；arising from；attributable to），約款文言によって求められる因果関係に違いが生じるかという解釈問題も存在する。判例では，約款における因果関係の表現だけでもって法的に求められる因果関係のレベルが変わるものではなく，免責として記載されている事項や免責として明確化されている趣旨を踏まえ，事実関係に照らして約款の文言を解釈するとの立場がとられている。

4-4　因果関係判定の実務

因果関係については，これまで多くの研究者が研究してきたものの，求められる因果関係を一般化することは難しい状況にある。保険契約における因果関係をめぐる問題は，日本にとどまらず，他の国でも似たような状況である。実務では，日本法準拠の和文証券（相当因果関係説），イギリス法準拠約款がある英文証券（近因説）のいずれであるかにかかわらず，事故原因に関する具体的な証拠をもとに，「によって生じた」という因果関係が認められるかが判断されている。

5　危険の変動

5-1　危険の変動と契約内容の調整

保険料や保険条件は，契約締結時の事情に基づいて設定されるが，契約後に事情が変動することがある。危険率に影響を与える事情の変更を**危険の変動**（change of risk；alteration of risk）と呼ぶ。その例として，貨物保険の場合であれば，貨物の輸送ルートの変更，積載船舶の変更，船舶保険の場合であれば，船舶の改造，危険海域への航行，船舶の所有者の変更などをあげることができる。そのような場合に，契約当事者の権利義務を修正するかどうかが問題となる。たとえば，危険が大きく上昇しても，そのような変動のリスクを保険者が負うとすることも可能である。しかし，そのような条件であれば，保険者は，将来の変動リスクを踏まえて，その分，保険条件を限定したり，高い保険料を

設定することになるであろう。

　危険の変動の事象は，いろいろな場合がありうるので，それらの変動のリスクをすべて保険者の負担とすれば，保険契約者が望む保険条件による契約が難しくなる場合もあるし，保険料は高額になるであろう。一方，前提とするリスクの状況に大きな変動が生じた場合に契約内容を見直すことにすれば，こうしたリスクを織り込まずに保険契約内容を設定できるのである。契約時における前提をもとに契約内容を設定することで円滑かつ合理的に契約を締結することが可能となる。海上保険では，保険事故を特定の事故に限定せずに広く各種の事故を対象としている。それゆえ，前提条件の設定は，こうした引受けが可能となるために必要である。

5-2　危険の変動に関する日本法

　危険の変動について，保険法，改正商法は一般的な原則を規定し，保険約款は該当する保険の内容に沿って詳細な規定を設けている。

　まず，海上保険契約を含めてすべての損害保険契約に適用される保険法は，契約後に著しく危険が減少した場合に，保険契約者に将来に向かっての保険料の減額請求権を認めている（11条）。ただし，減額請求は過去にさかのぼっては認められない。これとは逆に危険が増加した場合，通常，保険約款では，危険が増加した場合には保険契約者や被保険者は保険会社に遅滞なく通知することを義務として定めているので，契約上の義務として，通知が必要となる。危険の上昇に伴い，保険条件の見直しや保険料の調整が必要となる場合もある。保険法では，こうした規定がある場合に，保険契約者などが故意や重大な過失により遅滞のない通知を怠った場合，保険者は，契約を解除することが認められ，危険増加後に生じた保険事故に対して責任を負わない。しかし，事故と危険増加の間に因果関係がない場合はその限りでない（29条）。保険法のこれらのルールに関する規定は，片面的強行規定（⇒第3章1-2）で，海上保険契約については，それとは異なる契約が認められる（36条）。

　海上保険契約に適用される改正商法では，海上保険の契約締結後，保険期間が開始する前に航海を変更した場合，契約は失効する（822条1項）。この場合，航海の変更が保険契約者または被保険者の責めによるものであるかどうかを問

わない。契約は効力を失うので、保険者は責任を負わないとともに、保険契約者も保険料の支払義務を負わない。この規定は、契約時の前提とまったく異なる航海になることから、保険は失効するという考え方に基づいている。

保険期間が開始した後に航海が変更になった場合、保険契約者または被保険者の責めに帰する場合に限り、保険者はその変更以降に発生した事故によって生じた損害に対しててん補する責任を負わない（改正商法822条2項）。

また、その他の場合として、被保険者が発航または航海の継続を怠ったとき、被保険者が航路を変更したとき、その他、保険契約者または被保険者が危険を著しく増加させたとき、保険者は、その事実が生じたとき以後に発生した事故によって生じた損害をてん補する責任を負わない。ただし、当該事実が、事故の発生に影響を及ぼさなかったとき、または、保険契約者または被保険者の責めに帰することができない事由によるものである場合は、その限りでない（改正商法823条）。この規定は、海上保険における危険の増加に対する一般的な原則を定めた規定といえる。

5-3　危険の変動に関するイギリス法

イギリス法においても、危険の変動に関する判例法、制定法が存在する。イギリスでは、日本にはない制度として、ワランティ（warranty）がある。ワランティとは、特定の行為、状態の存在などを約束した場合は、それを正確に充足させなければならないという契約上の条件である。たとえば、荷主が貨物の品質について原産国特定機関の品質証明があること、船主が船舶が特定の危険水域を航行しないことなどを約束した場合は、それをそのとおりに守らなければならないというものである。

ワランティとして約束したことに違反があった場合、違反と事故とに因果関係がなくても保険者は保険金支払責任を免れるというのが伝統的なイギリス法の立場である。また、その後に違反状態が直ったとしても保険者の責任は復活しないという立場をとる。しかし、このような効果は、厳しすぎるという批判が強くあり、2015年保険法は、以前の制定法と判例法を修正して、保険者は違反が生じている間のみ責任を免れること、違反の期間に発生する事象に起因する損害についてのみ責任を負わないものと定めた（10条）。ただし、違反と

事故との間の因果関係を問わずに免責となる効果については，変更をしていない。海上保険契約については，当事者が，明確に合意することによって，2015年保険法と異なる効果の合意が可能となっている。

5-4 約款上の扱い

危険が増大した場合に対応する制度としては，その事実が発生した以降の保険者の免責を規定する以後免責が多く利用される。一般に，特定の事故を原因とする損害を支払いの対象外とする場合は，免責（exclusion），免責危険，免責事故などとして示されているが，この場合は，免責の事由と生じた損害とに因果関係が必要である。一方，危険の増大の場合は，危険の増大と損害との因果関係の立証が容易でない場合があり，以後免責やワランティの制度は，因果関係の立証が難しいが，危険が著しく増加しているような状態において保険者の責任を免除する方式として，実務上広く利用されている。

海上保険約款は，危険の変動の具体的内容と違反の場合の効果について規定している。それらの具体的な内容は，船舶保険と貨物保険で大きく異なる。また，日本法に基づく和文の保険約款とイギリス法をもとにした英文約款の場合でも違いがある。

6 保険事故発生時の義務

6-1 損害防止義務

事故が発生しても保険金がもらえることから，損害を拡大させたり，損害の拡大を放置してしまう可能性がないとはいえない。こうした事態は，保険者の保険金支払いを増加させるだけでなく，社会的にも適切とはいえない。そこで，保険法は，保険契約者および被保険者は，保険事故が発生したことを知ったときは，これによる損害の発生および拡大の防止に努めることを義務として規定し（13条），そのために必要または有益な費用は，保険契約において反対の取決めがない限りは，損害に対する保険金とは別に支払いの対象とすることを規定している（23条1項2号）。イギリス法においても，**損害防止費用**（sue and labor charges) は，保険金とは別枠で支払いの対象となる。日本の海上保険約款は，通常，義務違反によって拡大した損害は支払わないなどの規定を設けている。

　和文の貨物海上保険の約款では，運送中に事故が生じた場合に，運送人に対して損害賠償請求できるように，運送人に対する事故通知を遅滞なく行うことなど，債権を保全する義務も規定している（事故通知に遅れがあると運送人は賠償責任を免れる場合があるため）。また，英文の外航貨物海上保険証券では，通常，重要事項として同様の義務を赤字で記載している。この義務は，貨物自体の損害の防止・軽減ではなく，事故によって生じる被保険者の債権についての保全義務であるが，広くは損害防止義務の範疇に入るものといえる。

6-2　通知義務

　保険事故が発生した場合，保険契約者等から保険者に対する通知が遅れれば，損害の確認や原因の調査が難しくなる。そこで，保険法は，保険契約者または被保険者が保険事故による損害が発生したことを知った場合には遅滞なく保険者に通知することを義務として規定している（14条）。約款では，保険の内容に応じて，通知義務の具体的内容と違反の場合の効果を詳細に規定している。

7　保険給付

7-1　損害のてん補

　海上保険は，損害保険の1つで，一定の偶然の事故によって生ずる損害をてん補する。支払いの対象とする損害の種類，損害額の算定方式，支払限度等については，約款で定められている。保険金は，1回の支払いにおいて保険金額が限度となる。保険法は，損害額の算定に要する費用も保険者の負担とすることを規定しているが（23条1項1号），和文の保険約款でも同様の規定がある。

　外航の船舶保険，貨物保険で，イギリス法準拠の英文約款の場合は，損害てん補の方式や基準は，イギリス法とその慣習によることになる。イギリス法では，判例の膨大な蓄積があるので，それらを参考にした実務処理が可能となる。

損害算定にかかわる費用については，英文証券の場合でも支払いの対象となっている。

7-2 全　　損

　海上保険における主要な損害は，船舶や貨物という財物についての損害である。保険につけた対象物の全部の損害を**全損**（total loss）という。さらに，海上保険では，全損を**現実全損**（actual total loss）と**推定全損**（constructive total loss：解釈全損ともいう）に分ける。これは，イギリス法とその慣習に基づく用法で，日本の実務でも，海上保険では，全損をこれらの２つの類型に分けている。

　現実全損とは，保険につけた財物の損害がその財物としては価値がない状態にまでなった場合を指し，船舶が沈没して救助不能の場合，食料品が腐って廃棄せざるをえない場合などがその例である。

　一方，推定全損とは，物理的には現実全損と認めることはできないが，経済的に見た場合，すなわち，その財物を所有して利用する商業上の立場に立った場合は，全損として保険処理することが相当な場合を指す。たとえば，船舶が沈没して物理的には救助可能な状態であるが，そのための費用が救助および修繕後の船舶価値より多額になる場合，貨物が奪われて相当の期間内に回収する見込みがない場合などである。海上保険は，海運や貿易といったビジネスにおける保険である。推定全損の制度は，商業的な観点を踏まえ，合理性を重視した制度といえる。

　なお，イギリス法においては，推定全損の場合，保険の目的物は，物理的には価値が残っている状態であることから，被保険者に財物を手放してよいかの意思を明確にさせて，その意思を保険者に通知させる。これを**委付の通知**（notice of abandonment）という。保険者は，それを承諾して保険の目的物を取得して全損金を支払うか，取得せずに全損金の支払いに応じるかの意思決定をする。このように保険の目的物の処分を決めて保険金支払いに進む。一方，日本では，2018年改正前商法では，全損の可能性が見込まれるような一定の事由において船舶や貨物を保険者に委付して保険金額の全部を請求する委付制度が規定されていたが，改正商法によって委付制度は廃止された。日本の実務では，

イギリス法における推定全損が認められるような場合は，委付通知を求めることなく，全損の処理を行っている。また，日本法のもとでは，全損金の支払いを行えば，保険の目的物の所有権は，残存物代位（⇒本章8-1）によって保険者に移転することになる。

7-3 分　　損

保険の目的物に対する損害が一部の場合を**分損**（partial loss）という。

分損の場合の損害額算定において，貨物の場合には，損害を受けた貨物の価額が市況によって大きく変動する場合があることから，市場価格の変動を極力排除して損害額を算出する以下の計算式が利用されている。これを**分損計算**といい，改正商法 827 条に規定がある。

＜分損の場合の算定式＞

$$保険金 = 損害額 \times \frac{正品市価 - 損品市価}{正品市価}$$

船舶保険では，事故前の状態に戻すための修繕費が支払いの対象となる。

いずれの保険においても，約款に関係する規定があり，それらの内容については，貨物海上保険，船舶保険に関する章（⇒第5～8章）で詳しく説明する。

7-4 控　除　等

海上保険では，てん補の対象となる損害の場合でも，一定の範囲を支払いの対象外としている場合がある。事故発生に対する注意喚起や保険料を下げる目的で導入されているもので，その方式にはいくつかある。**フランチャイズ**（franchise）は，特定の額や程度（％）を超えたら全額を支払う方式（たとえば，特定の率を3％とした場合，4％の損害の場合は全額が支払われるが，2％であればいっさい支払われない）である。これに対して，**エクセス**（excess），**ディダクティブル**（deductible）は，特定の額や率を超えた部分のみを支払う方式である。たとえば，5％をエクセスとすれば，損害が6％の場合は1％部分のみが支払われる。

7-5 重複保険

同一の損害が複数の保険で補償されている場合がある。こうした状態を**重複保険**（double insurance）という。その場合に，被保険者が両方の保険者から支払いを受ければ，損害額以上の給付を受けて利得が生じることがある。そこで，重複する保険の間で支払額の調整が必要になる。

調整の方式としては，いくつか存在する。日本の陸上分野の多くの保険約款で従前から利用されていたのは，**独立責任額按分方式**である。各保険者は，他の保険会社が存在しないと仮定した場合の自己の支払保険金をそれぞれ算出する。それらの支払責任額の全額に対する自社の分の割合で，保険金を按分して支払う方式である。

たとえば，被保険者の損害額を1000として，保険者Xが責任を負う支払保険金を1000，同Yは600，同Zは400とした場合，それぞれが支払う額は，以下のとおりとなる。

$$\text{X社の支払額} \quad 1000 \times \frac{1000}{1000 + 600 + 400} = 500$$

$$\text{Y社の支払額} \quad 1000 \times \frac{600}{1000 + 600 + 400} = 300$$

$$\text{Z社の支払額} \quad 1000 \times \frac{400}{1000 + 600 + 400} = 200$$

この方式の場合，被保険者は，X社，Y社，Z社に対してそれぞれ500，300，200を請求しなければならない。

これに対し，保険法は，被保険者はいずれの保険者に対しても損害額までであれば保険金の全額を請求できることとし，責任額以上に支払った保険者は他の保険者に対して余分に支払った額を請求できる方式を規定している（**独立主義**）（20条）。たとえば，保険者Xが責任を負う支払保険金を1000，同Yは600，同Zは400とした場合，重複保険において本来支払う額は，上と同じで，X社は500，Y社は300，Z社は200となる。仮に被保険者がX社に請求すれば，X社は被保険者に1000を支払うが，本来の責任額は500であるので，余

分に支払ったものとして，Y社に300，Z社に200を請求することができる。

なお，重複保険に関する保険法の規定は任意規定であるので，約款においてそれとは異なる方式を採用することが可能である。

イギリス法では，日本の保険法と同じく，被保険者はいずれの保険会社に対しても損害額の範囲内で保険金を請求することが認められ，余分に支払った保険者に他の保険者に対する**分担請求権**（right of contribution）を認める。

海上保険では，貨物保険において重複保険が生じることがある。たとえば，荷主が貨物について貨物保険をつけていて，倉庫保管中に倉庫で火災が発生し，倉庫会社が倉庫とその保管物に対して手配した保険と貨物保険とで重複が生じる場合である。貿易貨物の保険では，貨物が国際的に移動することから外国でその国の保険との間で重複保険の事象が生じる場合がありうる。重複保険に関する各国の法律内容も同一とはいえないことから，難しい問題が発生する。貨物保険では，陸上の保険との重複があるような場合には，他の保険をまず利用してそれではてん補されない額を支払う旨の規定（**他保険優先主義**）が設けられている場合が多い。

こうした合意は，契約自由の原則のもと，日本法でもイギリス法でも有効と解されている。重複するいずれの保険契約においても他保険優先主義の規定がある場合は，その条項の効力を認めるとどちらからも保険金が支払われないことになるので，その場合には，法律に基づく調整を図ることになる。

7-6 賠償責任保険における先取特権

賠償責任保険は，賠償責任を負担した者の損害をてん補する保険であるが，保険金は被害者に対する賠償の原資となり，被害者を救済することになる。しかし，加害者が倒産した場合に，保険金が加害者の一般財産となって債権者間で配分されてしまっては，被害者の賠償に充てられないことになる。そこで，保険法は，被害者に，被保険者の保険給付請求権を目的とする**先取特権**という特別の権利を認め，他の債権者に優先して，被保険者が保険者に対して有する保険給付請求権から債権を優先的に回収することを認めている（22条1項）。

船舶保険は船舶間の衝突賠償責任，P&I保険は各種の賠償責任を支払いの対象としているので，被害者は，保険金請求権に対する先取特権を行使するこ

とが認められる。

なお、タンカーによる油濁損害については、船舶油濁損害賠償保障法のもとで、被害者はタンカー所有者の悪意による損害の場合を除き、P&Iクラブや保険会社に対して直接請求することが認められている（15条）。

7-7 保険給付の履行期

保険金を支払うためには事実関係や原因の調査が必要であるが、それがいたずらに長く続くことは適切でない。保険法は、約款に定めがある場合とない場合に分けて保険給付の履行を猶予する期間を定めている（21条）。この猶予期間を過ぎれば、保険者は保険金に加えて遅延損害金を支払わなければならない。和文の保険約款では、保険給付を行う履行期について、通常、規定を設けている。

イギリス法に準拠する英文約款では、履行期に関する規定は設けられていない。

7-8 請求権の消滅時効

日本法のもとでは、保険金請求権は3年で消滅時効となる。保険料請求権の消滅時効は1年となる（保険法95条）。この規定は強行規定である。

イギリス法では、1980年出訴期限法（Limitation Act 1980）では、債権の消滅時効は6年であるが、これは、契約により変更可能で、明確な合意があれば、これより短い期限の設定が認められている。しかし、禁反言（estoppel）の法理によって、保険者が短期時効や6年の債権の時効の主張が認められない場合がありうる。

外航の貨物海上保険では、保険証券が譲渡され、外国で保険会社に対して請求訴訟が提起される場合がある。そうした場合は、その国の裁判所がいずれの国の法を適用するかを判断することになるので、日本法における3年の短期消滅時効が認められない場合がありうる。

8 保険金支払いによる効果

8-1 残存物代位

　保険事故によって保険の目的物が全部滅失した場合，保険者は保険金額の全額を支払わなければならない。しかし，何らかの経済価値がある残存物が残っている場合に残存物にかかわらずに保険金額の全部を支払えば，残存物の価値部分について被保険者に利得が生じる。他方，残存物の価額を算定してから保険金を算定すると，その評価に時間がかかる。そこで考え出されたのが**残存物代位**である。保険者は，経済的価値がある残存物が存在しても，保険の目的物の全部の損害を認める場合（全損と認められる場合）には保険金額の全部を支払い，残存物の権利を取得する。

　こうした方法により，残存物が存在しても迅速に保険金が支払われ，被保険者の利得禁止も図れる。たとえば，船舶が沈没し，引揚げに何カ月も必要で，引き揚げることができた場合に損害を被った船舶がいくらの価値を生むかがわからない状況において，迅速に全損を認めて保険金額の全部を支払い，沈没船の権利は保険者に移転させることができる。

　残存物代位については，保険法に規定があり（24条），保険者が保険金額の全部を支払った場合に，法律の効果として，保険の目的物の所有権が保険者に移転する。残存物代位に関する保険法の規定は，片面的強行規定であるが，海上保険契約ではそれと異なる合意が可能である。通常，和文の保険証券においては，残存物代位に関する規定が設けられている。

　たとえば，残存物の価値よりもそれを回収するためのコストの方が高くなる場合，保険者が残存物を取得すると，残存物の所有から生じる責任や費用も保険者が負う。そのため，保険者は残存物を取得しない場合がある。残存物代位制度の趣旨は，利得の防止と迅速な保険金支払いにあり，残存物の撤去や廃棄の費用を保険者に負担させるためではない。和文の海上保険契約では，保険者の意思表示があった場合に初めて保険者が残存物を取得する旨を規定しているが，この規定は有効と考えられている。

8-2　請求権代位

　保険事故による損害が生じた場合に，被保険者は，保険者以外の第三者から，その損害に対して給付を得る債権を取得する場合がある。たとえば，運送人の過失によって貨物に損害が生じた場合である。荷主は，貨物保険から保険金を取得できるが，同時に，過失ある運送人に対して損害賠償を請求することができる。こうした場合に，保険金と賠償金の両方を取得すれば，同一の損害に対して損害額以上に金銭を受領して利得が生じるので，両方の債権の取得を認めることは適切でない。一方，保険で損害がてん補されたからとして，その分，賠償義務者の賠償責任を減らすことも適当でない。被害者が自分の負担でつけている保険によって加害者が義務を免れることは適当でないためである。他方，第三者の賠償を優先させて，それでも不足する額に対して保険金を支払うとすると，損害賠償が完了するまで保険における損害額が確定せずに保険金の支払いが遅くなってしまう。

　こうした状況を調整する制度が**請求権代位**（subrogation）である。請求権代位は，保険者の保険給付義務の発生事由と同一の事由に基づいて，被保険者が第三者に対する損害賠償請求権などの債権を取得したとき，保険者は，てん補した損害の額を限度として，被保険者が有する権利を取得する制度である（図4-2）。

　請求権代位については，保険法に規定がある（25条）。この規定は，片面的強行規定であるが，海上保険については，それとは異なる合意が可能である。和文の保険約款では，請求権代位についての規定が設けられている。

　たとえば，運送人（第三者）の過失によって荷主（被保険者）の1億円の貨物に1000万円の損害が生じた場合を考えてみよう。被保険者は，運送人に対して損害賠償を求めることができるとともに，保険金を請求できる。保険会社が保険金を支払えば，支払った額を上限として，被保険者が運送人に対して有する損害賠償請求権に代位して，賠償金を回収することができる。運送人の賠償責任が800万円になったとすると，保険者は，保険金を1000万円を支払った場合，運送人から800万円を回収することができる。

　残存物代位は，全損の場合のみ生じるが，請求権代位では，分損の場合も生

図 4-2 請求権代位の構造

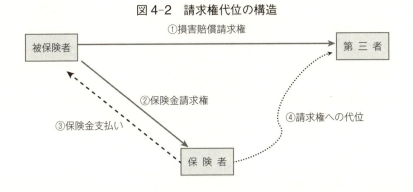

じる。残存物代位の場合は、財産の所有権を取得することになるので、取得した残存物が、その後、支払保険金の額を超えるような特殊な場合もありうる（たとえば、絵画が盗難にあって、それに対する全損金が支払われた後、絵画が発見され、相場の上昇によって絵画の価値が上昇した場合）。しかし、請求権代位の場合は、保険者は、支払った保険金の額を限度として債権に対して代位し、それ以上の額を回収することはできない（ただし、利息の扱いについては議論がある）。

　保険金を支払っても、被保険者の損害は完全にはてん補されていないような場合がある。その場合は、不足額に相当する債権は被保険者に残り、債権から不足額を控除した残額についてのみ、保険者は、支払った保険給付額を限度として代位する。

　請求権代位は、法律の効果として生じる。しかし、保険者の代位権を契約で排除することは認められる。たとえば、運送保険などでは、運送会社が荷主のために保険をつける場合（第三者のための保険）がある。その場合、保険会社が保険金を支払えば、保険会社は、荷主が運送会社に対して有する損害賠償請求権を代位により取得し、運送会社に賠償請求することが可能となる。こうした事態を回避するために、保険契約において、保険者が代位請求しないことを合意する（求償権放棄特約という）ことがある。代位請求を行わないため、その分、保険者は回収金を得る可能性がなくなる。そのため、このような特約をする場合には、追加保険料の支払いが必要となる。

　なお、イギリス法では、請求権代位にあたる制度として subrogation がある

が，イギリス法では，被保険者の債権自体は，保険金支払いによって保険者に移転せず，被保険者のもとに引き続き存在する。保険者は，被保険者の立場に立って，保険金支払いの額を限度として，回収額を取得し，また保険者のために被保険者に請求行為を求めることができる。

請求権代位については，日本法とイギリス法とで，債権の移転という重要な点で差がある。日本法のもとでは，請求権代位により，保険者が賠償責任を負う第三者に対して請求し，また，その者に対して訴訟を提起することができる。しかし，イギリス法では，第三者への請求は，被保険者の名義で行う必要がある。保険者の名義で訴訟しても，債権自体が移転していないので，訴権が認められず，敗訴する可能性が高い。保険者が被保険者から債権の譲渡を受ければ，保険者の名でもって請求することは可能となる。

9 海上保険契約の終了

9-1 契約の解除

保険契約者は，いつでも保険契約を解除できる（保険法 27 条）。解除は将来に向かってのみ効果を有し，保険者は解除以降の期間について責任を負わない（保険法 31 条）。一方，保険者は，契約を自由に解除することは認められない。保険法または約款規定の事由に合致する場合においてのみ解除が認められる。保険法は，①保険契約締結時に，保険契約者や被保険者に不告知や虚偽の告知などの告知義務違反があった場合，②危険の増加があったにもかかわらず保険契約者や被保険者が故意または重大な過失によって遅滞なく通知しなかった場合，③保険給付目的の事故招致，事故偽装などの詐欺やそれらに類する重大な事由の場合に，保険者による契約の解除を認めている（28 条～30 条）。

9-2 保険料の返還

契約の解除は，将来に向かって効力を有し（保険法 31 条 1 項），解除時以降の期間に対応する保険料を支払い済みであれば，約款規定に従って算定される額が返還される。

契約が無効の場合は，契約の効果は最初から生じない。また，契約の取消しは，いったんは有効に成立したものを契約当初にさかのぼって効力を失わせるものである。これらの場合，契約は最初から存在しなかったものとなるので，原則として，支払い済みの保険料が保険契約者に返還される。ただし，保険契約者側の詐欺などを理由に契約が取り消される場合などは，保険法に基づき保険料は返還されない（32条）。

第5章
貿易取引と貨物海上保険の手配と請求
International Trade and Arrangement and Claims of Cargo Insurance

Introduction

　貨物海上保険は，外航と内航に分かれる。外航の貨物海上保険は，貿易になくてはならない保険である。本章と次の第6章では，外航貨物海上保険について学ぶ。外航貨物海上保険を理解するためには，まず，貿易取引の基本的な事項を理解しておく必要がある。

　貿易取引では，貨物が異なる国の間を移動する。そこで，輸送の費用は売主と買主のどちらが負担するか，輸送中に生じた損害はどちらが負担するか，保険はどちらがつけるかなど，種々の事項を決めておかなければならない。しかし，国によって法律・実務が異なり，また取引の都度，詳細に取り決めることは大変時間とコストがかかる。そこで，貿易では，定型的な取引条件が利用されている。

　また，貿易取引では，代金の決済も問題となる。外国の知らない業者と売買する場合，代金を回収できるかリスクがある。そこで，輸出国と輸入国の銀行を通じた決済の仕組みが生み出されて利用されている。

　以上の貿易取引の基礎を理解したうえで，貿易貨物に対する保険の手配について学ぶ。また，本章では，事故が生じた場合の処理や手続きについても学ぶ。

　なお，外航貨物海上保険における補償の内容自体については，第6章で学ぶ。

1 貿易取引

1-1 貨物輸送

　貨物の輸送としては，トラックや鉄道による国内の陸上輸送，船舶による国内の海上輸送（内航），国際海上輸送（外航），航空機による国内・国際輸送，これらの組み合わせによる輸送がある。船舶，航空機の輸送のみで輸送が完了する場合は少なく，その前後に，トラックや鉄道輸送が加わる。複数の輸送方式を組み合わせた輸送は，**複合一貫輸送**（multi-modal transportation）と呼ばれている。現在では，コンテナ（container）による輸送が広く利用されていて，それとともに複合一貫輸送が広がっている。

1-2 国際貿易における輸送の流れ

　貨物保険の中で保険料の規模が最も大きいのは，輸出入の外航貨物海上保険である。そこで，以下では，船舶による国際海上輸送を想定して，貿易における輸送の一般的な流れを確認しておこう（図5-1）。

　まず，輸出国において，原材料や製品などが，トラック，鉄道，内航船舶によって内陸の工場や倉庫から港の倉庫（埠頭倉庫）に運ばれる。貨物は，輸出

図 5-1　貿易における貨物の流れ

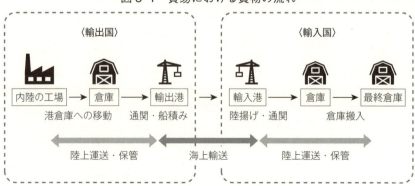

1 貿易取引　89

ダグボートに牽引される艀

ガントリー・クレーン

のための通関手続きを経て、船舶に積み込まれる。一度、艀[1]などに積まれてから、外航船に積まれる場合もある。コンテナ詰貨物の場合には、荷主の倉庫やその他の内陸のコンテナ・ヤードでコンテナ内に貨物が積み込まれ、港まで運送され、コンテナ・ヤードで保管され、積載する船舶までトラックで移動され、ガントリー・クレーンによってコンテナ船に積み込まれる。

航海を経て、貨物は、輸入国の港で荷卸しされ、港の倉庫（埠頭倉庫）に保管される。輸入通関の手続きを経て、貨物は、買主の指定する倉庫に運送される。コンテナの場合は、コンテナ・ヤードで保管され、買主の指定場所に輸送される。

1-3 定型取引条件

貿易を行うためには、輸出者（売主）と輸入者（買主）間で、さまざまな事項を取り決めておく必要がある。対象貨物の明細、品質、数量、価格、受渡しの方法と場所、代金の決済方法と期日、保険の手配とその条件、紛争解決方法、準拠法などは、つねに必要となる事項である。

このうち、価格は、同じ貨物であっても、受渡しの条件によって変わってくる。輸出地の売主の倉庫で貨物の引渡しを行う場合は、それ以降の輸出国にお

---

[1] 艀とは、航海に供される航洋船舶に荷物を積載するために、港の岸壁から航洋船舶まで移動させるために使う水上の輸送用具で、通常、自走力を持たず、押し船や曳き船と一緒に用いられる。

ける国内輸送,輸出通関,外航輸送,輸入通関,輸入地の国内輸送のすべてを買主が実施して,そのコストを負担することになる。一方,買主の国内倉庫で貨物を引き渡す条件であれば,売主は,買主が指定する倉庫で貨物を引き渡すまでに必要な輸送をすべて手配して,そのコストを負担しなければならない。取引の条件によって,輸送の途中で生じた事故による損害を,売主と買主のどちらが負担するかも決まってくる。

　売主と買主は,貿易取引における各種の条件を決めなければならないが,取引の都度,詳細に設定すれば大変な手間と時間がかかる。また,条件が決まっても,その合意内容の解釈が国によって同じになるとは限らない。国によって法律や慣習が異なることは,国際的な取引において大きな支障になる。

　国による相違をなくすためには,1つは,国際条約などによって,各国の法律や慣習を統一することである。こうした努力は,それぞれの分野でなされており,成果があがっている領域もある。しかし,貿易取引は売買に関する契約であり,それぞれの国内法がある中で,貿易取引の法律を世界的に統一させることはきわめて難しい状況にある。国際条約が成立しても,それを批准しない国も出てくる。国際取引を行う商人としては,統一法の成立を待っているわけにはいかない。このような背景から生まれたのが,当事者が選択することによって,当事者の合意として効力をもたせる方式である。これは,法律ではないが,当事者が選択することによって効力を有し,解釈等の紛争を回避する方式である。

1-4 インコタームズ

　国際取引を効率的に進めるために生み出されたのが,インコタームズ(Incoterms : International Commercial Terms)である。これは,国際商業会議所(International Chamber of Commerce)によって制定された国際貿易における定型的な取引条件をまとめた定義集である。最初のものは,1936年に制定され,近年では,1990年,2000年,2010年,2020年と定期的に改定されている。インコタームズは,国際条約や法律ではなく,契約当事者の選択によって取引の条件として利用される。インコタームズでは,定型取引条件ごとに,貨物に対する危険をそれぞれが負担する区間,費用(輸送料,保険料,輸出通関,輸入通関,

表 5-1 インコタームズ 2020 における 11 の定型取引条件

	略語	定型取引条件	和訳	リスク移転時点
いかなる単数・複数輸送にも適用する諸条件	EXW	Ex Works	工場渡	工場等からの搬出時
	FCA	Free Carrier	運送人渡	運送人への引渡し時
	CPT	Carriage Paid To	輸送費込	運送人への引渡し時
	CIP	Carriage and Insurance Paid To	輸送費保険料込	運送人への引渡し時
	DAP	Delivered At Place	仕向地持込渡	輸入地の指定場所
	DPU	Delivered at Place Unloaded	荷卸込持込渡	輸入地の指定場所
	DDP	Delivered Duty Paid	関税込持込渡	輸入地の指定場所
海上および内陸水路輸送のための諸条件	FAS	Free Alongside Ship	船側渡	輸出港の船側
	FOB	Free On Board	本船渡	本船積込み時
	CFR	Cost and Freight	運賃込	本船積込み時
	CIF	Cost, Insurance and Freight	運賃保険料込	本船積込み時

荷卸費用）の負担者が決められている。国際商業会議所は，インコタームズの解釈なども明確にしており，これにより，取引条件をめぐる紛争リスクが軽減される。取引の当事者は，インコタームズの定型取引条件を利用することで取引を円滑に進めることができる。

2020 年版のインコタームズ（Incoterms® 2020）では，11 の定型取引条件が設定されている（2010 年度より，CIF 規則や FOB 規則と呼称されるようになったが，本書では従来どおり CIF 条件や FOB 条件と「条件」と表記している）。それぞれの取引条件は，表 5-1 のとおりである。

11 の定型取引条件のうち最も売主の負担が少ない（買主の負担が大きい）のは，EXW（Ex Works：工場渡）条件である。これは，売主が，売主の施設またはその他の指定場所（工場，製造所，倉庫など）で物品を買主の処分に委ねたときに引渡義務を果たす条件である。積込みとそれ以降の輸送は買主が自ら手配する。その後に事故があった場合も買主がリスクを負担する。買主は，輸出地の国内輸送，輸出通関，輸入地までの輸送，輸入通関，買主の倉庫までの国内輸送をすべて自らのリスクと費用負担で行わなければならない。この条件では，価格

自体は最も安くなるが，買主は，外国となる輸出国における輸送・通関も行わなければならず，大変な手間と費用がかかる。

一方，買主の負担が最も少ない条件は，DDP（Delivered Duty Paid：関税込持込渡）条件である。これは，輸出者は買主の指定した場所までの輸送を行い，輸入通関を行って関税も支払って買主に貨物を引き渡すという条件である。輸出者にとっては，外国における通関手続きや輸送は，大変な負担になる。

残り9つの条件は，上記2つの間の地点の引渡条件となる。

以下では，代表的な定型取引条件として，FOB条件，CFR条件，CIF条件を取り上げて説明する。これらの条件では，いずれも，船積港で貨物が本船[2]に積み込まれたとき，または本船上で売買されたときに，売主から買主に貨物についてのリスク（危険負担）が移転する。すなわち，輸出のための本船への積載時点を分岐点として，積載時点より前に貨物に損害が生じれば，売主が損害を負担し，積載以降に損害が生じたら買主が損害を負担するというものである。これらの条件では，売主は，貨物を輸出港まで輸送し，輸出の通関を行い，一方，買主は，輸入地の通関，税金の支払い，その後の輸送を行う。異なるのは，①海上輸送の手配と②本船への積み込み以降の保険の手配である。

まず，FOB条件（Free On Board：本船渡）では，売主は，貨物を港まで運び，輸出の通関を行って，買主が指定した本船に荷物を引き渡す。倉庫から搬出して本船での引渡しまでは，貨物に事故が生じた場合，売主のリスク負担になるので，売主は，本船での引渡しまでの期間については，自らのために貨物に保険をつける。買主は，貨物が本船に引き渡された以降について，自らのために貨物に保険をつけなければならない。

CFR条件（Cost and Freight：運賃込。かつてはC&F条件という名称であった）は，危険の移転や通関の扱いはFOB条件と同じであるが，本船の手配は売主が行い，貨物が本船に積載された以降の期間についての保険は買主が手配する条件である。FOB条件と同じく，本船に貨物が積載される前の区間については，売主が運送を手配して売主のリスク負担となるので，売主はその部分については保険をつけなければならない。

2　本船とは，外航船舶，航洋船舶をいい，内航船や艀を含まない。

表 5-2　FOB，CFR，CIF の違い

項目	FOB	CFR	CIF
輸出本船の手配	買主	売主	売主
輸出本船への船積み	売主	売主	売主
保険の手配	買主(注)	買主(注)	売主
決済代金の構成	積地価格	積地価格＋海上運賃	積地価格＋保険料＋海上運賃
危険の移転	貨物が輸出本船に置かれたとき		

(注)　FOB 条件と CFR 条件では，本船積込前の区間は，売主の危険負担であるので，売主は，その期間について，自己のために輸出 FOB 保険を手配する。

　CIF 条件（Cost, Insurance and Freight）は，売主が，本船の輸送を手配し，また，輸送の全区間について保険を手配する。貨物が本船に積載される前に損害が生じた場合，売主は，自らが契約した貨物海上保険で保険金請求できる。貨物を本船に引き渡した以降は，売主は，保険証券を買主に譲渡する。貨物が到着し，それに損害が生じている場合は，買主がその保険証券を使って保険金を請求する。
　以上の3つの定型取引条件の違いは，表 5-2 のとおりである。
　なお，FOB 条件，CFR 条件，CIF 条件は，本船に貨物を積載時に，リスク負担が売主から買主に移転する条件である。コンテナや航空機による輸送の場合は，インコタームズの他の条件（FCA，CPT，CIP）がより適合するが，実務では，従前からの慣習で，コンテナ輸送の場合も，FOB 条件，CFR 条件，CIF 条件が利用されることが多い。しかし，万が一，コンテナ・ヤードにおいて事故等があり，貨物に損害が生じた場合には，損害の負担者をめぐって争いが生じる可能性がある。
　国際貿易においては，当事者は，インコタームズを利用することで，効率的な取引を進めることができる。たとえば，香港から東京に輸入する場合，FOB（香港）1万ドルと表示されていれば，その値段には，香港で本船に積載するまでの費用を含むが，香港から先の海上輸送の運賃や海上保険料は含まれていないことがわかる。一方，CIF（東京）1万ドルとなっていれば，値段には，東京までの運送賃と保険も加わっていることがわかる。そして，これらの条件

では、輸出地の通関等は輸出者が行い、輸入地の通関は輸入者が行い、貨物に対するリスクは外航本船に船積みされた以降は買主が負うということがわかる。

2 輸送の手配

2-1 海上輸送と運送書類

輸出港から輸入港までの海上輸送は、定型取引条件に従って手配される。FOB条件の場合は買主、CFR条件とCIF条件では売主が海上輸送を手配する。

FOB条件、CFR条件、CIF条件では、いずれも本船への積込みまでは、売主がリスクを負い、また各種の手配をする。港まで貨物を運び、貨物を保税倉庫に搬入して、輸出通関の手続き、検数・検量を行う。通常、売主は、こうした作業を海運貨物取扱業者（海貨業者）に依頼して実施する。

海上輸送が手配されて、運送人に貨物を引き渡した場合に運送人によって発行されるのが、**船荷証券**（Bill of Lading：B/L）や**海上運送状**（Sea Waybill）などの運送書類である。これらは、いずれも運送人が貨物の受取りを証明して、貨物運送契約の条件を示した書類である。通常、A4くらいのサイズの1枚の書類で、表には、船会社のマーク、積載貨物の明細、荷主、船会社の名称等が記載され、裏面には、契約内容（運送約款）が記されている（次ページの写真参照）。

2-2 船荷証券

船荷証券は、長い歴史を有する運送証券で、有価証券にあたり、以下に述べる3つの重要な機能を有する。

(1) 貨物の引渡請求権を表した有価証券としての機能

運送人は、貨物を受け取り、船荷証券を発行する。荷卸港で、運送人は、船荷証券の所持者に貨物を引き渡す。貨物の引渡しを受けるためには、船荷証券の提出が必要となる。船荷証券は、貨物自体の所有権を示す書類ではないが、引渡しを請求できる権利（債権）を有している。船荷証券の紛失等のリスクを避けるために、船荷証券の正本は、通常、3通等を1組にして発行される。最初の1枚が運送人に呈示されて貨物を引き渡した時点で、残りの船荷証券は引

ONE — OCEAN NETWORK EXPRESS

ORIGINAL

BILL OF LADING
(NON NEGOTIABLE UNLESS CONSIGNED TO ORDER)

PAGE: 1OF 1

SHIPPER/EXPORTER	BOOKING NO.	BILL OF LADING NO.
XXX Co. PTE LTD	SINU0010001	ONEYSINU0010001

EXPORT REFERENCES (for the Merchant's and/or Carrier's reference only. See back clause 8. (4).)

CONSIGNEE	FORWARDING AGENT-REFERENCES
TO ORDER OF BANK OF YYY	FMC NO.

NOTIFY PARTY (It is agreed that no responsibility shall be attached to the Carrier or its Agents for failure to notify)
ZZZ CO., LTD

RECEIVED by the Carrier in apparent good order and condition (unless otherwise stated herein) the total number or quantity of Containers or other packages or units indicated in the box entitled "Carrier's Receipt", to be carried subject to all the terms and conditions hereof from the Place of Receipt or Port of Loading to the Port of Discharge or Place of Delivery, as applicable. Delivery of the Goods to the Carrier for Carriage hereunder constitutes acceptance by the Merchant (as defined hereinafter) (i) of all the terms and conditions, whether printed, stamped or otherwise incorporated on the face and on the reverse side of this Bill of Lading and the terms and conditions of the Carrier's applicable tariff(s) as if they were all signed by the Merchant, and (ii) that any prior representations and/or agreements for or in connection with Carriage of the Goods are superseded by this Bill of Lading. If this is a negotiable (To Order/of) Bill of Lading, one original Bill of Lading, duly endorsed must be surrendered by the Merchant to the Carrier (together with any outstanding Freight) in exchange for the Goods or a Delivery Order or the pin codes for any applicable Electronic Release System. If this is a non-negotiable (straight) Bill of Lading, or where issued as a Sea Waybill, the Carrier shall deliver the Goods or issue a Delivery Order or the pin codes for any applicable Electronic Release System (after payment of outstanding Freight) to the named consignee against the surrender of one original Bill of Lading, or in the case of a Sea Waybill, on production of such reasonable proof of identify as may be required by the Carrier, or in accordance with the national law at the Port of Discharge or Place of Delivery as applicable. IN WITNESS WHEREOF the Carrier or their Agent has signed the number of Bills of Lading stated at the top, all of this tenor and date, and whenever one original Bill of Lading has been surrendered all other Bills of Lading shall be void.

PRE-CARRIAGE BY	PLACE OF RECEIPT
	SINGAPORE

OCEAN VESSEL VOYAGE NO. FLAG	PORT OF LOADING	FINAL DESTINATION (for the Merchant's reference only)
XETHA BHUM 1109W	SINGAPORE	

PORT OF DISCHARGE	PLACE OF DELIVERY	TYPE OF MOVEMENT (IF MIXED, USE DESCRIPTION OF PACKAGES AND GOODS FIELD)	
BANGKOK	BANGKOK	FCL / FCL	CY / CY

(CHECK "HM" COLUMN IF HAZARDOUS MATERIAL) PARTICULARS DECLARED BY SHIPPER BUT NOT ACKNOWLEDGED BY THE CARRIER

CNTR. NOS. W/SEAL NOS. MARKS & NUMBERS	QUANTITY (FOR CUSTOMS DECLARATION ONLY)	H/M	DESCRIPTION OF GOODS	GROSS WEIGHT	GROSS MEASUREMENT
AKLU6013061 / EAR43983			600 PACKAGES / FCL / FCL/20GP//		
NYKU3863200 / EAR44083			462 PACKAGES / FCL / FCL/20GP//		
N/M	1062 PACKAGES		2 X 20'GP CONTAINERS STC. OFFICE EQUIPMENT (BRAND NEW) FCL/FCL	8007.000KGS	53.000CBM

OCEAN FREIGHT PREPAID
DESTINATION CHARGES COLLECT PER LINE TARIFF AND OTHER CHARGES TO BE COLLECTED FROM THE PARTY WHO LAWFULLY DEMANDS DELIVERY OF THE CARGO WITHOUT PREJUDICE TO THE CARRIER'S RIGHTS AGAINST THE MERCHANT (SEE BACK CLAUSE 1) AS SET OUT AT BACK CLAUSE 13(1)

Declared Cargo Value US $ _____   If Merchant enters a value, Carrier's limitation of liability shall not apply and the ad valorem rate will be charged.

FREIGHT & CHARGES PAYABLE AT / BY: SINGAPORE		SERVICE CONTRACT NO. SINN000001	DOC FORM NO.	COMMODITY CODE	EXCHANGE RATE	[3] ORIGINAL BILL(S) OF LADING HAVE BEEN SIGNED, WHERE DELIVERED AGAINST ONE, THE OTHERS(S) TO BE VOID.
CODE	TARIFF ITEM	FREIGHTED AS	RATE	PREPAID	COLLECT	
OCEAN FREIGHT 1		2/20GP	600.00	USD 1200.00		SGD/1.367500
BRS BUNKER COST		2.000	20.00	USD 40.00		SGD/1.367500
ESI DOC FEE (FOR		1.000	100.00	SGD 100.00		SGD/1.000000
SLF SEAL FEE		2.000	15.00	SGD 30.00		SGD/1.000000
THD TERMINAL		2.000	2800.00		THB 5600.00	THB/1.000000

DATE CARGO RECEIVED

DATE LADEN ON BOARD
10 OCT 2018

PLACE OF BILL(S) ISSUE
SINGAPORE

DATED
10 OCT 2018

The printed terms and conditions on this Bill are available on its website at www.one-line.com

TOTAL	SGD	130.00	THB	5600.00
	USD	1240.00		

SIGNED BY: OCEAN NETWORK EXPRESS (SINGAPORE) PTE LTD
, as agent for and on behalf of

TOTAL PREPAID IN PAYMENT CURRENCY SGD   1825.70 SINGAPORE

Ocean Network Express Pte. Ltd. (ONE), AS CARRIER

船荷証券（表面）の見本（Ocean Network Express Pte. Ltd. 提供）

渡証券としての効力を失う。

(2) 貨物の受取り，船積みの証拠としての機能

運送人は，貨物を受け取り，船荷証券を発行する。船荷証券は，**受取船荷証券**と**船積船荷証券**がある。前者は，船積みのために貨物を引き取った（received for shipment）旨の記載があるもので，後者は，外航船舶に船積みした（shipped on board）旨の記載のある船荷証券である。受取船荷証券の場合でも，その後，船舶に積載された時点でそのことの記載（on board notation）が加えられれば，船積船荷証券になる。このように，船荷証券は，運送人が貨物を受け取り，または，船舶に積載したことを証明する書類となる。

運送人が貨物を受け取った際にすでに貨物に損害等が生じていれば，運送人は，そのことを船荷証券の表面に記載する。こうした記載がないものは，**無故障船荷証券**（Clean Bill of Lading）と称され，運送人は，外観上損傷のない形で貨物を受領したことが推定される。

(3) 運送契約の証拠としての機能

船荷証券の表面と裏面には，運送約款やその他の契約条項が印刷されている。表面の一部と裏面には，小さな文字で契約条項が記されている。その中には，運送人の責任に関する重要な条項が含まれている。運送契約に適用される国際条約や準拠法，責任の制限，共同海損（⇒第10章）の場合の精算ルール，請求権の消滅時効なども記されている。船荷証券に記載されている条項は，原則として，船荷証券の譲受人に対しても拘束力を有する。

なお，個々の貨物の輸送に対して船荷証券が発行されるが，傭船[3]契約（charter party ⇒第7章）が存在している場合に，責任関係等については傭船契約に従う旨の条項（incorporation clause）が加えられている場合がある。しかし，傭船契約の条文は，船荷証券には記されていない。船荷証券のもとで権利を主張する受荷主の権利義務が，傭船契約の条項に影響を受けるかについては，しばしば法律上の争いにもなる。

---

3 「傭船」は「用船」と記す場合もある。

2-3 海上運送状

　船荷証券は，有価証券であるところに特徴がある。輸送中に貨物を売買した場合でも，その船荷証券を渡すことで，買主は貨物を引き取ることができる。しかし，同じ企業グループ内の取引などでは，有価証券としての書類がなくても問題はないし，運送が短期間でなされる場合は，船荷証券が届く前に船舶が先に仕向港に到着してしまうことがある。そのため，貿易当事者や輸送ルート等によっては，海上運送状が利用されている。

　海上運送状は，貨物の受領書と運送契約の証明としての機能（2-2の(2)と(3)）は有するが，(1)の有価証券としての機能を除いたものである。有価証券ではないので，裏書譲渡はできないが，荷受人は，海上運送状に記載の荷受人であることを示せれば，貨物を引き取ることができる。

3　荷為替と信用状

3-1　荷為替手形

　外国との取引では，売主と買主が異なる国にいて地理的に離れていることから，貨物の引渡しと代金の受領とに時間差が生じ，代金の受領が不安定になりがちである。たとえば，日本からドイツに貨物を輸出して，ドイツの買主が貨物を受領してから代金を支払うとなれば，その時点まで売主は代金の回収ができない。さらに，貨物が事前の説明と違っていたなどの理由をあげて，ただちには代金を支払ってくれない可能性もないわけでない。逆に，先に金銭を支払ってからとなると，買主は，求めていたとおりの貨物を受領できるか不安定な状況に置かれる。売主も買主も，とくに，初めての相手であれば，取引をするかどうか慎重になるであろう。

　こうした状況を踏まえて取引を推進する仕組みが生み出された。貨物の船積みとともに代金を受領する仕組みが，為替手形（Bill of Exchange；Draft）を利用した荷為替手形（Documentary Draft；Documentary Bill）による代金回収である。

　まず，輸出者（売主）が買主に対して代金を取り立てる手形を作成する。手

形は，通常，1枚の文書である。その手形では，売主が手形の振出人，買主が手形の支払人になる。一方，売主は，貨物を運送人に引き渡して船荷証券を受領する。この船荷証券と，売買を示す送り状（Invoice），梱包明細書（Packing List），保険証券（Insurance Policy）などの書類一式（これらの書類を船積書類〔Shipping Documents〕という）に為替手形を加えて輸出地の銀行に買い取ってもらう（手形割引による代金の回収となる。英語で negotiation という）。輸出地の銀行は，輸入地の銀行（または輸出地の銀行の支店）に荷為替手形と船積書類を送り，代金を受け取る。輸入地の銀行は，買主から代金の回収を行い，それと引き換えに船荷証券等の書類を買主に引き渡す。

　この方式が可能になるのは，手形は，買主（支払人）が代金を支払わない場合には手形の振出人（売主）に請求できる手形遡及権があり，加えて，手形の債権の物的な担保として，貨物の引渡証の機能を持つ船荷証券が存在するためである。銀行は，貨物を引き取って処分することができる。また，貨物に保険がつけられていることにより，貨物に損害があれば，保険を利用して損害のてん補を受けることができる。

3-2　信用状

　荷為替手形では，船荷証券による物的担保があるとはいえ，荷為替手形が買い取られなければ，銀行は，金銭を回収することができないし，担保としての貨物を処分しても代金が全額回収できるか否かがわからないのでリスクが残る。そこで，さらに円滑な取引ができるように生み出されたのが，信用状（Letter of Credit：L/C）である。信用状とは，荷為替手形が提出されれば，その支払いを必ず行うと銀行が確約して発行する書状である（なお，印紙税を節約するために為替手形を用いない場合もあるが，本書では為替手形が振り出されていることを前提として解説している）。

　まず，買主は，売主との取引条件が決定できれば，自分の取引先の銀行に，「売主がその銀行宛に，その信用状に記載している条件のとおりに荷為替手形を振り出せば，その荷為替手形を支払うことを約束する」旨の確約証（これを信用状という）を発行してもらう。買主は，そのための手数料を銀行に支払う。その銀行は，輸出国の取引先の銀行を通じて，輸出者に信用状の開設を通知す

る。輸出者は，これに基づき取引銀行で（またはそれを通じて）荷為替を取り組み，輸出地の銀行に提出する。輸出地の銀行は，手形が輸入地の銀行で買い取ってもらえる保証があるので，安心して荷為替手形を買い取り，売主は代金の支払いを得ることができる。

輸入地の銀行の荷為替手形の買取りは，信用状に記載の条件に合致している場合となるので，輸出地の銀行は，荷為替手形の書類が信用状の記載に合致していなければ，手形を買い取らない。そのため，船積書類の明細は，信用状の文言に正確に合致している必要がある。

なお，信用状の解釈などの法的な問題を回避し，紛争を解決するために，国際商業会議所によって**信用状統一規則**（The Uniform Customs and Practice for Documentary Credits：UCP と略される）が制定されている。現在多く利用されているのは，2007年に改定された UCP 600 である。

4 貨物海上保険の手配

4-1 貿易貨物についてのリスク負担と保険の手配

貿易においては，貨物が輸出地から輸入地に移動する。輸送中に貨物に損害があった場合に，その損害を売主と買主のどちらが負担するかというリスクの分岐点を明確にしておく必要がある。また，輸送中の保険は誰が手配するかを決めておく必要がある。インコタームズでは，11の定型取引条件について，それぞれリスク負担の分岐点が決められているので，その定型取引条件に沿って保険の手配を行えばよい。以下では，最も広く利用されている FOB 条件，CFR 条件および CIF 条件における保険手配について説明する。

4-2 FOB 条件と CFR 条件における保険手配

FOB 条件と CFR 条件では，貨物が外航船舶に積み込まれた以降は，貨物に生じる損害の負担者は買主となるので，買主は，その期間に対して自らのために保険を手配する必要がある。この保険は，船積み時から保険者の責任が開始する。買主は，自分が契約したい保険会社と自分が望む条件で貨物海上保険を

つければよい。輸入した貨物に損害があれば，買主は，保険をつけた保険会社に連絡して保険金請求の処理を進める。

FOB条件では，買主が外航船舶を手配するので買主は船積みする船舶の名称もその時期もわかっている。そこで，その情報をもとに保険を手配することができる。CFR条件では，買主は，保険を手配しなければならないが，外航船舶の手配は売主が行うことから，船舶の名称や船積みの時期がわからない。そこで，売主は買主に船積みの時期を遅滞なく通知する義務を負っている。

FOB条件とCFR条件の場合，貨物が外航船舶に積載されるまでの期間は，売主がリスクを負担しているので，売主は，自分が負担しているリスクの期間（倉庫等から貨物が搬出されてから外航船舶に積載されるまでの期間）について，自らのために貨物に対する保険（輸出FOB保険）を手配しておく必要がある。

4-3 CIF条件における保険手配

CIF条件では，売主が，船舶の手配に加え，保険も手配する。この場合の保険の条件（どこの国のいかなる保険をつけるか，保険の補償条件等）は，売主と買主との売買契約や信用状において設定され，売主はその条件に沿った保険を手配する。売主は，通常，貨物が外航船舶に積み込まれるまでの陸上輸送期間を含めて，売主の倉庫を搬出後から買主の倉庫に搬入される全輸送期間に対して保険をつけ，その保険証券を買主に譲渡する（信用状に基づく荷為替取引の場合には銀行に提出する）。貨物が到着して損害が生じていれば，買主は，その保険証券に記載されている連絡先に事故の通知をして保険金の請求を進める。

一般的に，火災保険，自動車保険，その他の各種保険では，保険会社の承諾がなければ保険契約（証券）を譲渡できないものになっている。しかし，外航貨物海上保険は，貨物の移転に伴って保険も譲渡させる必要がある。そのため，外航貨物海上保険は，保険会社の承諾を必要とすることなく譲渡が認められるものとなっている。しかし，保険金を受け取れるのは，損害を負担するリスクを負っている者でなければならない。

CIF条件で荷為替手形が利用される場合，船舶に貨物が積載された時点で，貨物のリスクは売主から買主（輸入者）に移転するが，貨物が買主に引き渡される前は，輸出地，その後は輸入地の銀行が船積書類を保有していて，貨物の

損害について実質的なリスクを負担している。こうした事情から，国によっては，保険証券の被保険者（assured）の欄に，輸出地の銀行の名前や売主の指図した者（Order by the Seller）と表記する場合がある。保険証券の譲渡の方式は，国によっても同一ではなく，保険証券に裏書して譲渡する方式が利用される場合もある。保険証券は，船荷証券とは異なり，有価証券ではないが，裏書される場合は，あたかも有価証券のように利用されているといえる。

　以下に，CIF 輸出の場合を例として，信用状，荷為替手形，船荷証券，保険証券の手配について，全体の枠組みを示しておく（図5-2）。なお，荷為替手形は，売主が保険を手配する条件（CIF 条件，CIP 条件）に限ることなく，他の定型取引条件でも利用されている。売主が保険を手配しない条件（FOB 条件，CFR 条件など）では，銀行に対して輸入信用状発行の依頼がなされた場合，保険は買主自らがつけることを，銀行に対して確約する方法がとられている。

4-4　保険手配と自国保険主義

　定型取引条件では，売主と買主間で，どちらが海上輸送中の保険を手配するかを取り決めるが，国によっては，自国の保険会社に保険をつけることを法律で義務づけている場合がある。これは，自国の保険産業を保護・育成する観点に立つもので，発展途上国などでそのような規制を設けている場合がある。その場合は，当該規制に沿った保険手配が必要であるが，その国の保険だけでは十分でないと考える場合に，相手方の国の当事者が，別途，保険を手配する場合がある。

　日本では，国内の財産に保険をつける場合は，被保険者等の保護の観点から，保険業法上，国内に所在する保険会社（外国の保険会社の場合は，日本に法人を設立している場合を含む）に保険をつけることが義務づけられている。しかし，その例外として，貿易貨物の海上保険については，日本の荷主も，外国の保険会社に直接保険をつけることが認められている（⇒第3章1-1）。

図5-2 CIF条件における

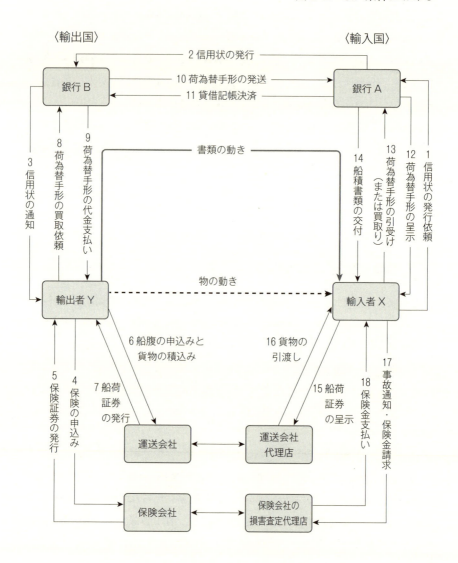

信用状，荷為替，貿易取引

<図の説明>

1. 売買契約が成立したら，輸入者Xは自己の取引銀行Aに信用状の発行を依頼する。
2. 銀行Aは，輸出地の銀行Bに信用状を発行する。
3. 輸出地の銀行Bは，輸出者Yに信用状を通知する。
4. 輸出者Yは，信用状の内容を確かめたうえで，保険会社に保険を申し込む。
5. 保険会社は保険契約が成立したら，輸出者Yに保険証券を交付する。
6. 輸出者Yは，運送会社と運送契約を締結して貨物を輸出本船に積み込む。
7. 輸出者Yは，運送会社から船荷証券の交付を受ける。
8. 輸出者Yは，輸入者Xまたは信用状発行銀行Aを支払人，為替手形の買取銀行（輸出者の銀行）Bを受取人とする為替手形を振り出し，それに，保険証券，船荷証券，送り状等の船積書類を加えて，輸出地の銀行Bに買取りを依頼する。
9. 輸出地の銀行Bは，為替手形を買い取って，輸出者Yに手形金額を支払う。
10. 輸出地の銀行Bは，為替手形と船積書類を輸入地の銀行（信用状発行銀行）Aに送る。
11. 輸入地の銀行Aは，信用状の内容と合致していることを確認したうえで輸出地の銀行Bと手形金額の決済を行う。
12. 輸入地の銀行Aは，輸入者Xに荷為替手形を呈示して買取りを求める。
13, 14. 輸入者Xは，荷為替手形を引き受けて（または買い取って），船荷証券を含む船積書類を銀行Aから受け取る。
15, 16. 輸入者Xは，運送人（輸入地の代理店等）に船荷証券を呈示して，貨物を受け取る。
17, 18. 貨物に損害が生じていた場合，輸入者Xは保険会社（輸入地の損害査定代理店など）に事故通知をして，保険金を請求し，保険会社から（またはその損害査定代理店を通じて）保険金を受領する。

5 貨物海上保険契約の締結

5-1 保険契約の申込みと締結

　保険契約を締結するためには，対象となる貿易貨物や輸送等の明細をもとに，保険会社と契約内容についての打合せを行い，所定の申込書に必要事項を記入して保険会社に提出する。保険契約者または被保険者は，貨物海上保険で対象とする損害の発生可能性（危険）に関する重要な事項について，事実の告知をしなければならない（告知義務⇒第3章3-4）。貨物海上保険契約の申込みにおいては，貨物の明細，梱包の方法，輸送区間，積載船舶などの多くの重要事項が保険の申込者から示されるが，輸送貨物について危険に関する重要な事項があれば，保険会社から質問がなくても，事実を告知しなければならない（改正商法820条）。

　契約内容について合意できれば，保険契約者は保険料を支払い，保険会社は，契約の証拠として，保険証券またはそれに代わる証明書を発行して保険契約者に交付する。

5-2 保険契約の種類

　日本では，国内の内航輸送と陸上運送の場合は，日本法に準拠した和文の保険証券が発行される。一方，貿易貨物についての外航貨物海上保険の場合は，輸入であるか輸出であるか，売買条件がいずれであるかにかかわらず，英文の保険証券が利用されている。保険証券には，貨物の明細と数量，積載船舶，輸送区間，本船出帆日または予定日，その他の明細が記され，また，保険約款には，保険契約の内容が記されている。

　日本では，長年にわたり，外航貨物では，ロンドンの保険証券様式が利用されているが，国際貿易については，他の国でも似たような状況にあり，事実上，ロンドンの書式の利用が世界標準となっている。

　外航の貨物海上保険で利用されている保険約款は，ロンドン保険業者協会（Institute of London Underwriters：ILU）が制定した約款である[4]。この約款は，

協会貨物約款（Institute Cargo Clauses：ICC）と呼ばれ，いくつかの種類がある。日本では，長年にわたって，1963年に制定された約款とそれ以前から存在するロイズ保険証券を合体させて利用する方式がとられてきた。現在は，1982年に制定された保険証券様式と2009年改定版の協会貨物約款を組み合わせた方式が多く利用されている。これらの保険証券・約款については，第6章で詳しく解説する。

5-3　保険料の算定と支払い

(1) 保険料の算定

貨物海上保険の保険料は，保険につける金額（保険金額）に保険料率（rate）をかけて算出される。

$$保険料 = 保険金額 \times 保険料率$$

日本の貨物海上保険の保険料率は，保険業法上の自由料率となっており，引き受ける各社の判断で設定されるが，料率に影響する事項としては，貨物の種類，担保条件，梱包方法，輸送手段，輸送航路，輸送時期，航海日数，積載船舶，陸上輸送部分の内容，再保険の状況，荷主の過去の実績などがある。貨物海上保険は，国際競争にさらされているので，世界の保険市場の状況にも影響を受ける。

貨物海上保険では，海上危険などの一般的な補償部分（マリン・リスク）のほかに，通常，戦争リスクや港湾ストライキなどに対する補償も特約として加えられている。戦争リスクについては，ロンドン市場における料率なども参照して保険料率が算定される場合が多い。

また，巨額のリスクに対しては，再保険の手配が必須となるため，再保険市場の状況によって保険料に影響が生じる。

(2) 保険料の支払い

保険料は，保険期間が開始する前までに支払うことが原則である。陸上の損

4　ILUは，1998年にノンマリンの団体と合併した。1999年には，ロンドン国際保険引受協会（International Underwriting Association of London：IUA）が設立されて，ILUの全メンバーはIUAに移動した。2009年のICC改定は，IUAによる。

害保険の保険約款では，保険料を受領する前の事故に対しては保険金を支払わない旨の規定が設けられている場合がほとんどであるが，外航の貨物海上保険では，こうした規定は設けられていない。多くの場合，貿易業者は，継続的かつ頻繁に取引を行っている。そうした状況において，1つの輸送が開始するたびに，その前に保険料を支払うことも合理的でない。継続的かつ大量の取引がある場合には，一定期間ごとに，その間になされる取引をまとめて決済する方法がとられている。

5-4 予定保険

　保険契約は，対象とする輸送が開始される前に締結しておく必要がある。しかし，貿易では，保険を手配する側が船積みされる船の名称等の詳細を輸送直前まで知らない場合や伝達が船積み以降になってしまう場合も生じる。とりわけ，CFR条件での輸入の場合は，売主が船舶輸送を手配しているため，買主が保険をつけようとしても，外航船舶の情報等が船積み直前まで把握できない場合がある。

　こうした場合，貨物が船舶に積み込まれたにもかかわらず，その時点では，無保険の状態になってしまうことを避けるために，外航貨物保険では，**予定保険**という契約方式が利用されている。これは，判明している情報をもとに保険契約を締結し，すなわち，一部の項目をオープン（空欄）のままにしておいて，詳細が判明した時点で，荷主から保険会社に**確定通知**（declaration）を行い，保険会社は，その情報をもとに，保険証券または保険証明書を発行し，確定した詳細をもとに保険料を精算する方式である。

　実際に利用されているのは，輸送単位ごとに個別に予定保険を契約する方式ではなく，包括的に枠組みを設定しておく**包括予定保険**（open cover）である。これを実務ではオープン・ポリシー（open policy）と呼んでいる。貿易取引では，各種の貨物を反復・継続的に輸出・輸入している。個々の輸送ごとに，一から保険条件を設定することは手間がかかる。また，事務ミス等によって保険の手配が漏れてしまうおそれもある。こうした取引の要請に応えるのが，包括予定保険であり，あらかじめ，貨物の種類，保険期間，保険金額，輸送用具，輸送機関，保険条件，保険料率などについて包括的に決めておく。

輸送の明細が判明した後，荷主は，定期的に（通常，1カ月分をまとめて翌月に）保険会社に確定通知をして，包括予定保険で設定されている条件に従って保険証券または保険証明書が発行される。保険会社は，貨物輸送の開始後であっても，包括予定保険で設定した条件で保険を引き受ける義務を負う。一方，荷主は，対象となる貨物については，輸送が判明した後には，漏れなく保険会社に通知する義務を負う。保険料は，追って確定した段階で精算される。包括予定保険契約には，保険証券の形態をとるもの（open policy）と特約書の形態をとるもの（open contract）がある。予定保険は，保険会社と保険契約者間の相互の信頼が前提となっている。

5-5 保険価額と保険金額

改正商法は，貨物保険における保険価額について，船積みがされた地および時における貨物の価額に運送賃，保険料を加算した合計額とすると規定する（819条）。国内のみの陸上輸送貨物の場合は，この価額を保険金額として設定する場合もあるが，多くの内航の貨物海上保険では，船積み，荷卸しに必要な費用や取引によって得られる期待利益などを考慮して，改正商法上の保険価額に一定の加算を行った額を保険価額として当事者間で協定して，それと同じ額を保険金額としている。協定した価額（約定保険価額）は，保険価額から著しい乖離がない限りは有効であり，保険金は，約定保険価額を基準として算定される（保険法18条2項）。また，約定保険価額を保険金額としているので，全部保険となり，超過保険や一部保険の問題（⇒第4章第2節）も生じない。

一方，外航の国際貿易では，世界的に，CIF価額の110％で価額を協定してそれを保険金額とするのが国際的慣習となっている。この10％の加算は，海上貿易の手配に関係する諸費用のほか，買主の貿易によって期待する利益（希望利益という）を想定したものである。買主は，貨物から利益を得ることを期待して輸入する。貨物に損害が生じた場合にコスト部分がてん補されても，予定していた利益が得られないという損失が残る。そこで，貿易によって期待する利益も考えて，CIF価額の110％で保険価額を協定することが世界的慣行となっている。なお，貨物の種類によっては，輸入国において，高額の関税（duty）が発生する場合がある。その場合は，関税を想定して保険金額自体を

高くするのではなく，別に関税部分として保険をつける。たとえば，輸送中に貨物が全損になって廃棄されるような場合は，貨物の関税の支払い自体が発生しない。そのような場合に，関税部分として保険金を加算して支払うことは適切でないので，貨物の保険金額と関税部分の保険金額を分ける方式がとられている（理論的には，物の価値に対する保険と税金部分に対する2つの保険が設定されていることになる）。

6 事故時の対応と保険金請求手続き

6-1 保険事故時の対応

　保険事故が発生した場合は，損害の拡大防止が必要となる（損害防止義務⇒第4章6-1)。また，保険会社またはその指定した損害査定代理店（claim settling agent）への事故通知が必要となる。日本への輸入で輸入者（買主）が保険を手配した場合は，契約を締結した保険代理店や損害保険会社に連絡する。日本からの輸出で日本で保険を手配した場合には，輸入者（被保険者）は，譲り受けた保険証券に記載されている連絡先に連絡する。被保険者は，運送人に対しても事故通知を遅滞なく行って，将来の保険会社による運送人に対する代位請求権を保全しておく必要がある。

　貨物海上保険では，損害を受けた貨物の実物とその損害程度の確認がなされるが，これを**サーベイ**（survey）という。通常，保険会社または被保険者は，独立の検査機関の専門家である**サーベイヤー**（surveyor）を手配し，サーベイヤーは，損害や原因の確認を行い，**サーベイ・レポート**（survey report）を発行する。保険会社が保険責任を負う損害については，そのサーベイ費用も，保険金に加えて支払われる。

　サーベイヤーとしては，日本では，一般社団法人日本海事検定協会，一般財団法人新日本検定協会などがあり，日本の主要港で活動している。世界的には，ロイズが指定するロイズ・サーベイヤーが世界の主要港で営業している。サーベイヤーは，専門家として第三者の立場から，種々の貨物の損害について，公正・妥当な損害額を算定する。なお，サーベイ機関は，損害関係の調査だけで

なく，コンテナ内の貨物の積付けの安全確認，事故防止のための助言なども行っている。

6-2 損害の認定

損害は，全損（現実全損，推定全損），分損に分けることができる。分損の場合は，分損計算（⇒第4章7-3）に基づいて保険金が算定される。機械類などでは，分損計算による損害額の算定が適合しないため，保険契約上で，修理のための合理的な費用を支払う旨の特別約款が加えられている。液体化学品の汚染損害などにおいては，不純物を除去するための手直し費用などを損害として支払う場合がある。外航貨物海上保険では，さまざまな種類の貨物が存在するため，その損害の評価は，一律の方式で行えるものではない。それゆえサーベイヤーが重要な役割を担う。サーベイヤーは，問題となる貨物の取引市場における実情等も踏まえて適正な損害の評価を行う。

Column　損害貨物評価の実務上の難しさ

　貨物海上保険では，貨物の評価をめぐって争いにならないように，保険価額は，ほぼ例外なく事前に協定（約定）される。保険事故が生じた場合にてん補すべき損害の額は，その損害が生じた地および時における価額によって算定するが（保険法18条1項），約定保険価額があるときは，当該約定保険価額によって算定する（同法18条2項）。価額の協定（約定）によっててん補損害額の算定をめぐる争いが回避される……というのが，保険法に基づく教科書的な説明である。しかし，実際の損害の実務では，損害貨物の評価はそう簡単なものではない。全損の場合は，保険金額の全部を支払えばよいので問題はないが，分損の場合は，その損害をいくらとして算定するかが問題となるが，その算定は容易でない。損害はいろいろな態様で生じるが，それぞれの損害品の市場というものがあるわけではない。多くの場合，サーベイヤーを起用して損害額の算定を依頼するが，サーベイヤーも簡単に損害額を算出できるわけではない。

　過去の個人的体験となり恐縮であるが，筆者は，かつて貨物の損害査定の仕事をしていた。とくに，損害が大きな場合には，現場立合いを行って，関係者と損害額について交渉した。実に，いろいろな輸入貨物があり，いかに多様な物が日本に輸入されているか，驚くことが多かった。さまざまな貨物に接する中で，物の価値の

評価の難しさを知ることにもなった。

　輸入貨物は，それぞれの輸入の目的があり，その背後にはその貨物をもとにしたビジネスがある。たとえ同じような貨物であっても，その使用目的によって背後に存在するビジネスに違いがある。それゆえ，損害貨物の処分方法や損害貨物の価値は，そのビジネスの内容によって大きな影響を受けることになる。物を単なる物理的物体と見るべきではなく，そのビジネスにおける主体と捉える必要がある。

　あるとき，有名なフランス印象派の画家の油絵が日本に輸入され，画商から損害が生じたとして事故通知が入った。早速，画廊に立ち会いに行き，実物を確認したが，どこが損傷したのかがわからない。画商は，赤外線写真を取り出して髪の毛のような傷が入ったことを示した。画商は，傷の存在による多額の格落ち（評価損）を主張した。傷の存在は鑑定書に記され，売値が下がるという。鑑定を依頼した専門の鑑定人から，売買において傷の存在がマイナスに評価されることを知った。当時は，バブル期で，何億円もする人気作家の絵画である。筆者は，有名な印象派の絵画が投資資産としての価値を有し，取引において鑑定書が重要な要素になり，取引において損害が生じることを理解した。しかし，絵画の持つ価値自体が減少したとは思えなかった。

　ほとんど同じ頃，美術館で展示していた日本の現代彫刻家の彫像が倒れ，腕が破損してしまう事件が起こった。保険金額は数百万円で，全損処理を覚悟して現場に立ち会った。制作した彫刻家と打ち合わせたところ，その彫刻家が腕を直すことになり，彫刻家からは，後日1～2万円の請求を受け，それで十分ですといわれた。

　どちらの美術品も保険価額は約定されていた。しかし，約定保険価額から損害額をただちに導くことはできなかった。

　上の例は，ほんの一例であるが，貨物保険の実務では，いろいろな貨物が登場し，損害の評価が難しい事案も数多く経験した。そうした経験から学んだことは，貨物にはいろいろな種類があるが，その背後に存在するビジネスも同一ではないということである。筆者は，損害保険で支払うべき損害とはいったい何か，何に対して保険がついているのかを考えることがしばしばあった。損害処理の仕事を通じて感じていた問題意識は，損害保険の研究をする動機の1つになり，それから30年近くかかって，研究内容を拙著『損害てん補の本質──海上保険を中心として』（成文堂，2016年）としてまとめた。その本では，損害てん補を被保険利益から導く伝統的学説に対して，何を損害として認識・評価するかの合意を損害保険契約の本質と見て契約構造を説明する立場に立つ。研究は，まだまだ不十分で，損害保険研究の奥の深さを痛感するばかりである。この本は，筆者にとって損害査定業務における思い出が詰まった本でもある。

第6章
外航貨物海上保険における補償内容
Coverage of Marine Cargo Insurance

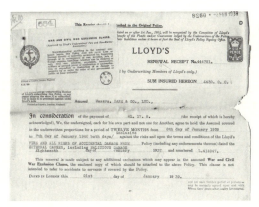

1939年のロイズ保険証券の一部分（PjrStudio/Alamy Stock Photo 提供）

Introduction

　本章では，最初に，外航貨物海上保険証券の沿革を学ぶ。外航貨物海上保険は，他の国の荷主等に受け入れられるものでなければならないが，日本法に準拠した日本語の保険証券では国際的に流通させることは難しい。そこで，日本ではイギリスの契約書式が利用されている。イギリスの標準書式は，1982年に全面的な改定がなされる前は，14世紀までさかのぼる文言を残すものであった。現在のものは，数百年前からの古い文言は変更されているが，内容的には，数百年の歴史の中で少しずつ進化してきたものである。次に，外航貨物海上保険の基本的な補償内容と戦争リスク，ストライキ等のリスクに対する特別約款の内容についても理解を深める。

　外航貨物海上保険証券は，陸上の保険証券と異なり，保険証券の表と裏に，保険約款を記載する方式をとっている。巻末に付録として加えている外航貨物海上保険証券（カラー印刷のもの）を眺めてほしい。輸出の場合であれば，このA4で1枚の紙が外国に渡り，貨物に事故が生じれば，現地で保険金請求がなされる。あたかも輸出貨物のように外国に渡り，そこで機能する。この1枚の紙が外国の荷主や銀行から受け入れられるためには，保険会社の信用と評判が重要であることはいうまでもない。

1 外航貨物海上保険証券の沿革

1-1 ロイズ保険証券の生成

　外航の貨物海上保険では、イギリスの保険証券・約款が世界的に利用されており、ロンドンにおける法と慣習が世界標準となっている。その地位を築くことになったのは、ロイズ（⇒第2章第3節）である。

　ロイズは、1779年にロイズで利用する海上保険の書式を統一させた。この書式は、**ロイズS.G.保険証券（Lloyd's S.G. Policy）様式**と称される。これは、保険契約における保険証券と保険約款の両者を合体させたもので、船舶、貨物、その両方のいずれを保険につける場合でも利用できるものとなっていた。S.G.の意味は、shipとgoodsを指すなどの諸説があるがはっきりしていない。イギリス1906年海上保険法は、第1附則として、ロイズS.G.保険証券様式を掲げて、その文言について、判例の中で確立した解釈を解釈規則として掲載している。

　この保険証券様式は、1779年にロイズがまったく新しく作り出したものではなく、イタリアの商業都市において14世紀に海上保険が生まれた頃までさかのぼるもので、イタリア語（ラテン語）の保険証券の文言が4世紀を経て少しずつ進化し、それがロンドンに伝わり、当初はイタリア語の保険証券が利用されていたが、その後、英語になって利用されていたものである。そのため、難解で古風な文言となっていた。その歴史性を示す表現はいろいろと存在するが、たとえば、1779年のロイズS.G.保険証券の最初の文言は、「神の名において、アーメン」(In the name of God, Amen) という宣誓文言から始まる。これは、現存する世界最古のイタリアの1379年ピサの保険証券でも同じである（イタリア語で、Al nome di Dio, Amen）。その後、ロイズS.G.保険証券の文言は、1850年に「ここに以下のことを表明する」(Be it known that) に変更されているが、このようにして始まる文言からも歴史性を感じることはできるであろう。

　ロイズS.G.保険証券様式には、対象とする危険、損害防止など、保険契約の骨格となる重要な条項が含まれていて、その文言は、数百年の歴史の中で少

1　外航貨物海上保険証券の沿革　113

しずつ改良されてきた。そして，1つ1つの文言は，3000を超えるといわれる判例を通じて解釈が法律上確立している。

1-2　協会貨物約款の制定

しかし，海上輸送における技術革新，判例を含む法律制度の進化の中では，過去から利用していた文言だけでは十分でなく，条文を追加したり，本文を修正する必要が生じ，ロイズS.G.保険証券は，各種の条項が追加されて複雑なものとなっていった。元の本文を残しながら継ぎはぎ状態になったのは，上に記したとおり，その本文はイタリアで海上保険が生まれた頃までさかのぼる文言となっていて，1つ1つの文言の意味が判例によって法的に確定していたためである。

そうした中で，1963年には，ロンドン保険業者協会（Institute of London Underwriters：ILU）によって協会貨物約款（ICC）が制定され，これをロイズS.G.保険証券に加えて保険が引き受けられる方式となった。協会貨物約款は，保険で対象とする補償の範囲によって，オール・リスク担保（All Risks），分損担保（With Average：WA），分損不担保（Free from Particular Average：FPA）の3パターンがあった。

こうして，ロイズで利用する保険証券は，ロイズS.G.保険証券様式（本文）に加え，その本文の横の欄外にはそれを補足する約款が追加され，さらに，協会貨物約款が加えられ，協会約款を修正する協会作成の特別約款，そして，それらを修正する特別約款と個別の合意が加えられるという形で，きわめて複雑な約款の構造となっていったのである。

1-3　新協会貨物約款の制定

日本では，長年にわたり，ロイズS.G.保険証券に沿った保険証券を利用してきたが，それは，世界の他の国でも同様であった。ロイズS.G.保険証券に各種の約款を加えていく方式は，きわめて複雑でわかりにくく，イギリスの裁判官からも多くの批判があがっていた。しかし，ロンドン市場の実務家は，過去からの膨大な判例の裏付けがあることから，文言を変えることは難しいとしてきた。

1970年代になり，発展途上国からの批判の高まりを背景に，UNCTAD（国際連合貿易開発会議）の事務局は，海上保険証券の問題を取り上げ，ロイズ S. G. 保険証券の難解さによって発展途上国に不利益が生じているとして，それを全面的に改定して新たな世界標準の作成を提言する報告書を1978年に発表した。保険証券の文言の問題は，南北問題という形で着目されることになり，研究者からも，海上保険に関する国際条約等の枠組みを構築する提案もなされた。

こうしたなか，ロンドン保険業者協会（ILU）は，ロイズ S. G. 保険証券の様式を変えることはできないとの従前からの主張を突然変更して，1982年にロイズ S. G. 保険証券様式を刷新して，新たに，MAR フォーム（MAR Form）と，それとともに利用する新しい協会貨物約款をそれぞれ公表した。1983年には，協会期間約款（船舶）も公表した。

新書式による契約方式は世界に受け入れられ，その結果，海上保険証券に関する国際条約を制定しようという声も弱まり，ロンドン市場による世界標準が維持されたのである。1982年協会貨物約款は，その後，ロンドン国際保険引受協会（IUA）によって，海上保険を扱う主要国の保険業界等の意見を聴取してそれらの意見を踏まえたうえで2009年に再度改定され，現在に至っている。

日本では，貨物海上保険の領域では，1982年の MAR フォームと協会貨物約款ができてからも約20年以上は，ロイズ S. G. 保険証券様式に協会貨物約款を加える方式が利用されていた。しかし，2009年の協会貨物約款改定以降は，しだいに新書式による引受けが広がり，現在では，信用状で指定がある場合などの例外を除くと，ほぼ MAR フォームと協会貨物約款2009年改定版に基づく新書式が利用されている。そのため，以下では，新書式に基づく方式を対象としてその内容を解説する。

2 新貨物海上保険証券の構造

2-1 MAR フォームと新協会貨物約款の構造

ロイズ S. G. 保険証券様式を利用する保険証券では，どのような事故を対象

として，また対象としないかという保険条件の部分がきわめて複雑であった。そこで，MARフォームでは，契約の中心になる保険条件に関する規定は，協会貨物約款とそれを修正する特別約款に委ね，どの保険契約にも共通する事項のみを記すものとなっている。MARフォームの本文では，イギリス法に準拠すること，共同保険の場合は連帯責任を負わないこと，保険料支払いを対価として保険者は責任を負うこと，および署名に関する文言のみが記載されている。続いて，保険証券に，被保険者，証券番号，保険金額，保険金請求通知の連絡先，保険条件，輸送内容，保険の目的物等の明細の記入欄が設けられている。その後に，損害発生時の手続きや通知，請求書類に関する規定が記されている。

MARフォームを利用する場合の約款の構造は，概略，以下のとおりとなる。

```
MAR Form  （本文記載条項）
  ＋  協会貨物約款（Institute Cargo Clauses）
  ＋  各種特約
  ＋  個別の合意
```

日本の保険契約では，保険契約を示す証拠として保険証券が発行されるが，保険証券自体は，契約の明細を示すものである。契約内容（条項）は，普通保険約款に体系的に示されていて，特別約款がそれを修正する形である。一方，MARフォームを利用したイギリスの外航保険契約は，そもそも日本の約款の構造と同じ体系をとるものではなく，日本における普通保険約款といった概念とうまく合致しない。イギリスでは，MARフォームに記載されている本文と適用する協会貨物約款，その他の特別約款の全体が契約内容となる。

なお，日本における外航貨物海上保険は，普通保険約款をもとにした認可によって事業を行っているが，ロイズS.G.保険証券の本文，協会貨物約款（A条件）をそれぞれ普通保険約款として認可を受けている。

2-2　日本における外航貨物海上保険証券の内容（MARフォーム準拠）

日本では，MARフォームを，日本の保険証券の形に合うように，明細の記入箇所等のレイアウトを変えてA4の1枚表裏の保険約款付き保険証券の形にして利用している。また，本文には，イギリスのMARフォームには記載され

ていない事項も，日本法を踏まえて，一部加えている。

　以下では，イギリスのMARフォームを利用して改定した日本の外航貨物証券について説明する。巻末の外航貨物海上保険証券（MARINE CARGO POLICY）サンプルを見てほしい。具体的な形式や文言については，保険会社によって若干の相違が存在する。以下の説明は，東京海上日動火災保険株式会社のMARフォームに準拠した外航貨物海上保険証券に基づくものである。

　保険証券表面には，契約の明細，適用される各種約款の名称，MARフォーム記載の条項，保険金請求関係の条項が記載され，裏面には，適用される各種約款の条項が印刷されている。印刷されていない特約が加えられる場合には，保険証券本文にその条項が記載されるか，保険証券に貼付される。

2-3　外航貨物海上保険証券表面の記載内容

　保険証券の表面（おもて）には，契約の明細に加え，協会貨物約款には記載されていない契約の一般的事項，保険金請求手続き関係が記載されている。具体的には，以下のとおりである（原文は英語）。

＜表面に記載されている事項＞

①契約の明細

　　保険会社名（本店住所等の明細）

　　被保険者名，インボイス番号，保険金額，保険証券番号

　　保険金支払地（会社），保険引受条件

　　内陸輸送用具，内陸出発地，外航船舶名，出帆港，出帆日時，仕向港，最終目的地

　　保険の目的物の明細

　　契約日，保険証券の発行枚数

②保険価額は保険金額と同額として評価済みであること

③適用される約款，特約の一覧（裏面に記載されるか貼付される）

　　（注：表面には，各種約款や特約の名称のみが記されている）

④本文（以下は，本書の目的で筆者が条文のエッセンスを示したもの）

　・保険責任と決済についてイングランドの法と慣習に従うこと（イギリス法準拠条項）

- 損害が火災保険その他の保険によってもてん補される場合は，他の保険が優先して適用されて，他保険における保険金支払いでは足りない部分に対してのみ保険金を支払うこと（重複保険における他保険優先条項）
- 保険料支払いを対価として，保険会社は保険金支払責任を負担すること（約因条項）
- 保険会社が選択しない限りは，保険金支払いによって残存物の所有権は保険者には移転しないこと（残存物代位に関する条項）
  （注：この条項は，イギリスのMARフォームには記載されていないが，日本では，日本の保険法における残存物代位を踏まえて加えられている）
- 保険証券の提出に対して保険会社が支払いの責任を負うこと。複数の保険証券が発行された場合は，そのうちの1枚によって保険金が請求されれば，他の保険証券は無効となること（宣誓条項）

⑤欄外条項（下部の左側に記載されている保険請求関係の規定）
- 事故発生時の被保険者の損害防止軽減，その他の必要事項
- 保険事故が生じた場合の保険証券記載先への連絡とサーベイ・レポートの取付け
- 保険金請求時の必要書類の迅速な提出

2-4　外航貨物海上保険証券裏面に記載の約款

　保険証券裏面には，以下の条項が細かな字で記されている。頻繁に利用される約款を裏面に表示しているものである。記載している約款は会社によって異なるが，以下は，東京海上日動火災保険株式会社の例である。裏面に印刷されているのは，いわば標準的なものであるので，そこにはない合意を行う場合は，その合意内容を示す条項（約款）を保険証券に記すか，貼付する。なお，航空貨物輸送の場合は，協会貨物約款（AIR）という約款が利用される。

＜裏面に記載されている各種約款の名称と日本語訳＞
Institute Cargo Clauses（A）　協会貨物約款（A）
Institute Cargo Clauses（B）　協会貨物約款（B）

Institute Cargo Clauses（C） 協会貨物約款（C）
Institute War Clauses（Cargo） 協会戦争約款（貨物）
Institute Strikes Clauses（Cargo） 協会ストライキ約款（貨物）
Institute Radioactive Contamination, Chemical, Biological, Bio-Chemical and Electromagnetic Weapons Exclusion Clause 協会放射能汚染，化学兵器，生物兵器，生物化学兵器および電磁気兵器免責約款
Institute Replacement Clause 協会機械修繕約款
Under Deck or On Deck Clause 艙内積または甲板積約款
Label Clause ラベル約款
Duty Clause 輸入税担保約款
Wild Fauna and Flora Clause 野生動植物約款
Co-insurance Clause 共同保険約款
Institute War Clauses（Sending by Post） 協会戦争約款（郵便貨物用）
Mail and Parcel Post Clauses 郵便小包約款
Cargo ISM Endorsement 貨物保険 ISM 特約
Termination of Transit Clause（Terrorism）2009 2009年被保険輸送終了条項（テロリズム）
Extension Clause for MAR Form MAR フォーム用拡張担保約款
Sanction Limitation and Exclusion Clause 制裁等に関する特別条項

2-5 基本的な保険の補償

　MAR フォームでは，保険で対象とするリスクは，マリン・リスク，戦争リスク，ストライキ等リスクの3つの領域があり，マリン・リスクについては，A 条件，B 条件，C 条件の3パターン，戦争リスク，ストライキ等リスクは，それぞれを選ぶかどうかという組み合わせによる約款の構造になっている。しかし，日本の実務では，マリン・リスク，戦争リスク，ストライキ等リスクをセットとして引き受ける方式がとられている。適用する基本約款は，以下となり，いずれも保険証券の裏面に印刷されている。

> マリン・リスクを補償の対象とする場合
>   ⇒ Institute Cargo Clauses（ICC）1/1/09 A 条件，B 条件，C 条件の3種類のいずれか
> 戦争リスクを補償の対象とする場合　⇒ Institute War Clauses 1/1/09
> ストライキ等リスクを補償の対象とする場合
>   ⇒ Institute Strikes Clauses 1/1/09

　以上合計5つの約款は，いずれも自足的な約款構成をとり，単独でも利用可能になっている。こうした構造をとる理由は，ロンドンなどでは，マリン・リスクと戦争リスクを別の保険者が引き受ける場合があるためである。日本では，マリン・リスク，戦争リスク，ストライキ等リスクを別の保険者が引き受けることはなく，たとえば，戦争リスクのみを引き受けるという会社もない。

3　マリン・リスクに関する協会貨物約款

3-1　設けられている条項

　マリン・リスクに関する Institute Cargo Clauses（以下，協会貨物約款と略す。巻末の資料参照）は，19カ条からなり，以下の条項が含まれている。

> 担保危険に関する条項（1条～3条）
> 免責事由に関する条項（4条～7条）
> 保険期間に関する条項（8条～10条）
> 保険金の請求に関する条項（11条～14条）
> 保険を利用できる人に関する条項（15条）
> 損害の軽減に関する条項（16条，17条）
> 遅延の回避に関する条項（18条）
> イギリスの法律および慣習に従うことの条項（19条）

　A条件とB条件では，担保危険（保険事故）に関する1条，免責事由に関す

る4条と5条のみに違いがあり，その他の条文は同一となっている。また，C条件では，担保危険に関する1条を除き，すべてB条件と同一となっている。

3-2 協会貨物約款の特徴

協会貨物約款について，たとえば，陸上における自動車保険，火災保険などの普通保険約款と比較してみたい。まず，ただちに気づくことは，条文の数が圧倒的に少ないことである。協会貨物約款は，コンパクトな約款といえる。そして，保険契約におけるあらゆる事項を織り込んだものともなっていない。たとえば，国内の各種損害保険約款では，通常，保険の対象物の範囲，告知義務，保険料支払い，超過保険，一部保険，重複保険，残存物代位，請求権代位，保険金支払いの履行期，消滅時効，解除などに関する規定があるが，協会貨物約款には，これらの事項についての規定は設けられていない。もっぱら，保険の補償の範囲に関係すること（対象とする危険，免責，保険期間，損害てん補等）を規定している。そのため，協会貨物約款に規定されていないその他の事項は，保険証券の本文，他の特別約款で規定することになる。

外航貨物保険証券は，貨物の移転とともに譲渡可能なものとなっている。CIF条件で荷為替利用の場合であれば，売主手配の保険証券は，輸出地の銀行，輸入地の銀行，そして買主に譲渡される。そのため，A4サイズ程度の紙面に，保険約款と特別約款を記載しなければならない。協会貨物約款は，コンパクトでありながら，実務で必要となる条項を限られた文字数でまとめた約款といえる。コンパクトな形でも保険契約として法的な安定性が確保されるのは，協会貨物約款の最後にあるイギリス法準拠の条項があるためである。イギリスでは，膨大な判例や制定法が存在するので，契約でとくに反対の定めをしなければ，イギリスで確立した法が適用され，それで問題ないと考える部分は，約款にわざわざ記載しないでよいことになる。そこで，対象とする危険や免責等の補償の内容に関する条項を中心に規定する方式が可能となっている。

なお，日本では，保険証券の表面で，裏面に記載の協会貨物約款のイギリス法準拠条項を一部修正して，保険金の支払責任と決済についてのみイングランドの法と慣習によるというイギリス法準拠約款を記載して利用している。それにより，保険料支払い，契約の有効性等については，契約が日本で締結されれ

ば，イギリス法ではなく日本法が適用されることになる（ただし，この条項のもとでいかなる法律問題がイギリス法に基づくことになるかは解釈上難しい問題がある）。

以下に，協会貨物約款における保険契約の内容を解説する（以下の解説は，条文の順番と同じではない）。

4 協会貨物約款における補償の対象

4-1 保険期間

　貨物海上保険は，貨物が輸送される期間について貨物の損害を補償するための保険である。しかし，定型取引条件に応じて輸送中のリスクの負担者と保険の手配者が変わってくる。CIF条件の場合は，輸出者が輸送の全期間に対して保険につけて，その保険証券を買主に譲渡する。FOB条件やCFR条件（⇒第5章第1節）の場合は，買主は自分のリスクに対して保険をつけるので，外航船舶に貨物が積載された以降の保険を手配する必要がある。

　協会貨物約款8条（A条件，B条件，C条件共通）では，このような個々の契約におけるリスク負担の範囲にかかわらず，輸送の全区間を保険の対象として，その具体的な範囲は，表面における輸送の明細において決定する方式をとっている。もっとも，被保険者がリスクを負担していない区間において事故が生じても，被保険者はその区間について貨物に対して被保険利益を有していないので（すなわち，損害に対するリスクを負担していないので），11条に基づき被保険者は保険請求することは認められない。

　協会貨物約款における保険期間は，貨物が倉庫・保管場所で輸送のために最初に動かされたときに始まり，仕向地の最終倉庫・保管場所において輸送用具から荷卸しがなされたときまでとなる。しかし，輸送の途中で，通常の輸送過程でない保管や割当てや分配のために輸送用具から荷卸しがなされた場合には，その時点で終了する。また，航洋船舶からの荷卸しが完了してから60日を経過した場合も終了となる。この条項は，倉庫間約款（warehouse to warehouse clause）と呼ばれていた条項を取り入れたものである。

　自動車保険や火災保険などの多くの損害保険では，特定の日時から1年間と

いった方法で定まる期間を保険期間として設定する。一方，貨物保険では，輸送の期間を対象とする。輸送に要する時間は，遅延等によって変動が生じる。そのため，協会貨物約款では，保険期間は，特定の場所で輸送のために貨物がその場所を離れたときから始まり，仕向地において輸送用具から荷卸しがなされたときに終了する方式をとり，実際に輸送されている期間が保険の対象となるようになっている。さらに，被保険者が支配できない遅延，離路や，やむをえない荷卸しや積替えなどの場合も，保険期間は継続することを明確にしている（8条3項。A条件，B条件，C条件共通）。唯一の期間的制限として，仕向地に到着して外航船舶から荷卸しがなされた後は，60日間が限度となっている。

なお，貨物輸送によっては，上記の保険期間では輸送の実態に適合しない場合がありうる。その場合は，実態に適合するように，特約によってリスクに適合する保険期間が設定される。たとえば，外国の美術館の絵画を日本で展示して，また元の美術館に戻す場合は，美術館の壁を離れてから，輸送，保管，展示を経て，元の美術館の壁に戻るまでの全期間を対象とするなどである。

4-2 輸送の打切りと保険の補償

海上輸送においては，さまざまな事情によって，予定した航海の完遂が難しくなって，指定していた仕向地以外の港で輸送が打ち切られる場合がある。海上運送契約においては，一定の場合に航海を打ち切る権利を運送人に認めている。

協会貨物約款は，こうした場合における保険の補償について，輸送が打ち切られた時点で保険の補償は終了するが，保険会社に連絡して，割増保険料が必要な場合はその支払いを行うことにより，輸送が打ち切られた港・場所で荷物の引渡しがなされた後，60日間は保険による補償が継続し，その間に仕向地に向けた航海がなされれば，元の保険契約と同じく，最終仕向地までの保険による補償が提供されることを規定している（9条。A条件，B条件，C条件共通）。

4-3 航海の変更

保険者の責任が開始した後に被保険者が仕向地を変更する場合は，被保険者は遅滞なく保険者に連絡して，保険料率と保険条件を協定しなければならない

(10条。A条件，B条件，C条件共通)。

5 協会貨物約款における担保危険と免責危険

5-1 3つの基本条件

協会貨物約款では，保険で対象とする補償の範囲として，A，B，Cの3つの条件が用意されている。これらは，1982年に協会貨物約款が全面的に改定される前は，それぞれオール・リスク担保，分損担保，分損不担保という名称で広く利用されていた担保条件に大体において対応する条件である。

B条件とC条件は，保険の対象とする事故（担保危険）を列挙して示す列挙責任方式をとる。これに対し，A条件は，免責の場合を除いて，一切の危険を対象とする包括責任方式をとる。

5-2 列挙責任方式と包括責任方式

列挙責任方式では，被保険者は，生じた損害が列挙されている危険によって生じたことを立証する責任がある。一方，包括責任方式においては，被保険者は，損害が包括的に示されている範囲の事故によることを証明すればよく，損害が発生した個別の事故を具体的に立証する必要はない。保険者は，損害が保険の対象外の事故によると考える場合は，そのことを立証しなければならない。

5-3 協会貨物約款A条件における担保危険

協会貨物約款におけるA条件は，一般に，オール・リスク条件（英語の表記のとおり訳した場合は，オール・リスクスとなる）と呼ばれるものである。協会貨物約款1条は，免責規定によって除外されている場合を除き，保険の目的物（subject-matter insured）の滅失または損傷の一切の危険（all risks）を担保すると規定している。

（危険）
第1条　この保険は，下記第4条，第5条，第6条および第7条の規定に

より除外された場合を除き，保険の目的物の滅失または損傷の一切の危険を担保する。

ここで注意したいのは，「一切の滅失または損傷」ではなく，「滅失または損傷の一切の危険（risks）」としていることである。保険の対象は，あくまでもriskであって，偶然性のある事象でなければならないことは，イギリスの判例法においても確立していて，そのことの立証は被保険者に求められる。その立証ができれば，保険者は，損害がリスクによるものではないこと，または免責危険によることを立証できない限りは，損害に対して支払い責任を負う。

5-4　協会貨物約款A条件における免責危険

協会貨物約款は，1条において担保する危険を示し，4条から7条に免責事由を記している。A条件における免責は，概略，以下のとおりである（原文は英文でさらに詳細に規定している）。

① 4条に規定の免責
- 被保険者の故意の違法行為
- 保険の目的物の通常の漏損，重量・容積の通常の減少，自然な消耗
- 梱包・準備の不十分・不適切（コンテナ内の積付不良を含む。ただし，被保険者が積み付ける場合）
- 保険の目的物の固有の瑕疵，性質
- 運送の遅延（担保危険による遅延を含む）
- 船主等の支払不能，財政破綻
- 原子力兵器

② 5条に規定の免責
- 船舶・艀の不堪航または安全な輸送に適さないこと。ただし，被保険者がその不堪航等を知っていた場合
- コンテナ・輸送用具が安全な輸送に適さないこと。ただし，被保険者が積み付ける場合などで，被保険者が安全でないことを知っていた場合

③ 6条に規定の免責（戦争リスク関係）

- 戦争，内乱，革命，謀反（むほん），反乱もしくはこれらから生じる国内紛争，交戦国との間のすべての敵対行為
- 上記危険から生じる捕獲・だ捕・拘束・抑止・抑留，またはそれらの結果，一切の意図
- 遺棄された機雷・魚雷・爆弾，その他の遺棄された兵器

④7条で規定の免責（ストライキ・リスク関係）
- ストライキ参加者，職場閉鎖を受けた労働者，労働紛争・暴動・騒じょうに加わった者
- 一切のテロ行為
- 政治的，思想的または宗教的動機から行動する一切の者

　4条は，免責として，モラル・ハザード（⇒第1章1-2）の抑止，偶然性に問題がある事由，船主等の財政的問題，原子力関係などの各種事由を掲げている。通常の漏損，重量の減少などは，輸送中の目減りや水分の蒸発などによる不足損害などが典型的な例である。通常の輸送の過程で生じる変質，腐敗，さび，カビ，自然発火，汗濡れ（sweat）なども免責になる。梱包不良等も免責である。遅延による損害も免責となる。船主等の財政的問題とは，たとえば，輸送途中で船会社が破綻して船舶を差し押さえられて航行不能となったような場合である。ただし，被保険者が財政状態について関知していない場合は免責とならない。原子力については，原子力兵器が免責となっている。ただし，別途，特別約款が加えられて，原子力発電所の事故なども免責になっている。

　5条の免責は，船舶等やコンテナの積付けが安全輸送に適していない場合の免責であるが，被保険者が関知していない場合は救済される。

　6条は戦争リスク，7条はストライキやテロ・リスクの免責である。なお，A条件では，船員による悪行，盗難，海賊は，免責となっていない。A条件では，偶然性のあるそれらの事故は支払いの対象となる。

5-5　協会貨物約款B条件における担保危険と免責危険

　B条件は，列挙責任方式をとるもので，以下の危険（事故）を補償の対象としている。なお，以下は，概略である。

① 以下の事由に原因を合理的に帰しうる保険の目的物の滅失・損傷
- 火災，爆発
- 船舶または艀の座礁，乗揚げ，沈没，転覆
- 陸上輸送用具の転覆，脱線
- 船舶，艀または輸送用具の，水以外の他物との衝突・接触
- 遭難港における貨物の荷卸し
- 地震，噴火，雷

② 以下の事由によって生じる保険の目的物の滅失・損傷
- 共同海損犠牲[1]
- 投荷(なげに)[2]，波ざらい[3]
- 船舶，艀，船倉，輸送用具，コンテナまたは保管場所への海水，湖水，河川の水の浸入

③ 船舶・艀への積込み・荷卸し中に水没・落下した梱包1個ごとの全損

B条件では，海上，陸上の輸送に伴う主要な事故が対象となっている。B条件では，被保険者は，ここに列挙されている事故によって損害が生じたことを立証しなければならない。たとえば，貨物が輸送中に破損しても，ここに掲げる事故によったことを立証できなければ支払いの対象とならない。

B条件における補償の対象は，3つに分類されていて，因果関係について異なる表現となっている。1項では「原因を合理的に帰しうる（reasonably attributable to）」，2項では「によって生じる（caused by）」，3項では，因果関係を示す用語は利用されていない。第4章第4節で説明したとおり，イギリスでは，因果関係について近因（proximate cause）説を利用しているが，これらの用語が近因説の適用を変更するものであるかは定かではない。しかし，1項で利用されている attributable to という用語は，caused by より多少緩い基準と理解できる。1項では，大事故などが掲げられているので，その場合，厳格な近因といえなくても，合理的に原因といえる場合は補償の対象となると考えられる。

---

1 共同海損犠牲とは，共同海損行為によって犠牲となった損害をいう（⇒第10章）。
2 投荷とは，船の重量を軽くするために，積荷の一部を海上に投げ捨てることをいう。
3 波ざらいとは，甲板上の積載貨物などが波によって船外に落下することをいう。

一方，免責については，A条件とほぼ同じである。ただし，B条件では，悪意ある行為による損害が免責として明示されている（A条件では補償の対象となるので免責として記されていない）。なお，海賊危険については，A条件では支払いの対象となるが，B条件では，もともと支払いの対象になっていないので，免責にも記されていない。

5-6　協会貨物約款C条件における担保危険と免責危険

C条件は，B条件よりさらに狭く，以下の危険が対象となる。

①以下の事由に原因を合理的に帰しうる保険の目的物の滅失・損傷
- 火災，爆発
- 船舶または艀の座礁，乗揚げ，沈没，転覆
- 陸上輸送用具の転覆，脱線
- 船舶，艀または輸送用具の，水以外の他物との衝突・接触
- 遭難港における貨物の荷卸し

②以下の事由によって生じる保険の目的物の滅失・損傷
- 共同海損犠牲
- 投荷

B条件と比較して，C条件では以下の危険が補償の対象に含まれていない点で違いがある。

- 地震，噴火，雷
- 波ざらい
- 船舶，艀，船倉，輸送用具，コンテナまたは保管場所への海水，湖水，河川の水の浸入
- 船舶・艀への積込み・荷卸し中に水没・落下した梱包1個ごとの全損

免責条項については，B条件と同じである。

5-7　追加危険

貨物保険は，さまざまな種類の貨物を対象とする。A条件の保険料が最も

高くなるが，貨物の種類によっては，そこまでの補償は必要ない場合がある。たとえば，原材料の輸入などの場合である。そうした場合は，B条件やC条件を基本として，貨物に応じて，汗濡れ（sweat），自然発火（spontaneous combustion），漏損（leakage），不足（shortage），盗難（theft），抜き荷（pilferage）[4]，不着（non-delivery）など，対象とする危険を追加する方式が利用されている。貨物の物理的な損害状態を示す発現形態の事故を追加危険として加える場合が多い。

6 協会貨物約款における保険金請求

6-1 被保険利益

　貨物海上保険は，損害をてん補するための保険である。そこで，保険金の支払いを受けるためには，貨物に損害が発生したときにおいてその貨物についてのリスクを負担している必要がある。協会貨物約款は，11条（A条件，B条件，C条件共通）において，損害発生時に被保険利益（⇒第4章1-2）を有していることを損害てん補の要件として規定している。加えて，保険契約締結前に損害が発生した場合であっても，被保険者がそのことを知らなければ保険金が支払われることを規定し，遡及保険が認められることを記している（なお，協会貨物約款では，被保険利益を契約の有効性の問題としてではなく，保険金請求のための要件として規定していて，日本の考え方と相違がある）。

6-2 継搬費用

　運送人は，運送契約上，やむをえない一定の場合に途中で輸送を打ち切ることが認められている。荷主は，輸送が打ち切られた場所から仕向地まで貨物を搬送しなければならなくなる。そこで，協会貨物約款では，保険で対象としている危険が作用した結果，運送打切りとなった場合に，貨物を荷卸しして，保管し，仕向地まで継搬するための追加費用を支払いの対象とする（12条。A条

---

[4] 抜き荷とは，梱包等から荷物の一部を抜き取ることをいう。

件，B条件，C条件共通）。免責危険や被保険者の過失・債務不履行などによって運送が打ち切られた場合は対象外となる。

6-3 推定全損

以下の場合にのみ推定全損（⇒第4章7-2）が認められる（13条。A条件，B条件，C条件共通）。

- 全損が避けがたい場合
- 貨物の回収，補修および仕向地までの継搬に必要な費用の合計が到着時の貨物の価額を超える場合

これらの場合，イギリス法では，被保険者から保険者に対する委付の通知（⇒第4章7-2）が必要であるが，日本では，委付の手続きは行わずに，推定全損に該当するといえる場合には全損を認定して保険金額の全部を支払っている。

6-4 損害の軽減

被保険者，その使用人，代理人は，損害の回避・軽減のための合理的な措置を行う義務および運送人その他の第三者に対する権利を保全し行使する義務を負う。そのための合理的費用は保険金に加えて支払われる（16条。A条件，B条件，C条件共通）。

6-5 法律・慣習

19条（A条件，B条件，C条件共通）は，イングランドの法律および慣習に従うことを規定する。ただし，協会貨物約款のこの条項は，日本では，保険証券本文に，保険責任と決済のみについてイングランドの法と慣習に従うことの条項を加えて，イギリス法の適用範囲を狭めている（⇒第3章2-4）。

7 戦争リスクに対する補償

7-1 戦争リスクと保険の補償

協会貨物約款は，戦争リスクを免責としている（6条。A条件，B条件，C条件共通）。戦争リスクは，冒険貸借の時代から今日まで海上における最も重要なリスクの1つである。冒険貸借では，戦争リスクも対象としていたが，そこから生まれた海上保険においても戦争リスクは保険で対象とする危険に含まれていた。こうした取扱いが長く続き，ロイズS.G.保険証券様式の本文でも，保険の対象とする危険に戦争関係のリスクも掲げられていた。

しかし，戦争リスクは，当該地域全体に広がる広域性を有し，リスクの特性がマリン・リスクとそもそも異なっている。また，保険料率を算定するうえで，マリン・リスクは，貨物の性質，輸送方法，航路，時期，梱包などによってリスクが異なり，保険の目的物や貨物輸送の個別の状況をもとに保険料率が決定されるが，戦争リスクは，特定地域の情勢に対するリスクであり，貨物の種類，梱包方法，運送方法などにほとんど関係しない。また，短期間にリスク状況が激しく変化するという特徴を有する。

ストライキ，テロ・リスクも戦争リスクに近い面がある。そこで，現在では，協会貨物保険では，マリン・リスク，戦争リスク，ストライキ・リスクの3つを切り離し，マリン・リスクに対する協会貨物約款では，戦争とストライキ・リスクを免責としたうえで，別途，特約によって保険につける方式になっている。

7-2 戦争リスクに対する保険約款

戦争リスクを対象とする場合は，保険約款として，協会戦争約款（貨物）(Institute War Clauses〔Cargo〕：以下，戦争約款という）が利用される。戦争約款は，全14カ条の条文からなり，協会貨物約款とほぼ同じ条文の配置構造をとり，担保危険（1条），共同海損（2条），免責事由（3条），輸送条項（5条），航海の変更（6条），条項の効力に関する注意（7条）を除く他の条文は，協会貨物約款におけるそれぞれの表題の条項と同一の条文になっている。

7-3 戦争約款で対象となる戦争リスク

戦争約款では，協会貨物約款6条で免責となった以下のリスクが補償の対象となる。

> - 戦争，内乱，革命，謀反，反乱もしくはこれらから生じる国内紛争，交戦国との間のすべての敵対行為
> - 上記危険から生じる捕獲・だ捕・拘束・抑止・抑留，またはそれらの結果，一切の意図
> - 遺棄された機雷・魚雷・爆弾，その他の遺棄された兵器

また，以上の危険によって生じる貨物の損害に加えて，これらの危険を避けるための共同海損・救助料も支払いの対象となる。

戦争約款に掲げられている各種危険の用語は，商業上の用語であるので，宣戦布告の有無を問わず，社会通念上，戦争と認められるものを含み，内乱，武力革命なども含まれる。遺棄された兵器など，平時における危険も対象となる。

一方，協会貨物約款4条で免責の1つとして掲げられている原子力兵器関係は，戦争約款でも免責が維持されている（3条8項）。その他，協会貨物約款で記載されている各種の免責は，戦争約款でも免責として規定されている（3条）。

なお，イギリスの判例法では，航海や航海事業が喪失・中絶した場合，貨物が無傷であっても貨物の全損が認められる。それに対し，戦争約款は，航海等の喪失・中絶が戦争危険によって生じた場合でも，航海の喪失自体を根拠とする請求は認めないことを免責として明確化している。

7-4 戦争リスクに対する保険期間

協会貨物約款では，仕出地（輸出地）の倉庫を離れたときから仕向地（輸入地）の倉庫に搬入されるまでの全期間が保険の対象となるが，戦争リスクについては，貨物が海上にある間しか保険の対象とならない。この取扱いは，1930年代にさかのぼるもので，当時，ロンドンのロイズや保険会社が，陸上の戦争リスクを引き受けないことを合意した慣習が現在も続いているものである（この合意は，Waterborne Agreementといわれている）。

戦争約款において，戦争リスクに対する保険の補償期間は，貨物が本船に積み込まれたときから輸入地で外航船舶から荷卸しがなされたときまでとなる。ただし，外航船舶が仕向地の港に到着したが荷卸しが遅れている場合は，到着日の午後12時から15日経過したときまでとなる。

8 ストライキ・リスクに対する補償

8-1 ストライキ・リスクと保険の補償

協会貨物約款では，ストライキ・リスクは免責されている（7条。A条件，B条件，C条件共通）。ストライキ，暴動などのほか，テロ・リスク，政治的，思想的または宗教的動機からの活動なども免責として記されている。

海上保険は，発生のときから，海上冒険に伴う各種のリスクを包括的に対象とする保険として生成してきたが，ストライキ等のリスクは，マリン・リスクと性格が異なり，地域や時間によってリスクが大きく変化するもので，戦争リスクと同様に，マリン・リスクに対する補償においては免責としておき，別途，保険につける方式になっている。

8-2 ストライキ・リスクに対する保険約款

ストライキ・リスクを対象とする場合は，保険約款として，協会ストライキ約款（貨物）(Institute Strikes Clauses〔Cargo〕1/1/09：以下，ストライキ約款という）が利用される。ストライキ約款は，全14カ条の条文からなり，協会貨物約款とほぼ同じ条文の配置構造がとられていて，担保危険（1条），共同海損（2条），免責事由（3条）を除く他の条文は，協会貨物約款におけるそれぞれの表題の条項とまったく同じ条文になっている。

8-3 ストライキ約款で対象となるリスク

協会貨物約款7条で免責となった以下のリスクが対象となっている。

- ストライキ参加者，職場閉鎖を受けた労働者，労働紛争・暴動・騒乱に

加わった者
- 一切のテロ行為
- 政治的，思想的または宗教的動機から行動する一切の者

　一方，免責としては，協会貨物約款における各種免責と同じ免責が適用される。加えて，ストライキ等から生じる労働不足や就業拒否から生じる損害は免責となっている。すなわち，ストライキやテロによって貨物が破壊された場合は保険の補償の対象となるが，労働力不足による損害は対象とならない。なお，通常，テロ免責約款が加えられ，その結果，テロ危険に対する補償は，通常の輸送過程にある輸送中に限定される。

8-4　ストライキ・リスクに対する保険期間

　保険期間は，協会貨物約款と同じである。したがって，陸上輸送中であっても，保険期間内の事故は補償の対象となる。

9　貨物の特性に応じた特殊な補償

　協会貨物約款において最も広い範囲の補償を提供しているのは，A条件である。しかし，A条件においても，保険の対象は，保険の目的物の滅失または損傷の一切の危険 (risks) である。一方，免責規定の1つとして，貨物の固有の瑕疵や性質が記されている。また，通常の漏損，重量の減少なども免責となっている。
　これらの免責は，イギリス1906年海上保険法においても免責として記されており，保険事故としての要件である偶然性に問題がある事象である。しかし，かつては日常的に，いわば必然的に生じていた事故であっても，現代では，輸送技術の高度化によって発生可能性がきわめて低くなっている場合がある。こうした場合に，ビジネスにおけるニーズを踏まえて，特定の性質危険を補償の対象とする場合がある。その場合の文言は，さまざまであるが，たとえば，A条件に加えて，果物や肉の腐敗・変質を追加する場合，「いかなる原因であるかを問わずに腐敗・変質 (decay and deterioration howsoever caused)」による損

害といった条件の記載を行う。こうした追加は，一定温度による輸送をワランティ（⇒第4章5-3）として設定したり，一定歩合の損害を控除（⇒第4章7-4）としてそれを超える場合に初めてその超過部分を支払うなどの方式をとる場合が多い。果物や肉の腐敗や変質は，貨物の性質によるものであるが，このような条件を設定することにより，偶然性がある事象として補償の対象とすることが可能となる場合がある。こうした特約のその他の例としては，原材料，液体貨物について「いかなる原因であるかを問わずに減量・不足損害をてん補する（shortage howsoever caused）」，液体化学品について「いかなる原因であるかを問わずに変色をカバーする（discoloration howsoever caused）」などがある。

なお，「いかなる原因であるかを問わずに」と記されていても，これは，担保危険として対象に加える意味であり，性質損害に関する免責を排除する意図の文言として解釈すべきものである。当然ながら，被保険者の故意による場合や原子力による場合などは，免責条項が適用され，補償の対象とはならない。

第7章
海運と船舶保険
Marine Transportation Business and Hull Insurance

Introduction

　本章と次の第8章では，船舶保険について学ぶ。

　船舶保険は，海運ビジネスにおける船舶についての保険である。一般に，海運というと，船を所有して，管理し，船長や乗組員を乗せて運航し，営業活動をして荷物を集めて運送するイメージを持つだろう。しかし，海運では，1つの企業がこれらを全部行う場合もあるが，それらの機能を分化したさまざまなビジネスが展開されている。とりわけ，グローバルな外航の海運ビジネスは，厳しい国際競争にさらされていて，最も効率的な仕組みがグローバルに展開されている。

　本章では，最初に，船舶保険を理解するうえで必要な海運ビジネスや制度について，基礎的な事項を確認する。船舶にもいろいろな種類があること，船舶金融，グローバルに展開される船舶の運航形態，傭船や船舶管理などについて概要を理解したうえで，船舶の運航に伴うリスクとそれに対する保険の種類を学ぶ。続いて，船舶保険の締結関係の重要な事項を学び，最後に保険金請求手続きについても確認する。

136　第7章　海運と船舶保険

1　船舶保険の対象とその多様性

1-1　船舶保険の対象

　船舶保険にはいろいろな種類があることは，すでに第1章で説明したが，船舶保険は，海上に浮かぶ各種の財産を対象とする保険である。対象となる財産には，商船，客船，作業船，艀，浮動式装置など，自航可能な船から曳航されるものまでさまざまなものがある。洋上ホテル，洋上のタンクその他の移動しない海上設備も，船舶保険の領域で引き受けられている。しかし，船舶保険の中心は物資を輸送する各種船舶となる。

1-2　船舶の種類

　船舶にもいろいろな種類があり，その目的によって分類できる。分類方法や名称は，必ずしも確立したものはないが，一般的には，以下のように整理できる。

　まず，目的が公的目的か私的目的かで分けることができる。前者は，軍艦，巡視艇などである。後者の私的目的の船は，海上における特定の作業や目的のためのものか海上の輸送手段かによって分けることができる。特定の作業のための船舶としては，漁業のための漁船，海洋工事等のための作業船，調査船，救助船，船舶の移動のための曳船（tugboat），レジャーのためのプレジャー・ボートなどがある。

　運送の手段としての船舶は，運送する対象が人か貨物かによって，旅客船，貨物船，両方を対象とする貨客船に分けることができる。旅客船には，フェリー，客船，遊覧船，動力設備を持たない帆船などがある。貨客船には，カーフェリーなどが該当する。貨物船は，積載する貨物の特徴に応じて，種々の貨物を載せる一般貨物船，コンテナを積載するコンテナ船，専用の目的の専用船などがある。専用船には，液体貨物を積載する油送船（タンカー），燃料ガスを積載するLPG船，LNG船，自動車のみを積載する自動車専用船（pure car carrier：PCC），木材専用船などがある。また，航行設備を有さない艀も輸送用に利

図7-1　日本の外航海運企業が運航する商船の船種別隻数・トン数（2017年度）

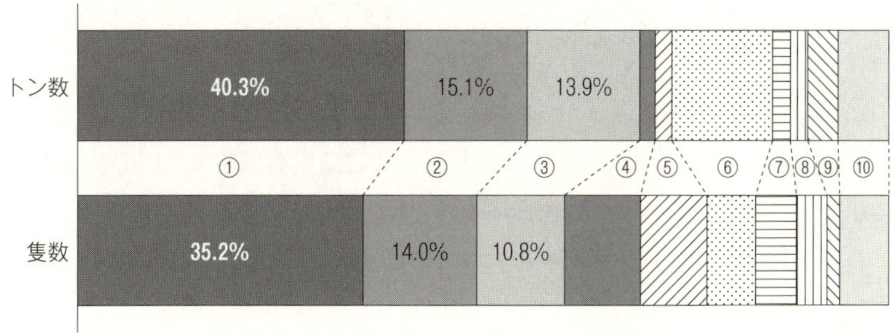

図中の①〜⑩は以下の表の①〜⑩に対応する

	隻数		トン数	
①ばら積み船	866	(35.2%)	47,488	(40.3%)
②自動車専用船	344	(14.0%)	17,822	(15.1%)
③フルコンテナ船	265	(10.8%)	16,408	(13.9%)
④一般貨物船	231	(9.4%)	2,225	(1.9%)
⑤化学薬品船	201	(8.2%)	2,391	(2.0%)
⑥油送船	147	(6.0%)	14,598	(12.4%)
⑦LPG船	122	(5.0%)	2,530	(2.1%)
⑧チップ専用船	93	(3.8%)	2,530	(2.1%)
⑨LNG船	39	(1.6%)	4,468	(3.8%)
⑩その他	150	(6.1%)	7,430	(6.3%)
合計	2,458	(100.0%)	117,890	(100.0%)

（出所）　海事レポート2018（国土交通省）に基づいて筆者作成。

用される。

　民間の輸送目的の種々の船舶を包含して，一般に，**商船**と呼んでいる。商船の主な種類とそれぞれの隻数・トン数は，図7-1のとおりである。

　商船は，船舶が航行する領域によって，日本国内のみで移動する**内航船**と日本国外までも航行する**外航船**に分けることができる。

　当然ながら，各種の船舶の大きさや価額もさまざまである。スーパータンカーと呼ばれるもの（very large crude carrier：VLCC）には，全長で約460メート

ル，幅約70メートルのものまである。立てたとすれば，東京タワー（333メートル）の1.5倍の高さに及ぶ。LNG船や客船は，価額が高く，豪華客船の中には建造金額が500億円を超えるものも存在する。

船舶輸送で積載する貨物はいろいろあるが，航空輸送との違いは，重量物や大量の貨物を一度に輸送できることである。自動車専用船では，6000台以上の車を一度に積載できる。巨大タンカーでは，数十万トンの原油が積載される。

自動車保険であれば，保険の対象は自動車であり，自動車自体に大きな差は存在しないが，船舶保険では，その対象は，大きさ，価額，機能，運航する場所などさまざまである。船舶が利用されるビジネス自体にも違いがある。こうした多様性は，船舶保険の大きな特徴といえる。

さまざまな船舶の中で，商船に対する保険が最も一般的なものであり，以下では，商船を中心として扱う。

2　海運ビジネスと船舶の運航形態

2-1　複雑な当事者関係

多くのビジネスにおいては，事業者が設備を所有し，それを利用してビジネスを行っている。海運においても，船舶を所有して，荷主への営業活動を行い，貨物を輸送して利益をあげるというのが基本的な形態である。しかし，今日，海運のビジネスにおいては，船舶の所有とそれを利用した運送とは，必ずしも同一主体によるものではなくなっている。とりわけ，外航海運では，厳しい国際競争にさらされるなか，事業の中身を分解して，それぞれを最適な国において実施するようなグローバルなビジネスが広がっている。その結果，船舶の関係当事者は複数国に存在し，船舶に事故が生じた場合には複数の国の関係者の利害調整が必要となる場合が多い。

船舶保険を理解するためには，海運ビジネスにおける関係当事者を知っておく必要がある。海運ビジネスの形態には種々のものがあるが，その1つの例として図7-2を見てほしい。これは，ごく一般的な関係であるが，船舶をめぐっていろいろな関係者が存在することがわかるだろう。保険は，いろいろな当事

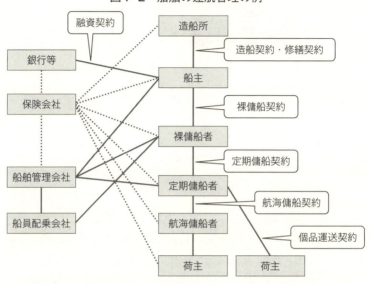

図 7-2 船舶の運航管理の例

(注) 裸傭船契約，定期傭船契約，航海傭船契約については 2-5, 2-7 を参照。

者のリスクを対象としている。

2-2 船舶の建造と関係する保険

　海運を行うためには，まず船舶が必要である。その入手法としては，すでに存在する中古船舶を購入するか，借り入れるか，または新たに建造するかとなる。建造中のリスクに関する各種保険については，第 12 章第 2 節において解説する。

2-3 船舶金融

　船舶の建造や購入には多額の資金が必要となるが，そのために預金を準備しておくことは，容易でないうえ，企業経営としても必ずしも合理的でない。そこで，資金を銀行等から調達することになる。船舶を得るための資金の調達方法として最も一般的なものは，船舶という資産を担保とするアセット・ファイナンスである。

図 7-3　抵当権・質権の概念図

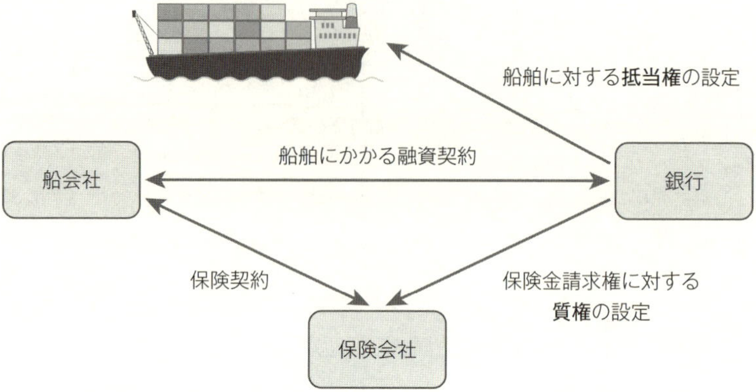

　銀行は，融資の担保として，船舶に対して抵当権を設定する。船舶自体は動産であるが，総トン数 20 トン以上の船舶は，船舶登記を行って船舶国籍証書の交付を受けることを義務づけられており（改正商法 686 条，船舶法附則 34 条），船舶に抵当権を設定することができる。抵当権設定の登記をしたときには，第三者への対抗力が生じる。そこで，銀行は，船舶に対して抵当権を設定し，それにより，銀行は，借り手が借入金の返済ができなくなった場合に，船舶を競売に付して貸金を回収することが可能となる。
　しかし，船舶を担保とするアセット・ファイナンスにおいて，貸し手にとって最も心配になるのが，船舶というアセット自体の損害である。海難によって担保物が消失してしまうリスクがある。そこで，銀行は，船舶保険をつけることを船主に求め，かつ，その船舶保険の保険金請求権に**質権**を設定する。質権とは，担保権の1つで，債権者（銀行）は，債権（融資）の担保として質権の設定者（船主）から目的物（保険金請求権）を預かり，その支配下に置き，債務者（船主）からの返済が滞った場合に，この目的物から優先的に債権の回収を図るものである（図7-3）。
　質権のうち典型的なものは，宝石などの動産を質屋に預け置いて質屋からお金を借りるといったもので，これは，動産質と呼ばれる。船舶保険の場合は，保険金請求権という権利を質に入れて（権利質という），保険金請求権を債権者（銀行）の支配下に置くことで，設定者である船主は保険金を自由に受領でき

なくなる。こうした方法によって、船舶に損害が生じた場合に、銀行は、保険金を取得することが可能となる。銀行が債権を行使する方法としては、そのほか、抵当権に基づいて保険金請求権に物上代位して債権を回収する方法もあるが、実務上の難点があり、質権設定という方法が広く利用されている。

もっとも、船舶に対する損害は、多くの場合は、その一部の損害（分損）であり、保険会社は修繕費に対する保険金を支払う。修繕費は、船舶の価値の復元に必要なものであり、銀行が質権を行使して保険金を取得する場合は例外的で、通常、船主に対する保険金支払いに同意する。なお、船舶保険では、船舶間の衝突について相手船とその貨物等に対する賠償責任も支払いの対象としている。しかし、賠償責任の保険金は、本来、相手方の損害の回復のために利用される金銭であり、保険法は、賠償責任保険の請求権に対して質権を設定することは認めていないので（22条3項。強行規定）、船舶保険の保険金請求権のうち、賠償責任保険金請求権部分に対しては、質権設定は認められない。

日本の船会社が船舶を運航していても、船舶の所有者は外国法人である場合がある。質権は、日本法における制度で、英米では、それと同じ法律制度が存在しない。そのため、外国の船主に対する保険契約においては、銀行等の融資者の要望を満たす方法として、保険金請求権を被保険者から銀行等へ譲渡（assignment）し、この譲渡に基づき保険契約上では、保険金支払先として銀行等を指定する条項（Loss Payable Clause）を保険契約に加えて、保険会社は指定された支払先に保険金を支払えるようにしている。

このように、船舶には、銀行が大きな利害関係を有している。銀行は、融資金額を踏まえて船舶の価値に対して十分な保険金額の設定を求める。船舶保険は、円滑な融資において重要な機能を有していることに注目すべきである。

2-4　船舶の国籍

船舶は、私法上や公法上の理由から、それを識別できるように、名称・番号、積量、船籍港などを登録することが求められている。船籍港は、船舶を登記・登録して、船舶国籍証書の交付を受ける地である。船舶所有者は、日本船舶として日本国籍を得るためには、船舶法の要件を満たして登記を受けなければならない。

図7-4 日本の外航船の船籍

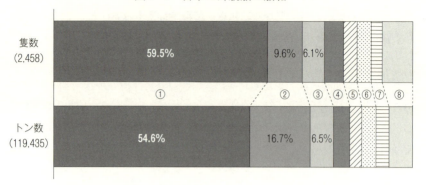

図中の①〜⑧は以下の表の①〜⑧に対応する

	トン数		隻数	
①パナマ	65,182	(54.6%)	1,462	(59.5%)
②日本	20,002	(16.7%)	237	(9.6%)
③リベリア	7,786	(6.5%)	151	(6.1%)
④シンガポール	5,382	(4.5%)	131	(5.3%)
⑤香港	4,004	(3.4%)	93	(3.8%)
⑥マーシャル諸島	4,785	(4.0%)	97	(3.9%)
⑦バハマ	4,433	(3.7%)	77	(3.1%)
⑧その他	7,851	(6.6%)	210	(8.5%)
合計	119,425	(100.0%)	2,458	(100.0%)

（出所）　海事レポート2018（国土交通省）に基づいて筆者作成。

　日本国籍の船舶となった場合には，船員の配乗や税制についても日本国の法律に基づくことになる。日本国籍の場合は，日本法に基づく規制を満たす必要があることから，外航船舶の場合，国際競争において厳しい面もある。そのため，外航の分野では，税制や規制面で有利と考えられる国に船舶を登録する方式が広がっている。実質的所有者が属する国とは異なる国に登録した船舶を**便宜置籍船**（flag of convenience ship）と呼ぶ。実際に，国土交通省「海事レポート2018」では，日本籍船は，隻数では1割に満たない（図7-4参照）。便宜置籍船の場合，船会社は，パナマやリベリアなどに法人を設立し，その会社が船

舶の所有会社となり，そこから船舶を賃借して運航にあたる方式がとられる。登録上の所有者と実質的な所有者・運航者の分離は，外航分野の船舶保険の前提に存在する問題として理解しておく必要がある。便宜置籍船の場合は，所有者が外国の法人となり，また，船舶金融における必要性なども関係し，英文による保険契約が必要となる場合が多い。

2-5　船舶の賃貸借

　船舶を利用して海運事業を行う場合，必ずしも船舶を所有する必要はない。船舶を所有せず運航する方法として，基本的なものとして船舶の賃貸借がある。賃借人は船舶を借り入れて，船長や乗組員を配乗させて運航する。所有者と賃借人の関係は，その賃貸借契約に基づく。こうした賃貸借は，海運ビジネスにおいて世界的に広がっており，船舶賃貸借のための契約は，一般に，裸傭船契約（bareboat charter）と呼び，その賃借人を裸傭船者（bareboat charterer）と呼んでいる。

　船舶賃借人（裸傭船者）は，船舶の運航において船舶に損傷が生じた場合はその修繕を行う責任を負っている場合が多い。また，船舶の所有者と同じく，第三者に対して直接権利を有するとともに義務を負う。日本の場合，改正商法において，船舶賃借人は船舶の利用に関しては第三者に対して船舶所有者と同一の権利義務を有することが規定されている（703条）。外国においてもほぼ同じである。

　日本の船会社がパナマなどにおいて船舶を登録する場合は，パナマに設立した法人（船舶所有者）から船舶を借りて運航している。こうした場合は，船舶所有者だけでなく，裸傭船者のリスクについてもあわせて保険につけておく必要がある。

2-6　船　　員

　船舶の運航には船員が必要である。船員は，船長のほか，航海士，機関長などの海員などからなる。そのうち，船長は，その船舶の指揮権を有し，船主の代理人として一定の範囲の事項について代理権を有する。船長には，船舶の安全な運航を確保して海上の危険から船舶を守るために種々の職務と権限が与え

られている。保険の観点でとくに重要な点として，船長には，救助のための契約の締結や航海継続のために必要な場合の積荷の処分などが認められている。

船員の手配を行う船員の配乗業者も存在する。日本では，船員の高齢化が進み，さらに，人口が減少するなか，これから船員になる人の数についても厳しい見通しを持たざるをえない状況にある。そのため，日本の船会社は，伝統的な海洋国家であるフィリピンに船員を養成する教育機関を設立して運営するなどの取組みも行っている。

2-7　船舶の傭船

船舶賃貸借の場合は，船舶をいわば「裸のまま借りて」船長やその他の船員を手配して運航するが，さらに，自らは船長や船員を雇用せずに船舶を利用する方式も広く利用されている。それが**定期傭船**（time charter）である。これは，傭船料を支払って，船長や船員付きで船舶を特定の期間利用する方式である。特定の期間は，数年に及ぶこともある。この方式により，船舶を運航する者は，船長を含む船員を雇わずに海運ビジネスに参加することができる。

また，特定の航海についてのみ，運送のために，船舶の一定のスペースを賃借するのが，**航海傭船**（voyage charter）である。航海傭船では，船の積載スペースの全部を対象とする場合もあれば，一部を対象とする場合もある。

スペースを賃借する航海傭船に対して，特定の荷物を引き取って運送する方式を個品運送という。

2-8　船舶の管理会社

船舶は，定期的にメインテナンスが必要で，船舶の工務管理に加え，運航管理や船員配乗管理などが必要となる。こうした管理業務を専門の会社に外注する場合も多く見られる。外航海運においては，航路や法制面で有利な場所の管理会社が選択される場合がある。シンガポールでは多くの船舶管理会社が営業していて，日本の船会社がそれに船舶の運航管理を委託する場合もある。管理会社は，船舶保険の手配を行う場合もある。

3 船舶の運航に伴う各種リスクと保険

船舶の運航においては，以下のように，さまざまなリスクが存在する。

(a) 船舶の損傷による損害
　　　財産の減少，費用の支出，稼働不能による収益の減少
(b) 各種の民事責任の負担
　　　船舶間の衝突による賠償責任
　　　岸壁やその他の財産に対する賠償責任
　　　運送貨物に対する賠償責任
　　　乗組員，乗客に対する賠償責任
　　　油濁等による賠償責任
(c) 船舶運航に伴う刑事責任
(d) 運賃市況の下落，燃料の高騰
(e) 戦争等による航行不能
(f) 差押え等による航行不能，など

以上のうち，船舶の物的損害は，船舶保険の補償の対象となる。船舶の物的損害による不稼働損失は，船舶不稼働損失保険で補償される。各種の賠償責任については，船舶間の衝突を原因とする相手船の財産損害に対する賠償責任は，船舶保険で対象となっているが，その他の各種の賠償責任や費用損害は，P&I保険の対象となっている。以下では，主として，船舶の物的損害に対する船舶保険について解説する。P&I保険については，第11章で解説する。

4 日本で利用されている標準約款

4-1 約款の種類

船舶保険には，いくつかの種類があるが，そのうち最も一般的なものは商船の物的損害と船舶間の衝突賠償責任を補償する普通船舶保険である。船舶保険

は，保険が1年間などの期間に対してか，特定の航海に対してか（その場合，具体的な日数は変動しうる）によって，定期保険契約と航海保険契約に分かれる。航海保険契約は特殊な場合の利用となり，ほとんどの契約は1年単位の定期保険契約となる。そこで，以下では，定期保険契約を対象として説明する。

定期保険契約は，保険証券とその約款が日本語によるか英語によるかで利用する保険約款が異なる。日本語の保険証券・保険約款の場合は，船舶保険普通保険約款に特別約款を加えたものが利用され，和文約款と称されている。一方，英語の保険証券が利用される場合は，約款として，日本における船舶期間保険6種に相当する内容を英文で示したもの（Institute Time Clauses〔Hull〕Amended）またはイギリスの協会船舶期間保険約款（Institute Time Clauses〔Hull〕：以下，ITCという）が利用されている。

4-2 和文約款

現在利用されている和文約款の歴史は長く，1898年には，それまで各社が利用していた普通保険約款の統一が図られた。その後，その抜本的見直しがなされ，日本の実情を踏まえつつもイギリスの約款に接近する約款として，1933年に，日本海上保険協会によって，海上保険（船舶）普通保険約款および支払いの対象とする損害の範囲に応じた第1種から第5種の特別約款が制定された。これは，保険業界における共通の約款として長く利用された。第二次世界大戦後，1963年に日本船舶保険連盟が結成され，同連盟は，独占禁止法の適用除外が認められ，保険料率の算出，保険約款・特別約款の制定，損害査定面における検査や完工検査などを行い，日本の船舶保険の安定的な発展に寄与した。1965年には，保険約款は，口語体に変更された。その後，1987年には，イギリスの約款と遜色のない補償内容を提供すべく第6種特別約款が制定され，1990年には普通保険約款の全面的な改定もなされた。

その後，世界的な金融自由化，規制緩和の流れのなか，1996年施行の保険業法の抜本的改正により，船舶の元受保険における独占禁止法の適用除外は廃止され，共同行為として共通の約款を用いることはできなくなり，1997年に日本船舶保険連盟も解散となった。その後は，約款や保険料率は，各社ごとに作成・算出することになった。

現在，船舶保険普通保険約款と特別約款を組み合わせたいわゆる和文約款は，会社間で文言に若干の違いはあるが，過去から利用してきた約款・特別約款をベースにして改定を行っているので，会社間の違いはさほど大きくはなっておらず，マーケットとしての標準が維持された形になっている。船舶保険は，引受件数が少ない一方，巨額のリスクを扱うことから，共同保険や再保険の仕組みが不可欠となる。そうした背景からは，各社の保険約款に大きな違いがないことが望ましい状況にある。

和文約款は，日本法に準拠して，裁判管轄は，保険会社の本店所在地の管轄裁判所（東京地裁）と規定されている。

和文約款における補償の内容については，次章で詳しく説明する。

4-3 ITC-Amended

この約款は，ITC-Amended 6種（ITC-Hulls Amended for Japanese Clauses Class No.6）と呼ばれるもので，イギリスの標準約款であるITCを利用しながらも，その内容を和文約款（第6種特別約款付き）と同様になるように修正したものである。便宜置籍船など，外国で船舶を登録していて実質の所有者が日本に所在する会社である場合などに利用される。準拠法は日本法となっている。

4-4 イギリスの船舶保険約款

そのほか，日本では，イギリスの標準約款を利用した保険契約も締結されている。この約款は，上記のAmendedと対比して，Pure ITCなどと呼ばれている。

日本の保険会社がイギリスの船舶保険約款を利用した保険契約を締結する場合，イギリスの約款は，イギリス法準拠の約款となっていることから，適法性や契約締結に関する事項については日本法準拠，その他のてん補責任や決済についてはイングランドの法に準拠する旨のイギリス法準拠約款を加えるのが一般的である。この準拠約款は，文言に若干違いはあるが，外航貨物保険におけるイギリス法準拠約款と同じ性格の約款である。

5 世界の主要市場における標準約款

　日本では，1939年制定の旧保険業法が1995年に全面的に改正され，各社で独自に船舶保険の保険約款を作成する状況となったことから，現在は，日本におけるいわゆる標準約款は存在しない。一方，世界の海運主要国では，市場における標準的な約款が作成・利用されている。船舶保険は，巨額になるさまざまなリスクを対象とし，保険約款の構造も複雑になる一方，船舶の数も限られ，共同保険や再保険が必要となる保険である。理論的に見た場合，こうした特徴を有する船舶保険について，専門的なノウハウに基づいて標準的な約款を作って利用することは，市場におけるビジネスの効率性を高めるとともに，約款解釈に伴う法的安定性を高め，さらには，保険約款の国際的競争力を高める意義があるはずである。

　なお，以下に紹介する国においては，標準約款の使用が強制されているものではなく，それを利用するかしないかは契約当事者の自由となっている。

5-1　イギリスの船舶保険約款

　ロンドンでは，長年にわたり，船舶と貨物で共通するロイズS.G.保険証券様式をもとにして，それに添付する船舶用の約款として1889年にInstitute Time Clauses-Hulls（協会船舶期間保険約款）が制定されて利用されていた。その後，約100年間にわたり，協会期間保険は，改定を重ねながら，ロイズS.G.保険証券と組み合わせる形で利用されてきた。しかし，1982年には，ロイズS.G.保険証券様式が廃止され，協会約款・特別約款も抜本的に改定され，MARフォーム（⇒第6章第2節）とともにそれに添付する協会期間約款として，1983年にInstitute Time Clauses-Hulls 1983（1983年協会船舶期間保険約款。以下，ITC 1983という）が制定された。

　その後，ITC 1983は，船舶管理上の対策を考慮して1995年に改定されたが，市場からは受け入れられなかった。それを踏まえ，広く利用者の意見も取り入れて，2002年には，名称も一新して，国際船舶約款（International Hull Clauses）として改定され，2003年にはさらにその改定も行われたが，この約款も市場

からは受け入れられず，現在でも，ITC 1983 が広く利用されている現状にある。日本でイギリスの約款を利用する場合も，ITC 1983 が利用されている。

　イギリスの ITC は，世界的な影響力を有する保険約款となっていて，日本でも，先に述べたとおり，外国籍の船舶の場合に利用される場合がある。もっとも，外航貨物海上保険の分野では，協会貨物約款（ICC⇒第5章5-2）の利用が国際標準となっているが，船舶保険の場合には，協会約款はそこまで支配的な約款になっているとはいえない。外航貨物海上保険では，貨物が異なる国の間を移動し，リスクも移転し，保険証券も譲渡される場合が多く存在するが，船舶保険では，こうした保険証券の譲渡は，原則としてなされないので，保険証券・約款を国際的に流通させる要請は強くない。こうした点で，同じ外航でも，船舶保険と貨物保険で保険約款の利用をめぐる状況に相違がある。

5-2　北欧の船舶保険約款

　近年，国際的に重要な約款として競争力が高まっているのは，北欧諸国による北欧海上保険通則（Nordic Marine Insurance Plan）である。北欧の国の中でも，ノルウェーでは，海運国としての長い歴史の中で古くから船舶保険約款が作成されていて，1871 年にはノルウェー海上保険通則（Norwegian Marine Insurance Plan）の原型が作成されていた。この通則は，イギリスの保険約款とは性格が異なり，法律規定なども織り込んで，自足的な契約規則として作成されている。また，保険者のみならず，保険の利用者，損害査定関係者，弁護士，大学教授等の専門家が加わって合同で作成したものとなっている。ノルウェー海上保険通則は，その後，数次の改定を経て利用されていたが，2013 年には，北欧海上保険協会（Cefor）が音頭をとり，ノルウェー，デンマーク，スウェーデン，フィンランドの各船主協会も加わって，1996 年版（2010 年改定版）をもとに，その名称も 2013 年北欧海上保険通則（Nordic Marine Insurance Plan of 2013）に変更し，また，正式言語を英語にした。現在の最新版は，2013 年版を改定した 2016 年改定版である。

　北欧海上保険通則は，保険を利用する側の意見を多く取り入れた点に最大の特徴があり，オール・リスクを出発点にした補償となっている。また，保険契約の全体にわたって体系的に規定を整理して，国内法によらないですむような

自足的な内容になっている。さらに，解釈に疑義が生じるたびに，通則の修正を行い，改良を重ねている。そのため，2，3年に一度は改定されている。また，通則の解説などもインターネット上に公開していて，透明性を高めている。

5-3　米国の船舶保険約款

米国は，世界第一の経済大国であるが，海上保険については，世界の主導的な地位にはなく，船舶保険の保険料も日本や中国よりもはるかに少ない（⇒第2章5-2）。米国の企業保険分野では，保険ブローカーが各種の約款（ブローカー約款という）を作成して，その書式をもとに契約当事者に保険契約の締結を求める場合が多い。しかし，船舶保険の領域では，標準約款も作成されている。

米国では，1898年に米国海上保険者協会（The American Institute of Marine Underwriters）が設立され，船舶の標準約款として，American Institute Hull Clausesが制定され，その後，数回改定されている。今日利用されているのは，2009年に改定されたものである。米国約款は，イギリスにおけるロイズS. G. 保険証券様式と協会船舶保険約款の抜本的な改定を真似せずに，100年以上前からの約款を改良してきたものとなっている。

5-4　ドイツの船舶保険約款

ドイツでは，1919年に船舶と貨物に共通する海上保険普通保険約款（Allgemeine Deutsche Seeversicherungsbedingungen：ADS）が制定された。ADSは，商法（当時）における海上保険の規定を補い，自足的に完結した，いわば生きた法といえる標準約款として作成されたものである。日本の研究者からも高く評価された模範的な約款である。船舶保険では，それに特別約款を加える形で，標準約款であるDTV-ADS 2009が作成されている。

DTV-ADS 2009は，保険業者のほかに，海上保険を専門とする弁護士・大学教授等の力を得て，モデル約款として作成されている。種々の事項について詳細に規定する精緻な約款で，全91ヵ条からなる。準拠法はドイツ法として，裁判管轄はハンブルクかブレーメンのいずれかを保険者が選択できる方式となっている。英語の参考訳も公表されているが，国際市場において広く利用される状況にはなっていない。

6 船舶保険契約の締結

6-1 保険契約者

　保険契約者は，保険契約を締結する者で，保険料の支払い，重要事項の告知，その他の義務を負う。保険契約者は，被保険者とともに，告知等の義務を負うことから，船舶保険では，船舶の運航と管理を実際に行っている者が保険契約者となる必要がある。船舶を所有して自ら運航している場合には，その会社が保険契約者になるが，裸傭船をされている場合は裸傭船者，運航管理を管理会社に委託している場合には船舶管理会社が，通常，保険契約者になっている。

6-2 被保険者

　被保険者は，保険事故が生じた場合に損害を被る者である。船舶保険では，船舶の財産としての価値や船舶衝突による賠償責任の負担を支払いの対象とする。損害の負担者は，船舶の所有や管理の形態によって異なってくる。船舶を所有して自ら運航している場合には，その会社が被保険者となる。裸傭船をしている場合や船舶の管理を管理会社に委託している場合は，それらの契約内容によって損害の負担者が異なってくる。一般に，裸傭船の場合は，船舶の滅失などの場合は，船舶所有者のリスク負担，運航上で生じた部分的損害の修繕などは裸傭船者のリスク負担となっていることが多い。船舶の衝突賠償責任については，通常，運航上の過失として裸傭船者に課せられるが，賠償責任にもいろいろな種類があり，条約や適用される国の法律によっては船舶所有者に課される場合もある。たとえば，原油を輸送するタンカーについては，その油濁損害に対する責任は船舶所有者が負担する（船舶油濁損害賠償保障法3条1項）。

　以上の状況を踏まえ，実務上は，保険証券の被保険者の欄には，船舶所有者とともに裸傭船者も加え，船舶の物的損害に対する保険金については，全損の場合は所有者に，分損の場合（修繕費に対する保険金）は裸傭船者に支払うなどの合意を行っている。運航管理を船舶管理会社に委託している場合には，被保険者欄に船舶管理会社としてその名前も記し，そこに修繕費に対する保険金の

支払いを行えるような手当てなどを行って，保険金の請求権とその帰属について争いが生じないようにしている。また，賠償責任については，所有者，傭船者のいずれにも発生する可能性があり，いずれが負担した衝突賠償責任であっても対象となるようにしている。

6-3 保険の目的物の範囲

船舶保険における対象は，船体，機関のほか，属具，備品，燃料，食料その他の消耗品で船舶の使用に供されるものを含む。なお，船舶に積載されている端艇(ボート)については，和文の船舶保険約款では保険の目的物に含まれることが明記されている。

6-4 保険価額と保険金額

損害保険においては，損害が発生した地および時における価額を基準として保険金を支払うのが原則である（保険法18条1項）。しかし，船舶の場合は，船舶が海上を移動することから，事故が発生した地と時における価額の算定に困難を伴う。そこで，改正商法は，船舶保険における保険価額は，保険期間の開始時における価額（始期価額）とすることを規定している（818条）。実務では，ほとんど例外なく，当事者間で保険価額を協定している。その協定した保険契約・証券を**評価済保険証券**（valued policy）といい，協定した額を**協定保険価額**（保険法では，約定保険価額という）という。事故が生じた場合は，協定保険価額に基づいて損害額が算定される（保険法18条2項）。

ITC 1983の場合も，ほぼ同じで，保険価額は協定され，イギリス法のもと，協定価額は詐欺がない限りは拘束力を有する（イギリス1906年海上保険法27条）。

船舶の価額は，新造船の場合は，建造に要した金額に乗出費用を加えた額，中古船の場合は，帳簿上の価額，同等船舶を新造した場合の価額から減価償却した価額，市場における買船価格，前年度の保険価額などをもとにして，当事者によって協定される。また，通常，保険価額と同額を保険金額とする。

6-5 告知義務

保険契約の締結においては，保険契約者または被保険者は，重要な事項につ

いて告知する義務を負う。保険法は，告知義務について，保険者が告知を求めたものについて回答する義務として規定しているが（4条），海上保険契約に適用される改正商法は，重要な事実について自発的に告知する義務として規定している（820条）。

　告知義務について，和文約款では，①全部または一部が重複する契約を他に締結している場合はその事項，②保険申込書の記載事項，③引受けの諾否または契約内容の決定に影響を及ぼす重要な事項について，正確に告げなければならないことを保険契約者または被保険者の義務として規定している。この約款規定は，改正商法と同じ立場に立ち，自発的に告知することを求めるものである。

　ITC 1983の場合は，MARフォームにもITCにも告知義務に関する規定は設けられていない。その契約に適用される法に従う。たとえば，契約締結について日本法が適用される場合は，改正商法と保険法が適用される。

6-6　保険料率

　船舶保険の保険料は，保険金額に保険料率をかけて算出される。この方式は，貨物保険と同じである。船舶保険料率に影響を与える要素としては以下があり，それらを総合的に勘案して保険料率が算定される。

- 船舶の国籍，構造，用途，船齢
- 関連法規の充足状況，船級
- 管理状況，乗組員の人数，管理の水準
- 船主・管理者の所在，経済状態，傭船の状況
- 航海の範囲，航路，時期
- 港湾施設等の状況，国際紛争の状況
- 過去の船舶の管理状態，保険の成績（事故率など），保険料のボリューム
- 再保険の手配

6-7　保険料の支払い

　船舶保険の保険料は，一括払いだけでなく分割払いの制度もある。普通保険

約款は，保険料は，保険期間の開始前までに支払われなければならず，保険契約者が定められた期日までの保険料支払いを怠った場合には，支払期日以降，保険料が支払われるまでの間に生じた損害に対して，保険者はてん補責任を負わないことを規定している。実務においては，一定の条件のもとで，一定期間の支払い猶予を認める特別条項をつけて，普通保険約款の規定を修正する場合が多い。

7　保険金の請求と支払い

保険事故が生じた場合，被保険者は，保険会社に遅滞なく事故の通知をしなければならない。また，被保険者は，保険者に対して証拠となる書類を提出するとともに，保険会社が必要とする損害の確認や原因調査のために協力しなければならない。具体的な義務内容は，普通保険約款に示されている。

保険金支払いの履行期についても，普通保険約款において具体的に記されている。巻末の船舶保険普通約款では，保険会社は，保険金を支払うために確認すべき事項が提示されてから30日以内に保険金を支払わなければならないこと，支払いが遅延した場合には遅延損害金を支払うこと，遅延の責任を負わない場合などについて規定している。

保険金請求権の消滅時効は，貨物保険の場合と同じで，保険事故発生後から3年となる（保険法95条1項）。保険料の請求権は1年である。

なお，ITC 1983 の場合，遅延損害金，請求権の時効等に関する規定は設けられていない。その契約に適用される法に従う。

第 **8** 章
船舶保険における補償内容
Coverage of Hull Insurance

貨物船同士の衝突（Marine Nationale/AP/アフロ提供）

Introduction

　本章では，船舶保険における補償内容について学ぶ。
　船舶保険の定期保険契約を大きく分けると，日本法に基づく日本語の保険証券と保険約款による契約と，英文証券とイギリスの標準約款を用いた英文約款に基づく契約に分けることができる。本章では，和文の保険証券・約款を中心として，必要に応じて，イギリスの標準約款における船舶保険について，保険で支払いの対象とする危険（事故），免責，以後免責，損害てん補の対象などを学ぶ。
　船舶保険を理解するうえで難しい点は，日本の約款を理解するためには，その基礎として日本の保険法の理解が必要であり，加えて，英文の約款を理解するためには，英文の約款とともにイギリスの海上保険法を理解する必要があり，これらの4つの理解がゴチャゴチャになってしまいがちなことである。日本法とイギリス法とでは，いろいろな点で違いがあるうえ，約款の内容も日本とイギリスで違いがある。しかし，最終的な補償内容については，両者でそれほど大きな違いにはなっていない。なぜそうなるのか，その原因なども想像してみていただきたい。

1 船舶保険における補償

船舶保険における補償内容を理解するうえでは、以下のポイントを押さえておく必要がある。

(1) 被保険利益

損害保険では、被保険者が被るいくつかの種類の損害のうち、保険で対象とした種類の損害をてん補の対象とする。この損害が生じる関係は、被保険利益（⇒第4章1-2）として説明される場合が多い。船舶に事故が生じた場合、船舶の財産としての価値の減少のほか、費用の支出、賠償責任の負担、収益の減少などの損害が生じる。それらの損害のうち、保険契約で対象としている損害のみがてん補の対象となる。

(2) 保険期間

損害は、船舶に事故が生じることによって生じる。このような事故は、保険期間内に発生したものでなければならない。たとえば、保険期間が開始する前に生じた事故が原因で保険期間開始後に損害賠償金の支払いを求められても、支払いの対象とはならない。

(3) 保険事故

保険給付が得られるためには、損害が保険で対象とする事故によるものでなければならない。海上保険では、このような事故を危険（ペリル）と呼び、保険契約で対象としている危険を担保危険（保険事故）と呼ぶ。船舶保険では、担保危険を規定することで対象とする保険事故の範囲を定めている。

(4) 免責危険

保険者が責任を免れる場合を免責（⇒第4章3-2）というが、船舶保険の実務では、免責危険（免責事故）、以後免責、てん補対象外の損害という異なる性格のものを、いずれも免責という用語を用いて説明している場合があり、注意が必要である。

免責危険は、原因免責とも呼ばれる。免責危険には、人の行為、自然の事象、社会的事象、物の特性や状態など種々のものが存在する。

免責危険によって生じた損害はてん補の対象とはならない。免責危険と損害

との間「によって生じた」という因果関係の存在が必要である。

(5) 以後免責

以後免責（⇒第4章3-2）は，陸上保険においてはほとんど利用されない用語である。船舶保険では，各種のリスクを保険の対象とする一方，事故の発生原因となる危険事情（ハザード）について，契約時において前提としていた状態から変動が生じた場合に，保険契約の効力を停止させる方法として以後免責の制度が利用されている。こうした方法によって，特別な事情の場合を想定しない前提で，保険条件と保険料を定めることが可能となる。以後免責では，危険事情との因果関係の有無を問わずに，該当する事実が生じれば保険者の支払責任が停止する。ただし，多くの規定においては，問題となる事実が消滅して，保険会社が承認すれば，保険者の責任が復活する。

(6) 損害のてん補

船舶保険では，保険事故（担保危険）によって被保険者が被る損害をてん補するが，てん補の対象とする損害の種類と損害額の算定基準は約款で定められている。また，てん補する損害の種類と範囲について，狭いもの（保険料は安くなる）から広いもの（保険料は高くなる）まで，いくつかの種類があり，契約者がそのいずれかを選択する方式がとられている。

2 担保危険

2-1 担保危険の表示方式

すでに第4章3-1で学んだように，保険で対象とする担保危険の示し方としては，包括責任方式と列挙責任方式がある。日本の改正商法は，海上保険契約の定義において「航海に関する事故」という包括的な概念を用いたうえで，保険者は，「保険の目的について，保険期間内に発生した航海に関する事故によって生じた一切の損害を塡補する責任を負う」（816条）と規定し，包括責任の立場を明確にしている。日本の和文約款も，改正商法の規定を踏まえて，包括責任の立場に立って担保危険を示している。たとえば，巻末の船舶保険普通約款では，以下の文言となっている（1条）。

第8章　船舶保険における補償内容

> 　保険証券記載の船舶（以下「被保険船舶」という。）が沈没，転覆，座礁，座州，火災，衝突その他の海上危険（以下「保険事故」という。）に遭遇したことによって被保険利益について生じた損害を，この約款およびこの保険証券記載の特別約款の規定に従い，てん補する責めに任ずる。陸上危険についての特約がある場合も同様とする。

　ここに記載されている「海上危険」とは，改正商法816条における「航海に関する事故」と同義と考えられる。約款に掲げられている沈没等の事故は，海上危険という概念に含まれる典型的な事故を例示したものである。海上危険とは何かについては，約款に定義規定がなく，解釈に委ねられている。

　なお，イギリスのITC 1983（⇒第7章5-1）では，海上危険といった包括的な用語（概念）は使用せずに，より具体的に対象とする事故（担保危険）を列挙する方式がとられている（列挙責任方式）。ITCにおける担保危険（補償の対象とする損害の原因）としては，以下がある（原文は英語。以下は，概略）。

> (a) 次の危険（6条1項記載）：
> 　　海，河川，湖沼，その他の航行水域に固有の危険
> 　　火災，爆発
> 　　被保険船舶の乗船者でない者による暴力的窃盗
> 　　投荷
> 　　海賊行為
> 　　原子力装置・原子炉の故障または事故
> 　　航空機，これと同種の物，これらの物からの落下物，陸上輸送用具，
> 　　　ドックまたは港湾施設・設備との接触
> 　　地震，火山の噴火，落雷
> (b) 被保険者，船舶所有者または船舶管理者が相当の注意を欠いたことから生じたものでないことを条件として，次の危険（6条2項記載）：
> 　　積荷・燃料の船積み・荷卸し・荷繰り中の事故
> 　　汽缶の破裂，シャフトの折損，機関・船体の潜在瑕疵
> 　　船長・高級船員・普通船員または水先人の過失
> 　　修繕者・傭船者の過失（ただし，被保険者でない場合）

　　　　船長・高級船員・普通船員の悪行
　(c)　汚染損害，その脅威を防止・軽減するための行為（7条記載）：
　　　　被保険船舶の損傷から直接生じる汚染損害，その脅威を防止・軽減するために政府機関がその権限に基づいて行った措置。ただし，被保険者・船舶所有者・船舶管理者が相当の注意を欠いたために生じた場合を除く。

2-2　包括責任方式と列挙責任方式

　包括責任方式と列挙責任方式を比べた場合，前者では，発生した事故が包括的に示される危険の概念に含まれれば，保険者は，その事故は包括的な文言の範囲に含まれないことを，または事故は免責によることを立証できない限りは，責任を負う。また，包括責任方式の場合，列挙されていない新たな危険が生じた場合に，それが包括的な危険の文言に含まれるといえれば，保険者は責任を負う。こうした点については，被保険者に有利であるといえる。

　しかし，一方，包括的で抽象的な危険の表現をとる場合には，その意味内容が明確でなく，解釈に委ねられ，法的な安定性から見て弱点がある。和文約款とITC 1983を比較すると明らかであるが，列挙責任主義をとるITCでは，具体的にどのような事故を保険の補償の対象とするのかがより明確になっている。

3　免責危険

3-1　和文約款における免責危険

　船舶保険では，種々の危険が免責として規定されている。免責とする理由は，第4章3-3において示したように，免責危険としては，モラル・ハザード関係，偶然性に問題がある事象，船舶のメンテナンス上の問題，異常な巨額損害となる事象，保険の対象としては馴染まない事象がある。保険法，改正商法は，免責とする危険（事故）を記載しているが，船舶保険約款においては，それらの法定の免責を含めて免責危険が列挙されている。なお，一定の免責危険につい

ては，特別約款や特別条項により保険の対象とすることが可能である。

和文約款における主な免責危険としては，以下がある（詳しくは，巻末の船舶保険普通約款の11条から13条を参照。なお，以下の類型化は筆者による）。

(1) モラル・ハザード関係

以下が免責となる。

(a) 保険契約者，被保険者，これらの者の代理人の故意または重大な過失（なお，法人の場合は，その理事，取締役，その他の業務執行機関が対象となる）
(b) それ以外で，保険金を受け取るべき者の故意または重大な過失
(c) 船長または乗組員が上記の者に保険金を取得させることを目的とした場合の故意

なお，賠償責任に対して支払う場合は，(a)(b)に記載されている重過失は免責からはずされる。

(2) 性質危険関係

偶然性に問題があるものやメンテナンスの問題に関係するものとして，以下が免責として記されている。こうした事由は，外からの事故ではなく，保険の目的物自体の状態に関するもので，海上保険では，これらの事由を，一般に，性質危険と呼んでいる。

(a) 船舶に生じた摩滅，腐食，さび，劣化その他の自然の消耗
(b) 船舶に存在する欠陥
(c) 発航の当時，安全に航海を行うのに適した状態でなかった場合

上記のうち，(a)と(b)の免責は，それ自体の損害部分をてん補しないだけでなく，それが原因となって事故になった場合の損害も免責とするものである。たとえば，腐食については，船体の腐食箇所の修繕は対象外となるほか，腐食が原因で船舶が浸水して沈没した場合も免責となる。

なお，約款では，(b)と(c)については，そのような状態の発生を一律に免責とすることは酷であることから，保険契約者や被保険者が相当の注意を払って

も欠陥を発見できなかったり安全に適した状態にはなっていなかった場合は，免責の対象外としている。

(3) 異常損害等
以下の事由が免責として規定されている。

> (a) 戦争，内乱その他の変乱
> (b) 水雷，爆弾その他爆発物として使用される兵器の爆発等
> (c) 公権力によると否とを問わず，だ捕，捕獲，抑留，押収または没収
> (d) 海賊行為
> (e) ストライキ，ロックアウトその他の争議行為等
> (f) テロリスト，その他政治的動機または害意を持って行動する者の行為
> (g) 暴動，政治的・社会的騒じょう，その他の類似事態
> (h) 原子核の分裂，融合等によって生じた放射性，爆発性その他の有害な特性
> (i) 差押え，仮差押え，担保権の実行その他訴訟手続きに基づく処分

これらのうち，(a) から (g) については，別途，特別約款によって担保が可能である。ただし，その場合でも，日本国による没収，イギリス，米国，フランス，ロシア，中国のいずれかの間の戦争，ならびに盗難は除外されている。

3-2 ITC 1983 における免責危険

ITC 1983 では，列挙責任方式がとられているので，対象とする危険として記されていない危険（事故）は，そもそも補償の対象とならない。しかし，ITC 1983 では，約款の最後に至上条項として，4 つの条項を設けて，他の条項と抵触する場合で優先する免責として，以下を記している。

23 条は，戦争危険関係で，(a) 戦争，内乱，革命，謀反，反乱，これらの事変から生じる国内闘争，軍によるか軍に対する敵対的行為，(b) だ捕，捕獲，拘束，抑止，抑留，これらの結果またはこれらの意図，(c) 遺棄された機雷，魚雷，爆弾，その他の遺棄された兵器による損害を免責とする。24 条は，ストライキ関係の免責で，(a) ストライキに参加する者，職場閉鎖を受けた労働者，労働紛争，騒じょう，暴動に参加する者，(b) テロリスト，政治的動機に

基づき行動する者，による損害を免責とする。25条は，悪意行為の免責で，爆発物の爆発，兵器による事故で，かつ悪意や政治的動機に基づいて行動する者による損害を免責とする。26条は，原子力免責で，原子核の分裂・融合，その他の反応，放射能・放射性物質を利用した兵器による損害を免責とする。

　和文約款とITC 1983を比較した場合，表現に違いはあるが，保険で補償の対象外としている事象に大きな違いはないといえる。しかし，取扱いが異なる危険として海賊危険がある。和文約款では，海賊は戦争リスクと同じ扱いになっていて，普通保険約款で対象外として特約で対象にする方式をとるが，ITC 1983ではマリン・リスクとして列挙危険の中に記されていて，両者の位置づけに違いがある。しかし，ロンドンにおいては，2009年以降は，ITC 1983の引受けにおいて，海賊危険を免責とする特約を添付していて，海賊危険を対象にするためにはさらなる特約を必要とする実務がとられているので，実際上の違いにはなっていない。

　なお，ITC 1983では，和文約款で記されている被保険者の故意等の免責，摩耗・固有の瑕疵等の免責は，約款に記されていない。しかし，これらによる損害は保険金支払いの対象となるものではない。それらの事象は，もともと列挙されている担保危険に含まれておらず，かつイギリス1906年海上保険法上で免責とすることが規定されている。ITC 1983は，イギリス法に従うので，約款で復活しない限りは，これらの原因による損害は支払いの対象とならない。

4　危険の変動の場合における危険の限定——以後免責

　船舶保険では，一定の危険な事象が生じた場合に，保険者のてん補責任を停止させる制度が利用されている。日本では，これを以後免責（⇒第4章3-2）と呼んでいる。海上航行には，多くの危険が伴い，一定の安全な状態を前提として保険が引き受けられている。そのため，その前提に大きな変動が生じた場合には，保険者の責任を停止させる。こうした方法によって，異常な状況を除外した保険料・保険条件の設定が可能となる。以後免責に該当する事由が生じた場合，保険者は，以後免責に掲げる事由と事故・損害との因果関係があるかどうかに関係なく，保険責任を負わない。なお，以後免責は，保険契約自体の効

力を失わせるものではないので，保険料は返還されない。以後免責として，普通保険約款に記されている事由としては，以下がある。

- 官庁や船級協会の検査の不受検
- 船級の変更，船級協会における船級の抹消
- 保険証券で定める航路範囲を越える航行
- 法令・条約に違反する使用
- 所有者・賃借人の変更
- 船舶の構造，用途の著しい変更
- その他，保険契約者・被保険者の責めに帰すべき危険の著しい変更・増加

　約款では，上記のうちの多くの事由について，保険会社に遅滞なく通知され，保険会社が承諾した場合には，その後の事故は免責としないなどの規定が設けられている。

　なお，上記記載の「保険証券で定める航路範囲」とは，**航路定限**と呼ばれている。期間保険の場合は，航海保険とは異なり，航行する具体的な航路は特定されていない。一方，海域には，危険な海域も存在する。そこで，船舶の種類に応じて航行を認める海域を保険契約上において定めたものが航路定限である。

　なお，ITCなどイギリス法に基づく場合は，以後免責に代わる制度として，イギリス法上のワランティ（⇒第4章5-3）の制度が利用されている。

5　てん補の対象となる損害の種類

　船舶保険においててん補の対象となる損害としては，船舶の物的損害，船舶間の衝突賠償責任，共同海損分担額（⇒第10章），損害防止費用（⇒第4章6-1）があるが，その具体的な対象と範囲は，和文約款の場合は，てん補範囲に関する特別約款によって決定する方式がとられている。一方，ITC 1983では，ITCの中でてん補の範囲も定める方式をとっていて，それを変更する場合に，特別約款を利用することになる。以下では，和文約款の場合について説明する。

5-1 和文約款におけるてん補の範囲

船舶保険の和文約款では，支払いの対象とする損害のてん補の範囲について第1種から第6種の特別約款があり，それによっててん補される損害が異なる。現在利用されているほとんどは第5種か第6種で，作業船などでは第2種が利用されている。

```
＜和文約款におけるてん補の範囲──6つの特別約款＞
  第1種   現在，使用されていない
  第2種   全損，損害防止費用のみ
  第3種   現在，使用されていない
  第4種   現在，使用されていない
  第5種   全損，特定危険の場合の修繕費，共同海損分担額，衝突損害賠
         償金，損害防止費用
  第6種   第5種に加えて，機関事故の修繕費などの各種修繕費
```

5-2 全　損

全損とは，第4章7-2ですでに見たように，保険の目的物の全部が滅失した場合を指す。全損の場合には，保険金額の全額が支払われる。全損とは，保険の目的物が物理的に完全に壊滅した状態のみを指すのではなく，価値が残存している場合であっても保険につけた財産としての性格を完全に失った場合も含む。

和文の普通保険約款（巻末資料）は，被保険船舶が滅失したとき，または著しい損傷を被り修繕不能となったときに全損とすると記しているが（3条1項），これは現実全損を指す。また，次の場合には，全損として保険金の支払いを請求することができると規定するが（3条2項），それらは，概ね，イギリス法における推定全損の場合に対応するものである。

- 修繕費，共同海損分担額，損害防止費用の各見積額の合計が保険価額を

超える場合
- 60 日間を超える行方不明
- 船舶を占有して使用することが不可能な状態が 180 日間継続した場合

　2018 年に改正される前の商法では，一定の事由に該当する場合には，船舶を保険者に委付（⇒第 4 章 7-2）して全損金の請求を認める委付の制度が規定されていた。委付が認められる事由は，大体においてイギリス法における推定全損に該当する場合である。しかし，日本では，推定全損に該当するような一定の事由の場合には，委付という所有権の移転を求めることなく全損として処理することを認めていた。こうした実務を踏まえ，改正商法では，委付の制度を廃止している。そのため，改正後の商法のもとでは，全損を 2 種類に分ける実質的な意義は減っている。

　なお，保険者が全損金を支払った場合は，残存物代位により，残存物の物権は保険者に移転するが（保険法 24 条），保険者は残存物を取得しないことが認められる。

5-3　修　繕　費

　損害は，全損と分損に分かれる。分損は一部の損害で，船舶の一部に損害が生じた場合，通常，それを修繕して再び船舶を運航する。そこで，船舶保険では，分損の場合は，修繕のための合理的な費用を修繕費として支払いの対象とする。修繕費は，船舶が被った損傷を損傷発生直前の状態に復旧するために要する妥当な費用をいい，修繕費を支払いの対象とするかは，特別約款の種類によって異なる。修繕費には，以下が含まれる。

(a) 損傷発生後にただちに最寄りの修繕地に回航する場合は，その航海のための妥当な費用
(b) 修繕完了後，ただちに現航路に復帰する場合は，その航海のための妥当な費用
(c) 修繕後に試運転する場合は，その航海のための妥当な費用
(d) 部品の調達に長時間を要して修繕が著しく遅延する場合や仮修繕をす

> ることで本修繕費が節約される場合において仮修繕を行う場合には，その仮修繕費（ただし，共同海損分担額になるものは除く。）
> (e) 事故による損傷の修繕のためにドックへの上架，入渠(にゅうきょ)が必要な場合は，船底防汚塗料の代金と塗装費

　保険事故による損傷が生じても引き続き航行が可能な場合は，定期検査や改造工事などの工事（船主工事等）を行う際に，修繕工事もあわせて行う場合がある。その場合，修繕費が保険金支払いの対象となっている特約においては，その際における上下架，入渠，塗装の費用の2分の1が保険で支払われる。

5-4　共同海損分担額

　共同海損（⇒第10章）について，船舶（その燃料を含む）の価額に対して支払いが求められる共同海損分担額は，特別約款の規定に沿って船舶保険で支払われる。

5-5　衝突損害賠償金

　衝突損害賠償金とは，船舶が他の船舶と衝突したことによって，相手船とそれに積載されている積荷およびその他の財物に損害を与えたことにより被保険者が負った法律上の賠償責任をいう。
　他の船舶との衝突のみが対象であり，岸壁，桟橋，養殖施設，その他の財物に衝突して財物に損害を与えて賠償責任を負っても，船舶保険における支払いの対象とはならない。それらの賠償責任は，P&I保険（⇒第11章第5節）の対象となる。
　「他の船舶」とは，船舶法などの法律上の船舶に限定されず，社会通念上，船舶と考えられるものを含む。また，本船の錨索(びょうさく)（アンカーチェーン）と相手船の錨索が絡まって相手船に損傷が生じた場合，錨索は船体の一部であるので，本船と他船との衝突にあたる。
　また，船舶保険における支払いの対象は，衝突した他船，その積荷，他船上のその他の財産に対する賠償責任に限定されている。他船上の乗組員等の損害，衝突相手船から生じた油濁損害，相手船が残骸となった場合の撤去費用などに

対する賠償責任については、船舶保険の支払対象とはならない。これらの賠償責任も、P&I保険の対象となる。

　法律上、両船に過失がある場合は、各船舶の過失の割合に応じて、かつ相殺をせずに被保険者が賠償責任を負う金額を衝突損害賠償金とする。この方式を**交叉責任主義**という。また、法律によって、船主の総損害賠償責任額が制限される場合は（⇒第11章第2節）、その制限された金額において該当する割合部分が支払いの対象となる。

　和文約款では、第5種、第6種の場合に、保険金額を限度として、衝突損害賠償金の全額が支払われる。ただし、特約により、船主責任制限額（⇒第11章2-1）を限度として、全額を支払いの対象とすることも可能である。船舶保険における限度額を超える賠償責任額は、P&I保険の対象となる。なお、イギリス（ITC）では、長い実務慣行を背景に、船舶保険では衝突損害賠償額の4分の3のみを支払い、4分の1はP&I保険の支払対象となっており、船舶衝突責任に関する相手船等との示談交渉は、全体をまとめてP&Iクラブが行っている。

　衝突損害賠償金は、船体の損害に対する全損金や修繕費とは別枠で、保険金額を限度として支払われる。

　なお、衝突損害賠償金は、被保険者が法律上の支払義務を負う場合に保険金支払いの対象となり、被保険者は、保険金を請求する前に賠償金を支払う必要はない。しかし、P&IクラブによるP&I保険では、原則として、船主が先に賠償金を支払ってからクラブに保険金を請求する方式がとられていて、両者で違いがある。

5-6　損害防止費用

　保険法では、保険契約者や被保険者には、保険事故の発生にあたり、損害の防止・軽減に努める義務が課されているが（13条）、和文約款でもその義務が規定されていて、故意または重大な過失によって義務違反があった場合には、防止軽減できたと認められる額を損害額から控除しててん補額を算定することが規定されている。その一方、損害防止義務を履行するために必要または有益な費用は、他の保険金とは別枠で支払われる。

また，船舶を救助して安全な場所まで回航・曳航するための必要な費用や救助者に対する報酬も支払いの対象となる。

海難救助（⇒第9章）の場合，救助に要した費用・報酬は，救助された財産がその財産の価額に応じて比例分担することになる。その場合，船舶の分担分が船舶保険において支払いの対象となる。ただし，共同海損として処理される場合は，共同海損分担額として支払うことになるので，その場合を除く。

船舶間の衝突について，相手船側から被保険者に対して賠償請求が提起された場合，保険会社の書面による同意を要件として，応訴や仲裁のために必要な費用も損害防止費用として支払いの対象となる。

船舶間の衝突事件において，相手船に過失がある部分に対しては，自船はその損害に対して賠償を求めることができる。自船の損害について船舶保険でてん補される場合は，保険者は，保険金を支払った限度において，過失ある第三者に対する賠償請求権に代位する（請求権代位⇒第4章8-2）。第三者に対する請求権の行使や保全のために必要または有益な費用も，損害防止費用として支払われる。

5-7 てん補すべき額の限度

全損金，分損金の支払いは，1回の事故ごとに保険金額が限度となるので，保険期間内に複数の事故が生じた場合は，支払額の合計が保険金額を超えることがありうる。また，衝突損害賠償金，損害防止費用は，別枠となる。

6 戦争，ストライキ，テロ，海賊等に対する補償

和文の船舶保険では，戦争，ストライキ，テロ，海賊等のリスクは免責となっているが，外航貨物海上保険と同様に，その一部は，特約によって補償の対象とすることができる。なお，貨物海上保険では，戦争リスクの特約とストライキ・リスクの特約に分かれているが，船舶保険では，戦争リスクとストライキ・リスクを分けずに，特約で一括して扱う方式がとられている。また，船舶保険は，通常，1年間などの期間建てであることから，保険契約上の有効範囲として航行を認める航路定限は，一般世界水域（平時の状態である水域）と除外

水域（緊迫した状態にある水域）に分けて，除外水域を航行する場合は，当該航海の割増保険料を必要とする方式がとられている点でも貨物海上保険と異なる。
和文の船舶戦争保険特別約款では，次の危険が補償の対象となる。

(a) 戦争，内乱その他の変乱
(b) 水雷，爆弾その他爆発物として使用される兵器の爆発等
(c) 公権力によると否とを問わず，だ捕，捕獲，抑留，押収または没収
(d) 海賊行為または強盗
(e) ストライキ，ロックアウトその他の争議行為等
(f) テロリストその他政治的動機または害意を持って行動する者の行為
(g) 暴動，政治的・社会的騒じょう，その他の類似事態

これらの危険は，ほぼ普通保険約款において除外された免責危険である（⇒本章3-1(3)）。しかし，普通保険約款で免責となっている，(h) 原子核の分裂，融合等によって生じた放射性，爆発性その他の有害な特性，(i) 差押え，仮差押え，担保権の実行その他訴訟手続きに基づく処分は，船舶戦争保険特別約款でも補償の対象とならない。
また，この特約では，次の危険が免責になっている。

(j) 日本国または被保険船舶の所有者が属する国の公権力によるだ捕，捕獲，抑留，没収
(k) 同国による強制使用，強制買上げ，検疫，貿易・関税に関する法律に基づく処分
(l) イギリス，米国，フランス，ロシアおよび中国のいずれかの間の戦争
(m) 盗難

また，以後免責として，日本国の公権力の命令に違反して航行した場合は，そのとき以後に生じた損害に対して保険者は責任を負わないと規定されている。
なお，英文約款（ITC）の場合は，同様の特約として，ロンドンの協会約款である Institute War and Strike Clauses Hulls-Time が利用される。

7　不稼働損失に対する保険

　海難によって船舶が稼働できなければ，船主等は運航不能による収益上の損失も被る。こうした損失を補償するのが**船舶不稼働損失保険**である。

　船舶の運航においては，裸傭船，定期傭船（⇒第7章2-7）など，複雑な運航の形態がとられている場合があり，事故が発生した場合の収益上の損害が誰にいかに生じるかは，傭船の契約条件にもより，複雑である。そのため，事故による収益上の損失をどのように計測するかも簡単ではない。船主が直接運航する場合や裸傭船の場合は，稼働できなくても経常費は支出しなければならないので，それを損失と捉える方法がある。また，定期傭船の場合は，事故によって運賃が得られなくなるので，運賃をもとに損失を捉える方法がある。不稼働損失保険では，運航の形態や収入のベースを踏まえて1日あたりの保険金額を設定している。

　不稼働損失保険では，船舶が保険事故によって損傷を被った場合に，その場所から直接または出港地もしくは当初の仕向地を経て修繕地に向かって遅滞なく修繕を行う場合を対象として，その日数に対して，一定日数の控除を適用後，1日あたりの保険金額を乗じて支払額を算出する。なお，工場などの火災保険の領域では，収益上の損失に対する利益保険がある。利益保険では，企業の会計帳簿資料をもとに企業の損失額を算出して約款に従っててん補する方式をとるが，船舶不稼働損失保険では，最初に，経常費や定期傭船料をもとに1日あたりの保険金額を協定して，不稼働日数を乗じて支払う方式をとり，ここでも価額協定方式が利用されている。したがって，船舶不稼働損失保険では，事故後に各種の帳簿等をもとに利益上の損失額を算定する方式はとらない。

　支払額は，180日分が限度となる。複数の事故が生じても通算して180日分の額が限度となる。

　船舶不稼働損失保険では，対象の事故を沈没，転覆，座礁，座州，火災または他物との衝突に限定しているが，特約によって，他の危険も対象とすることができる。

　工事のための期間は，さまざまな要因によって影響を受ける。稼働不能期間

の認定については，約款に詳細な規定が設けられている。

なお，船舶不稼働損失保険とは別に，定期傭船の船が，船舶不稼働損失保険では対象とならない各種の事由（禁制品や密航者を理由とする抑留，伝染病のための本船洗浄のための停泊，人命救助，港湾施設の損傷等々）によって定期傭船契約上の休航期間（off hire：オフハイヤー）に該当してその期間について収入がなくなった場合に備える保険も販売されている（名称は，各社で異なる）。

Column　船舶はどのような存在なのか

　貨物保険では，いろいろな貨物が登場する。船舶の場合は，基本的には商船である。その点から，船舶の場合，貨物に比べれば画一的に損害額の算定ができると思う人がいるかもしれない。船舶の損害は，全損か分損のいずれかとなる。分損の場合は，修繕費が支払いの対象となる。対象とする修繕費の具体的な種類は，実務上も確立している。その点では，基本的な基準は固まっているといえる。しかし，保険金の算定は，基準を当てはめれば自動的に数字が出てくるような単純なものではない。

　船舶の修繕の世界は，一言でいうときわめてダイナミックである。大きなタンカーになれば，300メートルもの巨大な物体であり，外板の曲がりであっても，その修繕費は巨額になる。さらに，どこの国のどの造船所で修繕するかが問題になる。国によっても技術水準が異なり，修繕費も大きく異なってくる。工事の見積りをとれば，ある国の造船所であれば10億円，別の国の造船所では5億円というような場合も出てくる。また，交渉によって，修繕費の見積額が大きく変わることもある。修繕には，船主のほか，傭船者，船舶管理会社等の利害関係も絡む。保険対象の工事と対象外の工事を同時に行う場合も多く，調整が必要である。損傷箇所がさまざまななか，どこで修繕するか自体が問題になる。船舶保険の保険金支払いの仕事は型どおりに進めることができるものではない。

　ところで，筆者は，船舶の損害査定の仕事に携わり，海難に遭遇した船舶の修繕方針を船会社と打ち合わせたり，船舶が造船所に入った際には，現場で立ち会う機会が多くあった。最初に，造船所で船舶の立合いをしたときは，船の大きさにとにかく圧倒された。港で浮かんでいるときと異なり，造船所では底からの全体が見え，巨大な物体が迫ってくる迫力である。船底のへこみを見るために，盤木（船体を支えるための大きな角材）に乗っているタンカーの下に入り，上を見上げながら船底外板を確認する。上を見ながら200〜300メートルを歩くだけで首が痛くなった。

また，10メートルもの高さの足場に上ってプロペラのへこみを確認する。巨大なプロペラが動いている姿を想像するとそれだけでも感動してくる。エンジンは，数階建ての建物ぐらいの大きさがある巨大プラントである。別の船で行った船底タンク内の点検は，巨大な洞窟の中での探検のようであった。

最初の頃はとにかく船の迫力に感動していたが，多くの船舶の入渠に立ち会い，また修繕担当の船会社の人や造船所の人と話しているうちに，だんだんと船を愛しい存在に感じるようになった。遥か遠くの国まで航海し，荒波を渡り，物資を運び，ドックに帰ってきた傷ついた船に対して，お疲れ様といいたい気持ちがした。

船舶は，船会社にとって，大切な財産であるとともに，利益を稼ぐ施設であり，そこで多くの人が仕事をし，寝泊まりしている。多くの工務責任者や造船所の方と面談する中で，船の管理を行っている人が，いかに船を大切に思い，船に愛情を注いでいるかを知った。筆者も，現場での多くの立会いをしているうちに，同じような気持ちを持つようになった。

船舶保険が対象とする船舶とは，いったい何だろうか。現場立合いをする前は，そんなことすら考えなかった。しかし，単なる物といってよいものではないことに気づいた。大量の物資を載せ，多くの船員を載せ，それらを包み込んで世界を航海する，まるで巨大な生き物のような存在である。船舶は，多くの人を守り，人に多くの喜びを与えるが，その一方，多くの人がその船舶に対して大変な力を注ぎ，安全に航海できるように祈る。船舶保険は，そうした船舶を支えるさまざまな営みの1つである。保険金の支払いという形で，船がまた再び安全に航海に出られるように支援できることのうれしさを感じた。

第9章

海難救助

Salvage

曳航される貨物船（AP/アフロ提供）

Introduction

　陸上の建物に火災が生じれば，消防署などの陸上の施設や消防士によって消火作業などがなされる。一方，船舶が海難に遭遇した場合は，周りに何の施設もない場合が多く，救助に多くの困難を伴う。海上の事故は，日本の沿岸から遠く離れた海域で生じる場合も多い。救助に失敗した場合，財産（状況によっては人命も）が失われるほか，燃料や積荷の油や危険物が流出して甚大な環境損害が生じる場合もある。迅速かつ効果的に救助を成功させるためには，高度な技術が必要であるし，緊急事態においてただちに専門的な救助がなされるような仕組みを国際的に整えておく必要もある。

　本章では，海難救助の特徴，救助に関する国際的枠組み，救助者に対する救助報酬，救助のための契約の内容，船舶と積荷による救助報酬の分担，保険における救助報酬の扱いなどを学ぶ。

　海難救助は，海運に独自の制度である。本章では，海上の制度の特徴に加えて，さまざまな国の利害が関係するグローバルな世界に触れることになる。

1 海難救助の意義

1-1 海難救助の特殊性

　船舶等の海上財産が海難に遭遇した場合の救助を，**海難救助**（maritime salvage または単に salvage）という。海難救助については，陸上とは異なる制度や法律が存在するが，それは，海上航行の特性から生じる。

　陸上の財産，たとえば，住宅や工場が火災になれば，消防車などの公のサービスと設備を利用して消火作業がなされる。火災が生じる可能性を考えて，国は，あらかじめ多くの人と設備でもって消火する体制を整えている。一方，海上については，広大な海域のどこで事故が生じるかわからない。日本国の財産と人を乗せる船舶を救助するために，救助船を保有したとしても，事故は，日本国，さらには世界のどこで生じるかわからない。現場に着くのに何日もかかってしまうのでは意味がない。

　海上では，さまざまな危険が存在し，財産が重大なリスクにさらされている。しかし，事故が生じた場合の救助は，陸上の場合とは異なる困難さが存在し，かつ，国家が海上財産の救助のために十分な体制を整えておくことも難しく，かつ合理的でない。海上では，自分の財産は自分で守るというのが現実である。こうした海難救助をめぐる状況を踏まえ，各国の海事法や制度は，救助を行った者に，救助された財産の所有者に対して，救助の危険や労力を考慮した相応の報酬を請求する権利を定めて，救助を奨励する仕組みを作り上げてきた。

1-2 海難救助に関する法制度の生成

　海難救助に関する法制度や契約は，海上の特殊性と救助をめぐる環境の変化を踏まえて生成されてきた。とくに，20世紀に入る以前は，専門業者による救助は一般的でなく，付近を航行中の船舶等からの任意の助けに頼らざるをえなかった。救助の義務がない者が任意で行った場合を，任意救助と呼んでいる。20世紀には，専門の救助業者が現れ，その業者と契約を締結して救助する方式が広がってきた。現代では，船舶の大型化や海洋環境の保護などの観点から，

救助のためには、専門の設備・資材、技能が必要である。ほとんどの場合は、専門の救助業者や曳航[1]業者と契約を締結して救助を受ける状況となっている。

こうした救助をめぐる状況や救助契約の発展に伴って、海難救助に関する法律や制度は進化してきた。救助のために利用される契約書式についても、海難救助をめぐる状況の変化を踏まえて、何度も改定され、今日に至っている。

1-3 海難救助に関する法の統一

海上の各種制度については、19世紀後半から20世紀初頭にかけて、法制度の各国間の統一に向けた努力がなされ、海難救助の領域では、各国における法の統一のために、1910年海難救助統一条約が成立して、1913年に発効し、日本も加盟している。

その後、大規模な油濁事故の発生などを背景に、海洋の環境保護に対する注目が高まり、海難救助における環境損害の防止軽減の重要性が認識されて、1989年に新たに海難救助条約が成立し、1996年に発効した。この条約には、米国を含む多くの海洋国家が批准しているが、日本は批准していない。

日本では、改正商法の中に海難救助に関する規定が織り込まれている。商法は、100年以上前の状況に基づいた規定のまま改定されずにいたが、2018年に、現在の状況を踏まえて大幅な改正がなされた。2018年に改正された改正商法では、第3編海商第5章海難救助792条から807条において、救助料の請求権、その額や分配等について法律上の原則が規定されている。日本は、1989年の海難救助条約自体は批准していないが、改正商法には、条約の中で求められている環境保護に対する対応などが取り入れられている。

2 海難救助の報酬の特徴

2-1 高度で重大な救助作業

海難救助は、高度な技術が必要な領域である。船舶は、多くは巨大な物体で、

---

1 曳航とは、船舶が他の船舶を引っぱって航行することをいう。

大量の積荷を積載している場合が多く，甚大な危険にさらされている。一方，救助する側は，海上に浮遊した状態で，天候も荒れているなど，自らも危険にさらされる中で，短時間に救助を成功させなければ，さらに甚大な損害が生じる状況に置かれる。また，救助される船舶・積荷は，高額の財産で，船舶には燃料として油が積載されており，積荷が原油や危険物である場合がある。救助に失敗すれば，財産が失われるだけでなく，環境損害という甚大な損害が発生する場合もある。海難救助を成功させるためには，専門資材の利用や高度の技術力が必要であるだけでなく，タイミングも重要である。海難救助に乗り出そうとするインセンティブがなければ，誰もそのようなリスクの高い作業を請け負わないであろう。

2-2 不成功無報酬の原則

　海難救助は，船舶または積荷の全部または一部が海難に遭遇した場合における行為である。こうした危険な状況において，救助者は最善の努力をすべきである。失敗しても報酬がもらえるとなれば，ぎりぎりの状況において努力を怠ってしまう場合もありうる。

　海難救助では，古くから，救助を成功させた者に報酬を支払う考え方がとられてきた。この考え方は，各国の海商法や救助契約にも反映されていて，主要な救助契約書式は，救助に成功した場合に報酬を支払う考え方（これを，**不成功無報酬**：No Cure-No Pay という）を基本原則としている。したがって，この原則のもとでは，どんなに費用をつぎ込んで最善の努力をしても，救助に成功しなければ，支出した費用に対する支払いを含めて報酬は与えられない。その代わり，救助に成功すれば，相応の報酬が与えられることになる。

2-3 環境保護への配慮

　救助は，甚大な環境損害を防ぐという点においても重要な意義を有している。環境保護の観点からは，不成功無報酬の原則だけでは十分でないことが判明した。すなわち，油濁等の重大な環境損害のリスクを軽減できたとしても財産を救助できなければ無報酬となるのであれば，財産の救助に成功する可能性が低い場合には，救助契約を締結しない場合が生じてしまう。

そこで、そのような場合でも救助がなされるように、救助に失敗した場合でも、環境損害防止作業に要した費用は特別補償として支払うことや、特別補償に代えて、報酬を支払う特別の合意などの制度が、法律や契約に導入されている。したがって、不成功無報酬の原則は、環境損害防止に関する部分において修正されている。

2-4 救助報酬の負担者

一般に、サービスに対する契約は、そのサービスを受けて報酬を支払う人が締結する。積荷を積載した船舶においては、海難救助の受益者は、船舶（および燃料）、積荷となる。しかし、海難救助においては、緊急の事態において、積荷の所有者からの合意をとる時間的余裕もないし、合意をとろうとすれば、契約内容をめぐって時間を要して時機を逸してしまうかもしれない。そこで、海難救助においては、船主・船長に契約の締結権限を認めている。また、救助報酬は、不成功無報酬の原則に基づくので、助かった場合に支払われる。よって、その額の分担は、助かった財産の額に応じるのが相当となる。

このような考え方に基づき、法律や救助契約では、海難救助の報酬は、救助された財産がその額に応じて比例的に支払うこととして、救助者は、それぞれの財産に対して直接請求して、報酬を求めて財産を留置することが認められている。

3 海難救助の成立

日本では、改正商法792条は、船舶または積荷その他の船舶内にあるもの（積荷等）の全部または一部が海難に遭遇した場合において、これを救助した者があるときは、その者（救助者）は、契約に基づかないで救助したときであっても、その結果に対して救助料の支払いを請求することができることを規定している。下記の2つの要件が満たされれば、救助者に報酬請求権が発生する。

第1に、船舶または積荷が海難に遭遇した場合である必要がある。「または」とあるとおり、空船（積荷を積載していない場合）でも問題ない。「海難に遭遇した場合」とは、解釈問題となるが、通説では、航海に関する危険で、船舶が自

力でもって克服できない程度の危険をいうと解されている。たとえば，エンジンが故障して船舶が動かなくなった場合，ただちに座礁したり沈没したりするリスクがない状況であっても海難にあたることは疑いない。

　第2に，条文は，「これを救助した者があるときは，……その結果に対して」と記していることからわかるように，船舶または積荷の全部または一部の救助が必要である。すなわち，救助に成功することが必要であり，その結果に対して報酬請求権が発生する。

4　救助契約

4-1　救助における契約と救助契約

　海難に遭遇した場合，自力では危険から回復できない場合は，他の者の力を借りることになる。その場合に，商業船舶が，契約をしないで他の船舶等から任意に力を借りる場合は，現代では，ごく例外的である。通常は，第三者にサービスを依頼し，契約を締結することになる。この場合の契約にはさまざまな種類が存在するが，海難の場合の救助のための契約書式が生み出され，その改定が重ねられて，現代では，その救助契約書式を利用して救助を依頼する場合が多い。とくに，専門の救助業者を起用する場合は，救助契約書式を利用した救助契約が締結される。代表的な救助契約書式としては，下記に説明するように，世界的には，ロイズ海難救助契約標準書式がある。また，日本の関係者が救助契約を締結する場合は，一般社団法人日本海運集会所の海難救助契約書式が利用される場合が多い。しかし，海難救助において第三者と契約する場合に，つねに，救助契約書式による救助契約を締結する必要があるわけではなく，危険の状況等に応じて，それとは異なる契約条件で契約が締結される場合もある。

4-2　定額の曳航契約等

　海難救助としての性格を有する救助契約は，不成功無報酬の原則に基づいている。成功した場合にのみ報酬が与えられる制度においては，成功した場合の報酬が高くなることは当然である。成功・不成功のリスクを救助者が負ってい

るからである。そこで，失敗する可能性がほとんどないような危険が低い作業を依頼する場合は，不成功無報酬に基づく救助契約を利用せずに，定額（lump-sum：ランプサム）または時間単価（time charge：タイムチャージ）で報酬を支払うことを決めて作業を依頼した方が合理的な場合がある。たとえば，港の近くの場所で天候も良好な状況でエンジンが停止し，曳船を手配すれば簡単に港まで入港できる場合を考えてみたい。この場合，船舶は運航不能の状態になり，海難に遭遇しているといえるので，海難救助の局面にはあるが，船主・船長が不成功無報酬の救助契約を締結しなければならない義務はない。曳航業者に定額の報酬を支払って港まで曳航してもらうことも十分考えられる。こうした契約は，請負契約で，不成功無報酬の救助契約の特徴を有していないことから，通常，救助契約とはいわない。

　世界の海域によっては，船舶が砂地に軽く乗り上げたような場合に，船長が地元の曳航業者に曳航作業を依頼し，ごく短時間の作業で離礁した後に，曳航業者が，その行為は危険を回避する海難救助に該当し，実費ベースでなく，助かった財産の価額をもとに多額の救助報酬が支払われるべきとして，裁判所の許可を得て，船舶を差し押さえる場合などがある。これは，alleged salvage と呼ばれるものであるが，特定の港湾においてこうした請求の実例が多くある。したがって，たとえ軽い事故と考えられても事故後に第三者に作業を依頼する場合には，ただちに保険会社に連絡をして対応について打ち合わせる必要がある。

4-3　ロイズ海難救助契約標準書式

　現在，世界的に利用されている救助契約書式は，**ロイズ海難救助契約標準書式**である。正式名称を Lloyd's Standard Form of Salvage Agreement：No Cure-No Pay という。一般に，**Lloyd's Open Form**（略して**LOF**）と呼ばれている。Lloyd's とは，すでに学んだとおり，ロンドンの Lloyd's であり，ロイズが作成・公表している契約書の雛形である。この書式は，19世紀後半までさかのぼる長い歴史を有し，何度もの改定を経て今日に至っている。現在，最新のものは2011年改定版で，A4用紙両面1枚のコンパクトなもので，明細を記す欄に，救助業者名，被救助財産の名前，安全とする場所，スコピック条

項（後述）を取り入れるかどうかの選択，契約締結日・場所，名前と署名を記す。書式には，AからLまでの条項と，重要通知として4つの条項，ロイズの電話番号とEメールアドレスなどが記されている。

　この書式の最大の特徴は，LOFにおけるOpenという用語でわかるように，報酬額については，契約時点においてはオープンとして決めていないことである。報酬額は，救助が終わってから，ロイズにおける仲裁（arbitration）で決定する。仲裁では，危険の度合い，救った財産の価値や作業の難易度などの要素をもとに報酬額が裁定される。書式には大きな文字で，No Cure-No Payと記されていて，不成功無報酬の原則をとる。

　LOFの条項では，救助業者が財産の救助や環境への損害の回避のために最善の努力を払うこと，被救助財産側も救助に十分に協力すること，救助の完了，仲裁に関する事項，船長や署名者は船舶の財産の所有者のために署名し，それらに対する拘束力を有すること，担保の提供，イギリス法に従うことなどが簡潔に記されている。

　海難の救助は一刻を争う問題である。契約条件や報酬の詳細を交渉していたら，タイミングを逸してしまう場合もある。そこで，まずは，救助を依頼する側は，契約書に署名して救助者は作業に入る。成功しなければ報酬が得られないので，救助する側も努力する。報酬は，多くの事例を扱って経験豊富な仲裁人が裁定するので，当事者に安心感がある。なお，一般に，仲裁は非公開が原則であるが，LOFの仲裁判断については，一定の例外を除いて公開されていて，どのような事件でどの程度の報酬が裁定されたかが一般にわかるようになっている。なお，LOFにおける救助報酬の裁定は，報酬の実額ではなく，被救助財産の価額に対する比率（%）で示される。LOFによる場合，被救助財産の額が大きいときは報酬も相当の額になるといわれている。

　救助契約における原則は，不成功無報酬であるが，LOFは，環境損害への対処の必要性を踏まえ，1989年新海難救助条約を反映させて，環境汚染のおそれのあるすべての船舶について，救助に失敗した場合または一部のみの成功の場合でも，環境損害防止作業に要した費用を補償する**特別補償**を認めている。この効果を規定する条項を**セーフティネット（Safety Net）条項**という。しかし，この特別補償だけでは救助業者には救助のインセンティブが働かないとの

不満を背景に，1999年に，スコピック（Scopic）条項と呼ばれる条項が起草され，特別補償に代えて，この条項のもとで計算される報酬を支払うことを契約で選べるようになった。LOFに署名する際には，Scopic条項（最新のものは2014年版）を取り入れるかどうかを契約書で選択しなければならない。

なお，ロイズによる仲裁については，当事者が報酬を合意できれば仲裁に付す必要はない。また，仲裁判断に不服の場合には，イギリス法に基づいた決着のための制度が利用可能である。

4-4　日本海運集会所 海難救助契約書式

日本では，日本海運集会所の海難救助契約書式がある。これは，日本法に準拠する日本語の契約書式で，日本の救助業者が日本関係の船などを救助する場合に利用している。1947年に制定され，その後，7回改定されて，最新のものは2014年の改定版である。

この書式は，LOFと似た内容を多く有している。救助契約書式には，救助者等の明細が示されていて，依頼者は，特別補償に関する特約条項を含めるかどうかを選択し，依頼者と救助者の双方が署名する方式になっている。合計19カ条の条項と特別補償に関する特約条項が定められている。

日本海運集会所の書式でも，不成功無報酬が原則となっていて，その例外として，環境損害防止のための特別補償の制度が取り入れられている。また，スコピック条項にならって，特別補償に関する特約条項が用意されている点でもLOFと類似する。

実質的に最も大きな違いは，日本海運集会所の書式では，報酬は実費にボーナスを加算する方式で算定され，ボーナスは被救助財産の価額，作業の難易度，危険度，迅速性などを総合勘案して決定することである（救助契約書8条）。実費については，日本の救助専門業者は，救助船や用具の使用料，技師等の作業費などのタリフ（tariff：単価表）を公表しているので，ボーナスを加算した救助報酬がおおよそいくらくらいの水準になるかを予想することができる。

救助報酬は，当事者の協議によって決まり，作業終了から90日たっても協議が成立しない場合は斡旋によって決まる。斡旋手続きを経ることなく直接仲裁を申し立てることも可能である。

5 救助報酬

5-1 救助報酬の支払い

(1) 支払義務者

　改正商法は，船舶所有者および船長に，積荷等の所有者に代わって救助にかかる契約を締結する権限を認めている（792条2項）。積荷等が救助された場合は，その積荷等の所有者は，当該積荷等をもって救助料にかかる債務を支払わなければならない（804条）。ただし，環境保護の観点から認められる特別補償は，船舶所有者の負担となる（805条）。救助者には，救助された積荷等に対する先取特権が認められている（802条）。なお，改正商法では，救助者に支払う報酬を「救助料」という（ただし，本書では，実務で利用されている「救助報酬」という用語を使っている）。

(2) 分担の基準

　救助報酬は，救助に成功した場合に認められ，救助された財産の額に応じて負担される。救助されなかった財産は，救助報酬を支払う必要はない。救助報酬の算定においては，救助完了の地と時における財産の価額が基準となる。たとえば，救助を完了して避難港まで曳航してそこで引き渡して救助が完了する場合は，その時点における価額が基準となる。第10章で説明する共同海損では，航海の終了時点における価額を基準として精算がなされるので，その点で違いがある。

5-2 海上保険における救助報酬の支払い

(1) てん補責任

　船舶保険，貨物海上保険においては，救助報酬も保険の支払いの対象となる。約款において救助報酬を支払うことが規定されていれば，その規定内容に従って支払われる。規定していない場合は，損害防止費用として支払いの対象となる。ただし，支払いは，保険契約の条件に従うので，免責事故の場合や，以後免責（⇒第4章3-2）に該当する場合，告知義務違反の場合，その他保険契約に

おいて保険者が責任を負わない場合には，当然ながら，救助報酬も支払われない。

なお，特別補償やスコピック条項のもとでの支払いは，環境損害の防止軽減のためのものであるので，船舶保険，貨物保険では支払いの対象とならない。P&I保険（⇒第11章第5節）における支払いの対象となる。

(2) 保証状の発行

救助が完了後，救助報酬の確定には時間がかかる。一方，救助業者は，被救助財産を所有者に引き渡せば，将来，報酬を回収できないリスクがある。そのため，救助業者は，救助完了時に，財産所有者から，救助報酬に対する保証を得ておく必要がある。保険会社は，てん補責任に問題がなければ，将来の救助報酬の支払いを約束する**保証状**（Letter of Guarantee：L/G）を発行し，それによって被救助財産は所有者に引き渡される。

特別補償やスコピック条項のもとでの支払いに対しては，P&Iクラブが保証状を発行する。

なお，保証状は，将来の請求に対して支払いを約束するものであるので，その発行は保険給付に相当するものである。そのため，事故が免責危険によって生じた場合や以後免責にあたるような場合は，保証状は発行されない。

Column　海難処理の緊迫した現場

　船舶の損害処理において最も大変であるのは海難の処理である。衝突，座礁，火災，エンジントラブルなどの事故が生じた場合，船舶と貨物の救助，避難港での仮修繕，代船輸送などの対応が必要となる。海難が生じた場合，沿岸国などが船主や荷主の財産を救ってくれるわけではない。船舶と貨物の運命は，船長と船会社（裸傭船者ほか）の判断によることになる。救助費用，仮修繕，その他の各種費用は，船舶保険などで支払われるので，船舶保険者は重大な利害関係を有している。実際には，保険会社は，事故処理の専門家として，救助の手配，衝突相手船との交渉など，海難の処理にあたる。

　筆者の過去の体験談となることをお許しいただきたいが，筆者は，船舶保険の損害部門で勤務していたとき，実際に数多くの海難事件を担当した。通常は比較的静かな職場であったが，海難を知らせる電話がかかってくれば状況は一転し，緊迫した雰囲気に包まれる。筆者自身，海難の第一報を電話で受けるときは，大変緊張し，

メモを取る手に力が入った。上司からただちに被保険者のところに行くようにいわれ，海図を持ってすぐさま船会社を訪問する。船会社には関係者が集まっていて，新たな情報が次から次に入ってくる。救助をどうするか，貨物をどうするか，定期傭船者との関係，関係当事者に対する賠償責任……，いろいろな問題が関係し，保険会社の判断が求められる。船会社の事務所から上司に電話で相談しつつ，国際電話をかけて外国の弁護士を手配したりもした。ただちに現場あるいは船会社に行き，適切な対応をとることがきわめて重要であることを痛感することが多かった。

　海難の通知が入るのは，会社の就業時間中とは限らなかった。休日の場合もあるし，真夜中のときもあった。あるときは，家族旅行に出発するために玄関で靴を履く，まさにそのときに玄関の電話が鳴った。お客様の船が座礁したという。緊急の対応にあたることになり，家族には先に旅行に行ってもらったことがあった（その当時は，携帯電話はなかった）。また，夜中の3時に船会社から，インド洋でエンジンルームが爆発して操船不能となったとの電話が入り，上司にすぐに電話で相談したうえで，イギリスの関係会社に国際電話をして救助船を探して契約条件の交渉を依頼したときもあった。ある事件では，夜中に海難事故の連絡を受け，ロンドンの弁護士を起用したが，その弁護士は，船が入港する南アフリカまで翌朝飛び立つという。そのフットワークのよさに感謝した。

　海難が生じた場合には救助が必要となるが，救助の手配は，通常，保険会社が行う。刻一刻と深刻になる海難の状況において，少しの遅れも致命的である。救助が間に合わなければ，船舶が沈没するかもしれない。また，救助船や衝突相手船などから，補償の担保として船舶を差し押さえられることがある。船舶が差し押さえられれば，航海ができなくなる。保険会社は，債権者側と交渉して保証状を発行して差押えを回避したり，差押えを解除する。船の到着が1日遅れるだけで船会社等に大変な損害が発生するので，この対応も一刻の時間も無駄にできない。船長の事情聴取などは，船が港に停泊しているタイミングに実施しなければ，その後の事情聴取が難しくなる場合がある。船舶の損害処理は，高度な専門能力，時間との闘い，そしてフットワークが必要である。

　海難は頻繁に生じるものではない。世界のどこで生じるかもわからない。しかし，海難が生じたときには，適切に対応できなければならない。日常の業務では，英語で会話する機会はあまりなかったが，海外で事故が生じたときに英語が話せません……では役に立たない。自分も，グローバルな事故に対して専門的な対応をとれるプロになりたいと思った。力士は，一瞬の取組みために長時間の稽古に励む。海難処理の仕事もそれに似たところがあるかもしれない。日頃から幅広くさまざまなことを勉強していなければならないと感じた。

第10章 共同海損

General Average

古代フェニキアで使われていた船を描いたレリーフ（GRANGER/時事通信フォト提供）

Introduction

　航海では，船舶や積荷はいわば運命共同体となる。共同海損は，航海中に共通の安全のために意図的に行った行為によって生じた損害を，助かった人が皆で公平に負担しようという精神に基づく制度である。

　共同海損は，紀元前のエーゲ海の島で生まれ，世界各国に広がった。2000年を超える歴史を経て，各国における精算実務や法律に違いが生じ，国際的な統一が必要となった。しかし，各国の法律を統一することはきわめて難しい。そこで，共通の精算ルールをまとめ，運送契約においてそのルールを取り入れる方式が生み出された。この方式は，実務で利用され，その結果，共通ルールが広がり，同一の規律に基づく仕組みが形成されたのである。

　私たちの日常生活において共同海損に触れることはまずない。しかし，商人が利害関係者における公平な調整として生み出した制度は，きわめて興味深いものがある。また，商人が，国によって法が異なる中でいかにして実務を調和させていったかを知ることは，グローバルな経済活動を営む今日の私たちに多くの示唆を与えてくれる。

　本章では，共同海損とは何か，そのルールの統一はいかにして達成されたか，ルールの具体的内容，分担制度の内容，保険における扱いなどを学ぶ。

1 共同海損の意義

1-1 共同海損の淵源

　海上で船舶に事故が生じた場合，事故の種類に応じて，救助船の手配，避難港への曳航，消火作業，貨物の海上投棄（投荷），沈没を避けるための浅瀬への乗揚げなどの処置が必要となる。こうした行為によって，船と積載貨物の両方が助かった場合に，その行為によって生じる費用や損害を助かった財産が分担して負担するというのが共同海損の制度である。たとえば，船舶が座礁し，積載していた貨物の一部を海上に投荷して，その結果，船が浮揚し，残った貨物と船舶が助かったとする。その場合に，投荷された貨物の損害をその貨物の所有者だけが負担するのは公平でない。そこで，助かった財産の所有者（船主，荷主など）が皆で損害を分担するのが共同海損の考え方である。

　海上における損害は，その損害の所有者のみが負担する損害か，共同で負担する損害かによって，**単独海損**（particular average）と**共同海損**（general average）に分けることができる。averageという用語は，アラビア語の船舶や積荷の損害を指す語源からきているとされている。海上航行中に甲板に積載していた荷物が波で流された場合のその荷物の損害は単独海損，座礁した船舶を浮揚させるために荷物を海上に投荷した場合の荷物の損害は共同海損となる。

　共同海損の制度は，大変古く，海上保険が生まれるはるか以前から存在した。紀元前900年頃，エーゲ海南東部に位置し，海運で興隆していたロード島では，島民の間で，投荷による損害を船主と荷主が分担して負担する慣習が存在したといわれる。紀元前3世紀に，海事の慣習法を編纂したロード海法には，すでに共同海損を示す分担制度が記されていたとされる。ロード海法は，ローマ法に取り入れられて海事慣習法から海商法へ進化し，世界各国の海商法の土台となっていく。共同海損の制度も，世界各国に広がり，各国の海事法の中に規定されている。日本では，商法に規定されている。

1-2　共同海損の背景

　共同海損という制度が発達した背景として重要と考えられるのは，海運の特殊性である。共同海損が生まれた当時において，海運はまさに海上冒険であった。帆船で，自然の猛威にさらされ，海賊や敵国による捕獲などの危険も高い。通信設備もなく，船外からの食料，燃料，器具の補給・調達もできない。危険に遭遇しても，自らが有する船舶とその積荷だけで乗り越えなくてはならなかった。このように，陸上とは異なり，他からの助けを得られにくい中で，いかにリスクを乗り越えていくかが大きな課題であった。船舶（船主）と貨物（荷主）は，航海という冒険を共にするまさに運命共同体であり，共同体のために犠牲になった損害を助かった者の間で分担するというのは，共同体としての側面に注目すればごく自然な考え方として理解できる。

　なお，これは，筆者の考えであるが，共同海損の意義は，事後の分配の点のみに存在するものではないように考えられる。航海において必要になった損害や費用は，航海の終了後に公平に分担するという制度があるから，航行中に万が一事故が生じても，差し迫った一刻を争う緊急事態において，船長は，船舶・貨物の安全性のみの観点から，何の迷いもなく最善の処理を行うことができる。仮に損害が生じた者が損害を負担するとなれば，船長は，たとえば，誰の貨物を投荷するか，利害関係が交錯するなか，後々の紛争も考えて判断に悩むであろう。共同海損の制度は，緊急措置における適正な判断を行ううえで重要な機能を有していると考えられる。

1-3　共同海損と海上保険の関係

　共同海損は，海上保険が14世紀に生まれる前から存在した制度であるが，両者の間では，多くの共通点がある。両者はいずれも，生じた損害を事後に関係者で分担する仕組みである。とくに，相互保険組合における組合員間における損害の分担と共同海損の分担には，類似する考え方が見られる。しかし，共同海損は，航海を共にする団体という限られた構成員における分担であるが，保険では，その分担を，さらに広く保険に加入する者に広げた分担の制度である点で大きな違いがある。分担する構成員を広げることは，特定の事故による

分担額を減らすことにつながる。そして，保険では，事前に拠出をして，それにより危険に対処するファンドが形成されるが，構成員を多くすることにより，大数の法則が利き，ファンドを安定的に運営することができる。また，海上保険は，生じた損害を原因のいかんを問わずに保険制度として消化できる限りは広く対象にして，損害を被った者を救済する方向で進化してきた制度である。一方，共同海損は，あくまで船舶・貨物の共同の安全等のために，意図的になされた損害や支出された費用を分担する制度として存在してきた点で大きな違いがある。

　海上航行中に生じた損害は，それが共同のために意図的になされた場合であっても，保険で補償するのであれば，共同海損としての分担制度は不要であるかもしれない。実際に，ロイズは，約100年前，共同海損廃止論の立場を表明していた。今日においては，船舶，貨物は，いずれもほぼ例外なく海上保険がつけられており，共同海損の対象となるような人為的になされた損害や費用支出は，共同海損という処理の過程を経なくても，船舶保険，貨物保険，さらにはP&I保険で補償される場合がほとんどである。また，今日では，通信をはじめ，海上航行における安全性は格段に向上している。航空輸送や陸上輸送においては共同海損の制度がないなか，海上輸送にのみ認めるべき合理的必要性があるか，時折，問題提起されている。とくに，保険で支払う損害を，さらに再度共同海損として精算するためには費用と時間がかかり合理的ではないという主張が存在する。

　こうした共同海損に対する批判は，繰り返し提起されてきたが，実際には，海上保険の存在によって，共同海損の意義や範囲を狭めることにはならなかった。海上保険では，共同海損制度を前提として，共同海損として認定される損害を被った場合や共同海損として分担額の支払いを求められた場合にそれらを支払う制度として進化し，現在の制度になっている（章末のColumnも参照）。

2 共同海損に関する法律・規則の変遷

2-1 共同海損に関する統一法の必要性と YAR の制定

　海上輸送においては，複数の国の港に寄航し，関係する当事者が複数国にわたり，いずれの国の法律を適用するか困難な問題が生じる場合がある。共同海損では，基本的な原則に加えて，精算に関する詳細な実務運営上のルールも必要であり，国による精算の実務に違いが生じやすい。こうしたことから，共同海損については，その法と実務を世界的に統一化しようという動きは，海上交通の世界的な発展とともに高まった。

　1860年には，イギリスの社会科学振興協会によって，共同海損の国際的統一法を作ろうとするグラスゴー決議がなされ，1864年のヨーク会議において，11ヵ条からなるヨーク規則が制定された。また，同会議において，共同海損の統一法ができるまでの暫定措置として，共同海損はこうした規則によって精算することの条項を船荷証券（⇒第5章2-2）や傭船契約（⇒第7章）に設けることで自主的に統一化を進めようとのイギリスの提案が採択された。1877年には，国際法協会（International Law Association）において，12ヵ条からなるヨーク・アントワープ規則（York-Antwerp Rules：以下，YAR と略す）が採択され，1890年には，イギリスの共同海損精算人協会が原案を作成した18ヵ条からなる YAR 1890 が採択された。しかし，YAR 1890 は，共同海損に関する一般原則に関する規定は設けずに，いかなる場合を共同海損とするか等についての具体的な実務要領を取り決めたものであった。

　このように，共同海損に関する法の統一は，統一規則を契約に織り込む形で進んでいったことから，国際法協会は，実務界の意向を踏まえ，1924年のストックホルム会議において，統一法の制定を断念する決議を行った。その一方で，YAR をより体系的で自足的なものにする観点から，新たに，共同海損の成立要件などの基本的な原則に関する規定を**文字規則**（A条からG条）としてまとめた。YAR 1890 で記載されていた規則は，具体的な適用ルールとして整理して**数字規則**（I条からXXIII条）として内容も見直され，文字規則と数字規

則を合体させた形で YAR 1924 が採択された。現在利用されている YAR は，YAR 1924 をさらに改正したものである。

2-2　YAR の浸透

　YAR 1924 は，海運に関係する実務界において歓迎されたものの，例外は米国で，YAR 1924 に対して疑念を示していた。共同海損には，後に説明するが，共同安全主義と共同利益主義の大きく 2 つの考え方があり，前者は共同海損の範囲を安全が確保されるまでの狭い範囲に制限する。YAR 1890 をもとにでき上がった数字規則は，共同利益主義に基づく実務が織り込まれていたが，新たに，共同海損の原則として起草された文字規則では，共同安全主義に基づく考え方が示されていた。そのため，米国は，文字規則によって数字規則が制限されてしまうとの懸念を示し，実際に利用する場合には，文字規則のほとんどを削除するという措置もとった。

　こうしたなか，1928 年の Makis 号事件においてイギリスの裁判所は，文字規則を優先するとの判決を下して米国の懸念のとおりの事態となった。これに対して，イギリスの実務界は，この判決は実務の理解と異なるとして，保険会社・船主は，共同海損は数字規則に規定がない限り文字規則に従うとの協定 (Makis Agreement) を締結した。その後 1950 年，国際法協会から YAR の改正作業を引き継いだ万国海法会（Comité Maritime International : CMI）は，米国の要望も取り入れ，数字規則を優先する旨の**解釈規則**を新たに設け，YAR 1950 を制定した。こうして，米国も YAR に賛同し，実務で利用されるようになったのである。

2-3　YAR の簡素化と反動

　1960 年代からは，保険業界の世界団体である国際海上保険連合（IUMI）などから共同海損の簡素化を求める声が高まり，共同利益主義に基づく共同海損の拡大傾向への批判などを背景に，万国海法会は，1974 年に YAR の合理化も行い，YAR 1974 を採択した。

　1989 年には，新海難救助条約（⇒第 9 章 1-3）が採択され，また，ロイズ海難救助契約標準書式（LOF⇒第 9 章 4-3）の国際的浸透も踏まえ，環境損害を防

止軽減することによる救助報酬の増額（条約 13 条）は共同海損に認める一方，条約による特別補償（14 条）は共同海損に認めないこととする YAR 1994 が採択された。YAR 1994 には，至上規定の新設，その他の点でも大幅な改定がなされた。

しかし，こうした動きに対し，国際海上保険連合は，共同海損の簡素化を強く求めた。こうした主張を背景に，万国海法会は，2004 年，船舶と荷主で一度精算した救助報酬を再度共同海損として再精算することの廃止やその他の簡素化に向けた改定を行い，YAR 2004 が採択された。しかし，YAR 2004 は，船主関係団体の賛成が得られない中で採択されたもので，結局，船荷証券等に織り込まれることはほとんどなく，実務では，ほとんどが YAR 1994，一部は 1990 年修正の YAR 1974 が利用される状況となった。

こうしたなか，YAR 2004 における関係団体の合意形成における問題も踏まえて，2016 年に，再度 YAR の改正作業がなされた。万国海法会は，各国海法会や関係団体に詳細な質問状を送って意見を聴取したうえで改正にあたり，救助報酬の共同海損への認容など，一部は YAR 1994 の内容に戻すとともに，その他の改正を行って，YAR 2016 が採択された。

このように，共同海損に関するルールについては，国際的な法の統一という方法によらずに，統一規則を作って契約に織り込むという形で統一が進められてきたが，YAR の中身については，国による，あるいは利害団体の利益の違いによる調整の困難さを背景に，何度もの変遷を経て今日に至っている。

なお，現在利用されている YAR は，YAR 1994 か 1990 年改定 YAR 1974 で，YAR 2016 はほとんど利用されていない。しかし，今後は，YAR 2016 が採用されることが期待される。

2-4　日本における共同海損に関する法

日本では，商法に共同海損の規定があり，2018 年の改正商法において全面的な見直しがなされている。改正商法第 3 編海商第 6 章共同海損では，共同海損の成立（808 条），共同海損となる損害または費用（809 条），共同海損の分担額（810 条），共同海損を分担すべき者の責任（811 条），共同海損の分担に基づく債権の消滅時効（812 条）についての規定が設けられている。内航船など，

日本法を準拠法とする運送契約においては，改正商法が適用されるが，国内の海上運送契約でも，ほぼ例外なく，共同海損は，YAR に従うことが規定されているので，契約上の合意として，同規則が適用されることになる。すなわち，共同海損については，外航であるか内航であるかを問わず，ほぼ同様のルールで精算する実務が定着している。改正商法は，こうした実務も踏まえたうえで，YAR における考え方と調和する内容で，共同海損における基本的な原則のみを条文の形で示している（ただし，改正商法の内容は YAR とまったく同じではない）。以下では，YAR をもとに，その中身について概略を示す。

3 YAR の構造と基本原則

3-1 共同海損における 2 つの主義

すでに記したとおり，YAR では，1950 年以降は，文字規則，数字規則，ならびに解釈規則から構成されている。文字規則は基本的な原則，数字規則は具体的な適用ルールを示し，解釈規則は，数字規則が優先することを規定している。

ところで，共同海損として認める対象をめぐっては，主に，2 つの考え方が存在する。1 つは，**共同安全主義**と呼ばれるもので，共同海損として認める対象を，船舶と貨物が共同の危険にさらされている最中になされた犠牲や費用に限定する考え方である。これは，19 世紀初頭からイギリスの実務処理における原則となっていた。もう 1 つは，**共同利益主義**と呼ばれるもので，船舶が避難港に停泊した後に，本来の目的である航海を継続するために必要となる費用は共同海損に認める考え方である。これは，ヨーロッパの大陸法や米国法の考え方であった。共同利益主義をとることによって共同海損にさらに認められるものとしては，避難港において船舶を修繕するために必要となる，積荷の荷揚げ，保管，再積込みに要する費用，停泊中の余分な港費，船員の給食料，出港の港費などがある（ただし，船舶損傷の修繕費は除く）。

上に見た YAR の制定と改定の歴史は，こうした 2 つの考え方の対立と調整の歴史でもある。共同利益主義は，共同海損を認める具体的状況として示され

ている数字規則に多く織り込まれている。一方，共同海損の一般原則を示す文字規則には，共同安全主義が多く取り入れられている。YARは，2つの主義の調整の結果として理解できる。

3-2　YARにおける基本原則

(1)　共同海損の成立要件

共同海損の成立要件については，YARの文字規則に規定がある。A条1項は，「海上冒険を共にする財産を危険から守る意図をもって，共同の安全のために，意図的にかつ合理的に，異常な犠牲を払い，または異常な費用を支出した場合に限り，共同海損行為が成立する」と規定している。この定義規定は，YAR 1924からYAR 2016まで変更されていない。

この定義は，共同安全主義の立場に立つ規定である。YARには，解釈規則を冒頭に掲げ，数字規則が優先することを規定しているので，数字規則に規定がない場合に共同海損を認めるかどうかを判断するときには，A条の一般原則に基づくことになる。

A条における要件を見てみよう。まず，冒険を共にしている必要がある。船舶，貨物のほか，危険にさらされている運賃，定期傭船者の燃料なども財産にあたる。また，共同の危険の存在が必要である。貨物か船舶のいずれかのみに損害を与える危険は対象とならない。さらに，行為は，共同の安全のためのものでなければならない。これは，共同安全主義に基づくことを明確に示す要件である。認められる行為は，意図的に（intentionally）かつ合理的になされた異常な犠牲と異常な費用の支出である。犠牲（sacrifice）とは船舶や貨物などの財産に与えられた物的な損害をいい，費用（expenditure）とは第三者に対して支出された費用をいう。

(2)　共同海損に認められる損害の範囲

海上保険では，事故によってさまざまな損害が生じ，そのどこまでの損害を保険金支払いの対象として認めるか，あるいは免責による損害と見るか，その因果関係をどのように判断するかという問題があることはすでに説明した（⇒第4章）。

共同海損の場合は，共同海損行為（general average act）という意図的な行為

を対象として，その結果として生じる犠牲や費用が分担の対象となる。そこで，行為によって生じるいかなる範囲の損害（犠牲損害，費用損害）を共同海損として分担の対象とするかという因果関係が問題となる。

YARのC条1項は，共同海損行為の直接の結果である滅失，損傷または費用に限り共同海損として認めることを規定する。「直接の結果 (direct consequence)」の意味をいかに解釈するかについては，YARには規定はない。イギリスの解説書などでは，共同海損の行為のときにおける損害を船長が実際に予見しただけでなく，予見することが可能であって，予測すべきであったと合理的に考えられる場合を含むものと解釈されている。

C条2項は，いかなる場合でも，環境損害や汚染物質の流出・排出の結果生じる損害は共同海損としないことを規定している。ただし，この原則については，数字規則で一定の例外が示されている。

C条3項は，いかなる場合でも，滞船，商機の逸失，遅延によって被る間接損害 (indirect loss) については，共同海損に認めないと規定する。

(3) 運送人の過失と共同海損の関係

海上での事故は，運送人に責めがある事由によって生じる場合がある。その場合に，共同海損を認めるかどうかが争いになる。運送人に責任があるかどうかは，事実関係の調査・認定をもとに法律上の判断が必要な事項であり，その判断には多くの時間を要し，当事者間で争いが続く場合も多い。そこで，YARのD条は，当事者のある者の過失に起因した場合であってもその分担請求権は影響を受けないと定めている。

運送契約における運送人の責任は，それが適用される法律や契約条項によって異なる。一般的には，航海過失は免責となるが，船舶が航海に堪えられない状態（これを不堪航〔unseaworthiness〕という）である場合には，相当の注意を尽くしたことが認められない限りは運送人は責任を負うことになっている場合が多い。そこで，船舶が不堪航で事故が生じ，相当の注意を果たしていなかった場合は，共同海損自体は成立して精算もされるが，その分担の段階となって，荷主は分担額の支払いを拒否することが認められる。また，すでに分担金を支払っていれば，支払額について賠償請求することが認められる。

運送人に責任が認められた場合は，船主は，積荷に対する共同海損分担額を

負担することになるが，これは，通常，船主のP&I保険（⇒第11章第5節）で支払われる。

(4) 代換費用

共同海損として認められる費用（X）の代わりに他の費用（Y）を追加支出した場合，共同海損として認められる費用（X）の範囲において，他の費用（Y）が共同海損として認められる。この原則は，F条に記されている。たとえば，避難港で船舶を修繕する場合には，積荷の荷揚げ・再積込み，修繕期間中の船員の給食料，港費などが生じ，これらは共同海損費用損害として認められる。一方，それらの費用より安くなるのであれば，避難港で修繕せずに，たとえば，他の船を手配してそれに積み替えて目的港まで代船輸送したり，目的港が近ければ，そのままタグボートで曳航することも合理的である。こうした場合に，共同海損として認められる費用の範囲内で，代替的な費用支出を共同海損に認めるという考え方である。この代替的費用支出を**代換費用**（substituted expenses：代替費用と訳される場合もある）という。F条は，共同利益主義に基づくルールである。

4 共同海損として認められる行為と損害

4-1 共同海損における損害

共同海損に認められる損害は，**共同海損犠牲損害**（GA Sacrifice）と**共同海損費用損害**（GA Expenditure）に分かれる。前者は，共同海損行為によって生じた船舶や貨物自体に生じた損害をいい，後者は，共同海損行為によって発生した支出（費用損害）をいう。それらの損害は，共同海損行為によって直接生じた場合にのみ認められる。YARで認められている共同海損行為と損害のうち，主要なものとしては以下がある。

4-2 主な共同海損行為と共同海損に認められる損害

(1) 投荷（I条）

座礁した場合などに，船舶を浮揚させるために，積荷を投棄したり，他の船

を手配してそれに瀬取りしたりする行為が該当する。

(2) 船火事の消火 (III条)

消火による損害・費用が共同海損となる。火災自体による損害は単独海損となる。火災の損害はなかったが消火によって濡れた貨物の損害は，共同海損にあたる。消火のために生じた煙や熱による損害は，事故によるか消火によるかの判定が難しく，それらは共同海損から除外することがIII条で規定されている。

(3) 任意の乗揚げ (V条)

沈没や転覆を避けるためなどの目的で，浅瀬に任意に乗揚げる場合は，乗揚げが不可避であったかどうかを問わず共同海損となる。その結果，直接生じる損害が共同海損として認められる。たとえば，乗揚げによる船底の損傷箇所の修繕費は共同海損の対象となる。

(4) 救助報酬 (VI条)

今日では，海難に遭遇した場合，専門の救助業者を起用するのが通例である。その点では，共同海損が誕生して，最初の統一ルールが起草された19世紀と今日とでは，かなり状況が異なっている。救助は，契約に基づいて行う救助と契約によらない任意救助がある（以下では，それらの場合の報酬を救助報酬と呼ぶ）。救助した者は，救助された財産（船舶，貨物）に対する報酬請求権を有する。そして，この救助報酬は，損害を防止軽減する費用にあたり，船舶保険，貨物保険において，いずれもてん補される。そこで，問題は，こうして精算される救助報酬を再度共同海損として再精算することが合理的かどうかである。この点は，保険者と船会社との利害関係が必ずしも一致しない面があり，YARの制定をめぐって，救助報酬の位置づけに大きな変遷があった。

救助報酬の扱いについては，YAR 1994では，共同海損費用となっていたが (VI条)，その後，YAR 2004では，共同海損の対象から外すことになった。YAR 2016では，それとは異なり，YAR 1994と同等の立場に戻り，YAR 2016では，(a) 救助行為が海上冒険を共にする財産を危険から守る意図でなされた場合には，契約救助料，任意救助料のいずれも共同海損に認めること，(b) 救助条約13条における環境損害を防止・軽減するための救助者の技能・努力を勘案した救助報酬も，それに含むこと，ただし(c) 救助が成功しなかった場合

や成功しても被救助財産の価額が低いために支払われる特別補償は共同海損に認めないことが規定されている (VI 条)。ただし, LOF (⇒第 9 章 4-3) などの救助契約のもとにおいて被救助財産がその価額の割合で救助報酬の支払責任を単独で負う場合には, 救助報酬を決定したときの被救助財産の価額と共同海損において利用される価額 (負担価額) に明確な差が認められるなどの一定の場合に, 共同海損としての再精算を行うこととしている。

(5) 避難港費用 (X 条)

船舶が, 海難に遭遇して, 共同の安全のために避難港に入港する場合がある。避難港への入港は共同海損行為にあたる。その場合, 水先案内料や曳船料などの入港と出港のために必要な費用, 入港や停泊の条件として必要となる環境損害の防止軽減費用, 積荷と燃料等の荷繰り, 荷卸し, 保管, 再積込み, 再積付けに必要な費用, 航海の延長・停泊期間中の乗組員の給料・食料, 港費などが必要となる。そこで, YAR は, それらを共同海損に認める詳細な規定を設けている。ここでは, すでに説明したとおり, 共同利益主義の考え方が含められており, その結果, 避難港に入港して船舶の安全が確保された後の費用も共同海損の対象となる。

(6) 仮修繕 (XIV 条)

航海を完遂するためには, 避難港において損傷箇所の修繕を行う必要があるが, そのためには長期間が必要となり, 仮修繕を行って出港した方が合理的な場合がある。その結果, 停泊期間中の費用などを減らすことができる。こうした仮修繕費は, 代換費用として, 共同海損に認められる費用の額を限度として, 共同海損に認められる。

(7) 立替手数料 (XX 条), 利息 (XXI 条)

YAR 1994 では, 費用を立て替えた立替手数料も共同海損に認められているが (XX 条), YAR 2016 では対象に認められていない。

共同海損としての精算を行い, 利害関係者に支払いを求め, 実際に回収が完了するまでには長い年月を要する場合がある。そこで, 共同海損に認める費用には利息を加算して, 共同海損として認めている。利率については, YAR の制定年度によって規定が異なる。

5 共同海損の分担

5-1 分担する者

共同海損を分担するのは、共同海損行為のときに、共同の危険に遭遇し、共同海損行為によって安全を確保された財産である。その財産は、航海の終了の時および地において存在する財産となる。

5-2 負担価額

航海の終了の時および地における財産の価額に基づいて、共同海損に認められる額は比例的に分担される。分担の基準となるそれぞれの価額を**負担価額** (contributory value) という。

積荷が負担する価額は、航海終了時の財産の正味価額である。貨物の価額の算定は容易でなく、通常は、CIF 価額（⇒第5章第1節）が利用される。

船舶の負担価額は、航海終了時における船舶の正味価額（船価）となる。共同海損を精算する共同海損精算人は、専門の船価鑑定人から鑑定書を取り付けて、それをもとに負担価額を計算している。

なお、負担価額は、航海終了時の価額であるから、共同海損行為によって安全が確保された以降であっても、まったく別の事故によって、船舶や貨物の価値が減じてしまう場合が生じうる。その場合は、負担するベースとなる価額（負担価額）も、価値の減少分、減ることになる。たとえば、共同海損の損害額が合計で9000万円として、目的地における価額が、船舶が5億円、貨物Aが3億円、貨物Bが2億円とすれば、9000万円について、船舶は4500万円、貨物Aは2700万円、貨物Bは1800万円をそれぞれ分担することになる（計算式1参照）。

<計算式1：単独海損がない場合の分担額>

$$船舶\quad 9000万円 \times \frac{5億円}{(5+3+2)億円} = 4500万円$$

貨物A　9000万円　×　$\dfrac{3億円}{(5+3+2)億円}$　＝　2700万円

貨物B　9000万円　×　$\dfrac{2億円}{(5+3+2)億円}$　＝　1800万円

　しかし，この事例において，貨物Bに1億円の損害が生じて価値が1億円になったとすると，負担価額は船舶5億円，貨物Aが3億円，貨物Bが1億円（2億円－1億円）となり，共同海損として認めた9000万円に対して，船舶は5000万円，貨物Aは3000万円，貨物Bは1000万円，それぞれ分担することになる（計算式2参照）。

＜計算式2：貨物Bに単独海損が生じた場合の分担額＞

船　舶　9000万円　×　$\dfrac{5億円}{(5+3+2-1)億円}$　＝　5000万円

貨物A　9000万円　×　$\dfrac{3億円}{(5+3+2-1)億円}$　＝　3000万円

貨物B　9000万円　×　$\dfrac{(2-1)億円}{(5+3+2-1)億円}$　＝　1000万円

5-3　犠牲損害の加算

　共同海損の精算では，共同海損犠牲損害として認められる損害の部分は，負担価額に加算される。その理由は，犠牲損害は，共同海損として，損害に対する補償を得られることになるので，このような加算をしないと，犠牲損害を負担した者は損害に対する補償を得られる一方，犠牲損害がなかった者は分担責任のみを負うことになって公平でないからである。

　たとえば，貨物B（2億円）がすべて投荷されたとする。その場合，共同海損犠牲損害は2億円となり，船舶の負担価額は5億円，貨物Aの負担価額は3億円，貨物Bは，事故がなければ到達時の価額は2億円であったが，目的地の価額は0になるので，何の調整もしなければ，共同海損の分担として，船舶が1億2500万円，貨物Aが7500万円を負担し，貨物Bは2億円の補償を得られて負担額が0になる（計算式3参照）。

＜計算式3：貨物Bに犠牲損害が生じた場合に調整をしない場合の分担額＞

船　舶　　2億円　×　$\dfrac{5億円}{(5+3+0)億円}$　＝　1億2500万円

貨物A　　2億円　×　$\dfrac{3億円}{(5+3+0)億円}$　＝　7500万円

貨物B　　2億円　×　$\dfrac{0円}{(5+3+0)億円}$　＝　0円　（分担額）

　　　　貨物Bは，犠牲損害に対する回収額2億円と，分担額0円との差し引き2億円の受領

　これでは，貨物Bは共同海損によって利益を受けて公平ではないので，犠牲損害としててん補される額を加えた額を負担価額として分担額を決定する。その結果，共同海損の分担額として，船舶は1億円，貨物Aは6000万円，貨物Bは4000万円を負担する。貨物Bは，犠牲損害に対する補償として2億円を得る。なお，通常，共同海損の分担額も犠牲損害も保険金支払いの対象となっているので，その場合，船舶については，船舶の保険者が1億円の分担金，貨物Aの保険者は6000万円の分担金を負担する。貨物Bの保険者は，貨物の全損金を支払うとともに，共同海損の精算においては，分担額4000万円の支払いと犠牲損害に対する2億円の回収となる（計算式4参照）。

　このような精算処理からも共同海損における公平の概念が理解できるであろう。

＜計算式4：貨物Bに犠牲損害が生じた場合に調整を行った後の分担額＞

船　舶　　2億円　×　$\dfrac{5億円}{(5+3+2)億円}$　＝　1億円

貨物A　　2億円　×　$\dfrac{3億円}{(5+3+2)億円}$　＝　6000万円

貨物B　　2億円　×　$\dfrac{2億円}{(5+3+2)億円}$　＝　4000万円

6 共同海損の精算の流れ

6-1 共同海損精算人の起用

　共同海損の事故では，行為や支出によって種々の損害や費用が生じることから，どこまでを共同海損として認めるかの判断が必要となり，精算は精緻で複雑となる。そこで，共同海損の精算には，通常，専門の**共同海損精算人**（General Average Adjuster）を起用して，精算と分担額の回収業務を依頼する。日本にも，共同海損精算人が存在し，専門的な精算業務を実施している。

6-2 共同海損の宣言と手続き

　船主は，船舶が目的港に着く前に，貨物の受荷主に対して共同海損事故が発生したことを宣言し，**共同海損宣言状**（General Average Declaration Letter）を出して，必要書類の提出を求める。必要書類としては，以下がある。

共同海損盟約書 （Average Bond）	共同海損の分担に応じることを約束する書類
保証状 （Letter of Guarantee）	分担金を支払う保険者が発行するもので，共同海損の精算が完了して分担請求がなされた場合に，保険者がそれを支払うことを約束する書類。なお，保険に入っていない場合は，現金による供託金の支払いが求められる。
価額申告書 （Valuation Form）	荷主が積荷の価額を申告する書類で，送り状（Invoice）の写しを添えて提出する。

　荷主は，上記の書類を提出することによって，貨物を受け取ることが可能となる。荷主は，保険会社に共同海損分担保証状を発行してもらうためには，次の書類を提出する必要がある。

（ⅰ）保険証券の正本

(ⅱ) 共同海損宣言状の写し
(ⅲ) 共同海損盟約書で荷主が署名したものの写し
(ⅳ) 送り状の写し
(ⅴ) 船荷証券の写し

Column　共同海損は廃止されるべきか

　共同海損が生み出された頃の状況と技術革新が進んだ今日の状況とでは海上航行をめぐる状況に大きな違いが生じている。共同海損制度は，将来にわたっても維持されるべき制度といえるのであろうか。以下は，筆者の考えになるが，その点について触れておきたい。

　共同海損の存在意義を考えるうえで，前提として重要であるのは，海上航行の危険性である。技術の進歩によって，事故の発生可能性は，今後減っていくことが期待される。しかし，それでも，事故が生じた場合の事故の巨額性は減少するどころか，むしろ船舶，貨物の価値の増加に伴い，膨大化する可能性が考えられ，それらの財産を守るために必要な費用もきわめて高額になるであろう。そのため，海上航行に大きなリスクが伴うこと自体については変わりないであろう。

　次に，高額な損害・費用を誰が負担するかという問題は，保険があるからまったく問題にならないというものではない。海上保険は，世界的に自由化の進んだ競争市場で営まれている。多額の損害を負担すれば，その者の保険成績が悪くなり，以降の保険料等に影響してくる。犠牲が生じた者や費用を支出した者がそれらをすべて負担するとなると，誰が負担するのか，どの部分を犠牲にするのかをめぐって争いが生じやすく，迅速かつ適切な判断を行ううえでの支障となるであろう。また，船舶を運航する船主に，運航の責任主体として損害や費用をすべて負担させることが良いともいえない。船舶は，船舶の価額を大きく超える財産を輸送して国際競争の中で海運ビジネスを営んでいる。異常な事態においては関係者で損害を分担するという制度があることにより，それを前提として運賃を計算することができ，運賃を合理的な水準にとどめることができる。

　以上の点から，海上輸送の技術進歩があっても，共同海損の制度は，利害関係者における調整を円滑に進め，海運の安定的な運営において，今後も，重要な機能を有する制度として認められるのでないかと考えられる。しかし，共同海損において実際に大きな比重を占める救助報酬については，いったんは利害関係者間で精算し

て保険でも支払われるので，共同海損として再精算する必要は低いと考えられる。
　共同海損は，将来にわたっても，重要な機能を有する制度として存続していくものと考えられるが，海陸一貫輸送や技術革新がさらに進んでいく中で，その意義や合理化をめぐって，再度，議論になる可能性は十分ある。

第11章
海上の賠償責任とP&I保険
Marine Liability and P&I Insurance

台風により連絡橋に衝突したタンカー（時事／関西空港海上保安航空基地提供）

Introduction

　トラックによる陸上の運送を考えてみよう。交通事故，荷物の損害，その他の事故によっていろいろな賠償責任が発生する。船舶の場合も，その点では同じである。海上の場合の特徴としては，損害が巨額になる場合があること，関係する当事者が複数の国に関係する場合が多いことである。

　船舶は，数百億円の価額のものがあるし，自動車専用船であれば数千の車を積載している。油濁事故になれば，天文学的な損害額になる場合がありうる。こうした賠償責任のリスクを考えると，航海事業に乗り出せなくなる場合もある。そこで，マリンの世界では，責任を一定額に制限する制度が存在する。

　また，巨額の損害に対しては，いかに保険を提供するかが問題となる。多様で巨額になる賠償責任のすべてを船舶保険で補償することは難しい。そこで，船舶保険では，船舶間の衝突賠償責任のみを対象として，それ以外はP&I保険で補償している。

　本章では，海運で生じる各種賠償責任の特徴と種類，責任制限の制度，油濁責任，P&I保険における補償の内容などについて学ぶ。ここでも，グローバルなリスクが伴う問題とともに，それへの対処を学ぶことになる。

1 海上航行に伴う賠償責任の特徴と種類

1-1 各種の賠償責任

　自動車保険を理解するためには，自動車の所有や運転によっていかなる賠償責任が発生するかを知る必要がある。海上の賠償責任保険についても同じで，まず，船舶の運航に伴い，どのような賠償責任が発生する可能性があるかを理解する必要がある。私たちの日常の経験をもとに，トラックによる荷物の輸送中に生じた事故を考えてみたい。事故にはさまざまな形態が考えられ，それによる賠償責任にもさまざまなものがある。自動車との衝突であれば，相手車両との衝突による相手方の財物・人身事故に対する損害賠償，店舗に突入した場合には店舗に対する損害賠償，輸送している貨物を破損した場合には荷主に対する損害賠償，道路等を汚染した場合にはその清掃や破損トラックの撤去責任，運転手が死傷した場合には雇主の賠償責任や雇用契約上の責任など，いろいろな賠償責任や費用が発生しうる。関係する法律としては，民法（不法行為，債務不履行など），自動車損害賠償保障法，道路交通法，商法（運送契約法），労働法，その他があり，運送契約や雇用契約の内容も問題となる。

　海上の航行においても，同じように各種の賠償責任が発生する。主なものをあげてみる。

船舶間の衝突	相手船，積荷，運賃，人身に対する賠償責任，相手船の撤去に対する賠償責任
船舶以外の財物との衝突	岸壁，橋，海上構築物，パイプライン，海底ケーブル等の損害に対する賠償責任
積載貨物以外への損害	油濁，養殖・漁場等への損害，環境損害に対する賠償責任
積載貨物に対する損害	受託貨物に対する賠償責任
乗組員，乗客に対する損害	人に対する賠償責任
船舶事故の残骸物の撤去責任	事故によって残骸となった自船の撤去処分

1-2　海上事故の特徴

海上運送に関して生じる賠償責任は，基本的には，陸上運送事故における賠償責任と類似する部分が多いが，2つの大きな特徴をあげることができる。

(1)　特徴1：事故の国際性

まず，あげておきたいことは事故の国際性である。陸上の事故であれば，ほとんどの場合，事故の関係者は日本の法人，個人，財産となる。また，日本法が適用される。しかし，海上では，日本の領海内で日本の当事者のみが関係する事故もあるが，外航では世界のどこで事故が生じるかわからず，また，その場合にいろいろな国の当事者が関係する。日本の領海内で事故が生じた場合も，船舶の国籍，船舶所有者または運航者が外国で，荷主が複数の外国所在となる場合がある。

こうした背景から，適用される法律関係はきわめて複雑になる。しかし，各国の法律には違いがあり，かつ，一部の事項を除き，国際条約などによる世界的な法の統一は進んでいない。賠償責任に関する法律は，民事の領域の法律であり，それぞれの国の国内法の影響を強く受ける。そのため，国際的な統一が難しい。さらに，米国などでは州法と連邦法のいずれが適用されるかという問題も加わる。そこで，賠償責任の中身の争いに入る前に，まず，いずれの国の裁判所において裁判を行うか（裁判管轄），どの国の法律が適用されるか（適用法）が問題となる。実際の事件では，それぞれの請求者は自己にとって損害賠償が有利になる国の管轄を取得しようとして動く。管轄をとるために，自分が主張する管轄に来た相手船やその姉妹船を差し押さえて，その解放を条件に，管轄の合意を要求してくる場合もある。

実際に，大きな海難事故では，いくつもの訴訟が複数の国で提起される場合が珍しくなく，複数の国で管轄が認められる場合もある。このように，海上の事故は，国際的な事件となり，その法律関係がきわめて複雑となる。こうした点が重要な特徴である。

(2)　特徴2：巨額となりうる損害

海上運送における損害は，巨額となる可能性がある点も重要な特徴である。海上輸送は，一度に，大量の物資の輸送を可能とする。船舶自体も高額の財産

であるが，そこに積載される貨物の価額も高額になる。しかも，船舶の燃料，さらには積載していた原油や化学品が流出すれば，広範囲にわたる海洋汚染になり，巨額の損害が発生する。旅客船では，多くの人員が海難に遭遇して巨額の賠償事件となった事件がいくつも存在する。こうした巨額の損害の賠償は，巨大な船によってのみ生じるわけではない。小型船であってもタンカー等に衝突すれば大災害に対する責任が発生する。

海上運送に伴う損害は巨額であるため，損害賠償も巨額になりうるという特徴がある。そのため，損害に対する補償が得られる仕組みを作り上げる必要があり，保険制度が重要な役割を担っている。

小型船であっても，運航において，自身の財産をはるかに超える巨大損害を引き起こしてしまう可能性がつねに存在する。そのリスクを考えると海運という事業に乗り出すことに躊躇しかねない。そこで，海上では，賠償責任の総額を，船の規模に応じて制限する船主責任制限の制度が誕生し，法律となっている。船主責任制限は，陸上では見られない制度であるが，海上損害の巨額性や海事産業の保護といった点から，海運各国において導入されている。

1-3 賠償責任の種類

海上航行に伴う賠償責任は，多岐にわたるうえ，複数の国の法律が問題となる場合があり，複雑である。以下に，概括的な整理とはなるが，全体像を把握するために，骨格となる考え方を整理しておく。

(1) 輸送される対象物に対する賠償責任

輸送では，契約に基づき貨物や旅客を輸送している。輸送の際にそれらの貨物や旅客に損害を与えた場合は，契約違反として賠償責任（債務不履行責任）が問題になる。その場合は，契約に適用される法律（商法，その他の法律）のほか，当該契約における契約内容（運送約款等）によって賠償責任が定まってくる。契約に適用される準拠法は，契約において規定されている合意や適用される法律による。なお，契約上の債務不履行責任の他に，次の不法行為責任が重ねて認められる場合もある。

物品の運送契約においては，梱包や重量あたりの責任制限が，法律および約款に従って適用されるが，故意その他の一定の場合には責任の制限が認められ

ない。また曳航している場合の曳船・被曳船との関係については，基本的には，曳航契約に基づいて賠償責任が決定される。曳航契約においては，曳航業者の責任を制限する条項が織り込まれている。

(2) 契約関係にない者に対する賠償責任

契約関係にない者に対する賠償責任の典型的な例は，船舶間の衝突による相手船舶とその積載貨物等に対する賠償責任である。そのほか，岸壁，桟橋，養殖施設，魚網，パイプラインなどの第三者の財産に対する賠償責任もこの類型にあたる。第三者に対する事故の場合，不法行為に基づく賠償責任が基本となるが，それ以外にも，事故に適用される特別法があれば，特別法に基づく賠償責任が発生する。船舶衝突については国際条約や改正商法に規定がある。油濁責任については船舶油濁損害賠償保障法が適用される。

(3) 残骸物の撤去責任

船舶や貨物が事故によって残骸となった場合は，残骸物を撤去する責任が発生する。責任の根拠は，残骸物が存在する場所によっても異なる。東日本大震災の津波では，陸上に打ち上げられた多くの船舶の撤去責任が問題になったが，海岸，河川，道路，公園，個人の敷地，建物の上など種々の場所が存在し，場所によって適用される法律が異なる状況であった。また，残骸物によって二次損害が生じた場合の賠償責任も問題になる。残骸物の場合は，事故の原因を作った者以外にも，所有者の責任も問題となる。

(4) 雇用関係に基づく賠償責任

乗組員の人身損害に対しては，船主や裸傭船者は，雇用関係の法律，労働協約などに従って賠償や補償が求められる。また，国によっては，船内で荷役作業に従事する港湾労働者に対しても，請負契約に基づいて賠償責任が求められる場合がある。

2 船主責任制限

2-1 責任制限額に関する種々の方式

陸上と異なる重要点として，海上の損害については，1つの事故に対する船

主の賠償責任の合計額を一定限度に制限する**船主責任制限**（limitation of liability）
が認められている。

　船主責任制限は，長い歴史を有する制度で，ヨーロッパの中世までさかのぼる。責任制限の方式については，国により，また時代により，複数の方法が利用されてきた。

　歴史的に古い制度は委付主義である。これは，船主は自己の船舶を手放して（債権者等に委付して），それでもって，それ以上の賠償義務を負わないという制度である。17世紀のフランス海事王令はこれを規定し，日本でも1975年に改正される前の商法は，委付主義をとっていた。なお，同じ委付であるが，海上保険の委付は，船主や荷主が財産を保険者に委付して保険金額の全部を請求する制度である（⇒第4章7-2）。

　委付主義は，所有権の移転を伴う制度であるが，所有権の移転を伴うことなく，船舶の価額を限度として責任を負うとする考え方が生まれた。それが船価責任主義である。イギリスは，1734年に船価責任主義を採用した。その時点の船舶の価額までに責任を制限するという考え方自体はわかりやすい。しかし，船舶の価額について，客観的に定まっている統一的な評価基準などは存在しない。したがって，価額をどのように評価するかで争いとなるし，事前に責任額を知ることも難しいという難点があった。

　金額責任主義は，船の大きさをもとに責任制限額を算出する方式で，イギリスは，1894年に船価責任主義から金額責任主義に変更して，商船法を制定した。現在は，世界的に，金額責任主義が多く利用されている。

2-2　責任制限に関する国際条約

　責任制限に関する法律は，各海運国に存在するが，内容に違いがあった。そのため，内容を統一しようとする動きが古くから存在した。

　1924年ブリュッセル条約（1931年発効）は，船価責任主義と金額責任主義を併用する方式をとったが，主要国の賛同を得られずに終わった。

　1957年の船主責任制限条約（1968年発効）は，金額責任主義を採用した。また，責任を制限できる対象とする債権を，旅客の死亡・身体傷害，運送品の滅失・損傷などとして，物損のみの場合と人損のみの場合を分けて，後者を3倍

の額として，それぞれ船舶のトン数に応じて算出される責任制限金額を定めた。

1957年条約の仕組みは，広く賛同を得たが，さらに責任限度額を大幅に引き上げる必要性が認識され，1976年船主責任制限条約が成立した（1986年発効）。その後，同条約は，1996年改正議定書により再度改正され，責任限度額も引き上げられた。

2-3 日本の船主責任制限制度

日本は，1957年に船舶責任制限条約を批准し，1975年に「船舶の所有者等の責任の制限に関する法律」（以下，船舶責任制限法と略す）を制定した。また，同年，「油濁損害賠償保障法」も制定した。その後，1976年船舶責任制限条約と1996年改正議定書に対応するための改定を行った。1996年改正議定書が発効した後，同議定書の責任限度額は2015年に引き上げられた。以下に，日本の現行の船主責任制限法に基づいて船主責任制限制度の基本的な内容を説明する。

(1) 責任制限の主体

制限を認められるのは，船舶所有者の他に，船舶の共有者，傭船者（裸傭船者，定期傭船者，航海傭船者）を含む。また，その被用者も含まれる。賠償責任は，船舶の所有者だけでなく，運航管理にあたる各当事者が負う可能性があるためである。また，責任制限は，会社だけでなくその被用者も含めて，広く責任を制限できる制度となっている。

(2) 責任制限の対象となる債権

責任制限の対象となる債権（制限債権）は，船舶上で，または船舶の運航に直接関係して生じる人身損害またはその船舶以外の物の滅失・損傷による損害に基づく債権となる。ただし，旅客の生命・身体損害に関する債権，海難救助や共同海損の分担に関する債権，被用者の使用者に関する債権などは，対象外（非制限債権）となっている。また，油濁損害に基づく債権，原子力損害に基づく債権は，それぞれ油濁損害賠償保障法と原子力損害の賠償に関する法律（1961年）において定められているので，責任制限の対象債権とはならない。

(3) 責任制限が認められない場合

自己の故意，損害の発生のおそれがあることを認識しながら行った自己の無

表 11-1　責任限度額（2015年6月8日引上げ後）

物損のみ	A. 2000トン以下の船舶	151万 SDR
	B. 2000トン超3万トンまでの船舶	上記 A に，2000トンを超える1トンにつき604 SDR 加算
	C. 3万トン超7万トンまでの船舶	上記 B に，3万トンを超える1トンにつき453 SDR 加算
	D. 7万トン超の船舶	上記 C に，7万トンを超える1トンにつき302 SDR 加算
人損のみ	A. 2000トン以下の船舶	453万 SDR
	B. 2000トン超3万トンまでの船舶	上記 A に，2000トンを超える1トンにつき1812 SDR 加算
	C. 3万トン超7万トンまでの船舶	上記 B に，3万トンを超える1トンにつき1359 SDR 加算
	D. 7万トン超の船舶	上記 C に 7万トンを超える1トンにつき906 SDR 加算
物損と人損の両方がある場合	人損のときの規定が適用される。ただし，配分についてのルールあり	

（注）　SDR：特別引出権。SDR バスケットは，米ドル，ユーロ，人民元，日本円，およびスターリング・ポンドから構成される。2018年10月12日時点で，SDR 1 = 米ドル 1.397260（IMF 発表）。約 156.7 円。

謀な行為によって生じた損害に関するものは，責任制限阻却事由として責任制限は認められない。

(4) 責任の限度額

責任の限度額は，船舶のトン数（国際トン数）に応じて算出され，トン数あたりの限度額の単位は，SDR（特別引出権）によって定められている（表11-1）。これは，為替の変動で限度額が大きく変動してしまうことを避けるためである。

たとえば，1万5000トンの船舶が物損のみの事故を起こした場合の責任制限額は，以下のとおりとなる。

151万 SDR＋（1万5000トン－2000トン）×604 SDR＝936万2000 SDR
（約14億6700万円）

(5) 債権の按分

責任制限がなされた場合には，それぞれの債権は，その額に比例して回収を

図ることになる。たとえば，衝突相手船の船舶の損害に対する損害賠償債権 2 億円，相手船の貨物の損害に対する損害賠償債権 3 億円，人身損害なしの場合で，船舶の責任限度額が 2 億 5000 万円であれば，以下のとおり，相手船・船舶分 1 億円，貨物損害分 1 億 5000 万円となる。

$$\text{船舶損害に対する責任限度額}\quad 2\text{億}5000\text{万円} \times \frac{2\text{億円}}{2\text{億円}+3\text{億円}} = 1\text{億円}$$

$$\text{貨物損害に対する責任限度額}\quad 2\text{億}5000\text{万円} \times \frac{3\text{億円}}{2\text{億円}+3\text{億円}} = 1\text{億}5000\text{万円}$$

3　油濁損害に関する責任

　日本が輸入する貨物で，金額と容積が最も大きくなるのは，原油である。原油は大型タンカーで運ばれる。大型タンカーの長さは 300 メートルを超える。もし海上で事故があって原油が流出したら，油は薄く広がるので，きわめて広範囲の海や海岸に甚大な損害を与えてしまう。しかし，油濁事故はタンカーだけでなく，いずれの船舶にも生じうる。船舶の多くは，燃料として油を利用しているためである。

　油の流出事故は，残念ながら，時々生じており，大事件を契機に，それを防止する制度・法律とともに，事故後の責任や補償の制度が作られてきた。

　1967 年に，イギリス南西端シリー諸島において，トリー・キャニオン号の座礁・船体損傷事故が発生し，11 万トンもの原油が流出した。この事故を契機に，1969 年に「油による汚染損害についての民事責任に関する国際条約」（以下，民事責任条約と略す）が成立した。この条約では，タンカーの責任を所有者に集中させて，無過失責任としたうえで，責任制限を認め，また，2000 トンを超える油を輸送するタンカー船主に，油濁責任の補償を担保するための証明書の提出を義務づけた。

　また，1971 年には，「油による汚染損害の補償のための国際基金の設立に関する国際条約」（以下，国際基金条約と略す）が締結されて，上記民事責任条約における責任限度額を超える損害については，加盟国の石油業界が資金を提供して基金を設けて被害者を補償するための国際的な制度が生まれた。

1969年の民事責任条約は，その後，1976年，1984年，1992年と改正された。1971年国際基金条約は，1992年に改正され，2003年には，追加基金議定書が成立している。

以上の条約は，タンカーを対象としたものであるが，タンカー以外の一般の船舶でも燃料として油を積んでいることから油濁は生じうる。そのため，2001年に「燃料油による汚染損害に関する民事責任に関する国際条約」（以下，バンカー条約と略す）が成立し，2008年に発効したが，日本は批准していない。

日本は，1969年に民事責任条約と1971年に国際基金条約を批准し，両条約をもとに，1975年に油濁損害賠償保障法を制定した。その後，両条約の改正を踏まえて，また，2001年のバンカー条約における一般船に関する油濁損害賠償責任に関する内容も織り込み，2004年に，名称を船舶油濁損害賠償保障法に変更して改正を図った。

船舶油濁損害賠償保障法においては，1969年条約を踏まえて，タンカー所有者は，賠償保障契約を締結しなければならない。この保険契約は，船主責任相互保険組合（P&Iクラブ）または保険会社などと締結しなければならなくなったのである。同法では，被害者には保険者等に対する直接請求権が認められている。責任制限額を超える部分については，被害者は，主に，国際基金に対して補償を求めることになる。

4 海上の賠償責任に対する保険制度

4-1 賠償責任と対応する保険制度

海上の賠償責任としては，表11-2のとおり，各種の保険制度が存在する（表11-2は，大まかな分類。例外も存在する）。

4-2 賠償責任保険の仕組みと意義

賠償責任保険は，被害者が被った損害をてん補する保険ではない。被害者が損害を被り，賠償者がその損害賠償義務を負担した場合の賠償者の損害をてん補する保険である（図11-1参照）。

表 11-2　海上の賠償責任に対する保険制度

船舶の種類	発生する責任	保険の種類	保険者
一般商船	船舶間の衝突賠償責任	船舶保険	保険会社
	船舶間の衝突賠償責任保険で保険価額を超える超過責任	船舶保険の特約	保険会社
		P&I 保険	P&I クラブ
	その他の各種賠償責任（荷主に対する運送契約上の賠償責任を含む）	P&I 保険	P&I クラブ 保険会社
	傭船者の荷主に対する運送契約上の賠償責任	傭船者賠償責任保険	保険会社
作業船	各種の賠償責任	P&I 保険	保険会社
漁船	各種の賠償責任	漁船保険	漁船保険組合 保険会社

図 11-1　賠償責任保険の仕組み

しかし，その保険金は，被害者の損害を回復させるためのもので，被害者を救済する機能を有する。加害者が倒産した場合，加害者に支払われた保険金は，破産財団のもとにいき，被害者も一般債権者と同じ立場に立つために，被害者はその被害に対する救済を十分には受けられない可能性が高い。そこで，保険法は，被害者に加害者の保険金請求権に対する先取特権（⇒第4章7-6）を認めて，優先的に弁済を受けられるようにしている（22条1項）。この保険法の規定は，強行規定と解されており，契約で変更することはできない。

タンカー所有者がつける油濁賠償責任に対する保険では，船舶油濁損害賠償保障法に基づき，被害者には保険者に対する直接請求権が認められている。このような直接請求制度は，自動車損害賠償責任保険（自賠責保険）においても認められていて，被害者に対する救済機能をさらに高めるものである。

4-3 賠償責任保険における支払対象と免責

　賠償責任保険は，その他の損害保険と同じく，保険で対象とする事故によって賠償責任が発生した場合を支払いの対象とする。免責危険による場合は，支払いの対象とならない。また，船舶保険では，以後免責があるので，それに該当する場合にも保険では支払われない。告知義務違反の場合は，原則として，保険者は責任を負わない。

　他の損害保険と賠償責任保険との違いとしては，他の損害保険では，故意と重過失が免責となっているが，賠償責任保険では，重過失は免責となっていない（保険法17条2項）。これは，被害者を保護するためである。

4-4 賠償責任保険において補償の対象とする事象

　賠償責任が法律上確定する場合には，次のような過程を経る。

事故原因となる過失の発生
　⇩
原因事故の発生
　⇩
第三者の損害の発生
　⇩
被保険者の賠償責任の法律上の負担
　⇩
被害者から被保険者に対する賠償責任の請求
　⇩
賠償責任・賠償額の決定
　⇩
被害者に対する賠償金の支払い

　これらのうち，どの事象が保険期間内に生じなければならないかについては，保険の種類によって異なる。海上保険の場合は，事故原因となる過失の発生から被害者における損害の発生までが時間的に短い場合がほとんどである。

4-5 賠償責任保険における支払義務発生の時点

賠償責任保険の形態としては，次の3つの類型がある。

(1) 先履行型

被保険者が損害賠償金を支払った場合に，それによって被保険者に生じる損失を損害てん補の対象と捉えて，保険者の支払責任を発生させる方式である。この方式の場合，被保険者が無資力の場合は保険がうまく機能しないという問題がある。伝統的に，P&IクラブによるP&I保険では，この方式を原則としている。ただし，クラブがやむをえないと考える場合は，先に支払うことを要件としていない。

(2) 責任負担型

被保険者の賠償責任が法律上で確定したときに，被保険者に損害が生じたと捉えて，支払責任を生じさせる方式である。被害者の直接請求は認めない。損害保険会社が販売する各種の賠償責任保険ではこの方式が一般的で，船舶保険における衝突賠償責任の補償もこの方式をとる。

(3) 免脱型

被保険者が賠償責任の請求を受けた時点で，保険者の負担を発生させる方式である。損害賠償を提起されたら，保険会社が被保険者に代わって示談交渉を行い，被保険者に対する賠償責任の免脱や軽減に努める。任意の自動車保険では，実質的にこの方式が利用されている。船舶保険の衝突賠償責任においても，衝突後，相手方は，担保の提供等のために保証状（L/G）の提出を求め，保証状がない場合は，本船や姉妹船を差し押さえてくる。保証状の発行は，将来，賠償責任が確定した場合に支払いを約束するものであるが，実質的には，保険者による給付にあたる。保証状を発行後，保険会社は，相手方と損害賠償をめぐって交渉する。ここでは，実質的には，免脱型の保険と同じような処理がされているものといえる。

4-6 支払対象となる損害

支払いの対象となる損害の種類は，保険によって異なり，それぞれの約款（P&Iクラブの場合にはクラブの保険契約規定）に定められている。通常は，以下

が支払いの対象となる。

> - 賠償責任を負った賠償額：訴訟，調停，仲裁，和解などで確定した賠償金（和解金）
> - 応急手当てなど，緊急措置に要した費用
> - 損害防止軽減のための費用（保険会社の事前了承が必要）
> - 訴訟費用（各種費用，弁護士費用）
> - 保険者への協力費用

4-7 てん補限度額

それぞれの保険において，支払いの限度となる額が設定されている。船舶保険における衝突賠償責任については，船舶保険の保険金額がてん補限度額となるが，特約をつけることによって，当該船舶の責任限度額までの衝突賠償責任を補償の対象とすることができる。

5 P&IクラブによるP&I保険の補償内容

5-1 特　徴

P&Iクラブは，すでに第2章で述べたとおり，船舶保険で支払われない各種の損害に対する補償を得るために，船主が集まって相互に保険をつける制度として誕生した。こうした誕生の経緯からわかるとおり，P&Iクラブは，船主が負担する各種損害を広く補償していくところに特徴がある。クラブの規則では，支払いの対象とはなっていない損害が発生した場合でも，それが組合員に必要であると理事会が承認すれば，保険金を支払う（オムニバス条項に基づく支払い）。

こうした包括性と柔軟性を備えたクラブの運営が可能となるのは，保険料を事前に確定させるのではなく，クラブ全体の運営によって，保険年度末に調整する方式をとっている点をあげることができるであろう。追加が必要となれば，追加の請求（call）がなされる。

なお，以上は，外航船を対象とした世界のP&Iクラブの運営である。日本船主責任相互保険組合は，内航船に対してもP&I保険を提供しているが，それについては，定額保険料の方式が採用されていて，追徴・返戻はない。

5-2 補償内容

世界には，主要なP&Iクラブが13あり，それらは，国際P&Iグループを組織している。国際P&Iグループは，事務局をロンドンに置き，互いに再保険を引き受けたり，共通の再保険機構を構築したりして，巨大リスクに対するリスクの分散を図っている。こうした必要から，国際P&Iクラブに加盟の13のクラブは，各種の共通問題に対処しているが，保険引受規則もほぼ同じものを利用している。日本では，日本船主責任相互保険組合（Japan P&I Club）が船主相互保険組合法に基づいて設立されている。その引受けは，保険会社の場合とは異なる。保険約款という名称の書式による保険引受けは行わずに，組合の定款とその保険契約規則による。保険契約規則は，定期的に見直して改定されている。保険契約規則は，準拠法を日本法とするが（民法，改正商法，保険法等が適用される），その内容は，国際P&Iクラブの保険契約規則とほぼ同じ内容のものになっている。

P&Iクラブにおいて支払いの対象となるのは，不法行為等に基づく賠償責任だけでなく，契約や就業規則等に基づく責任，支出を余儀なくされた費用など，広範囲にわたる。ただし，それらが，加入船舶の運航に伴って保険期間中に生じ，かつ保険契約規定のてん補の範囲に定めるもので，かつ組合員が支払いの責任を負ったものとなる。

5-3 対象となる賠償責任・費用

対象となる責任や費用については，次のとおり，多岐にわたる。
(1) 船員の傷病関係
法律や労働協約，就業規則等に基づく各種の費用等で，遺族補償，行方不明手当，葬祭料，療養補償，休業補償，後遺障害手当，失業手当，所持品喪失手当，送還費用，遺族の旅費など。

(2) 旅客に対する賠償責任

旅客の死傷に関する責任・費用，海難により生じた目的地までの移送費用，人命救助費など。

(3) その他の人身損害に対する賠償責任

本船上，または船外の人に対する各種の賠償責任（慰謝料を含む）。

(4) 密 航 者

船内に密航者が発見された場合の送還のための余分な費用。

(5) 衝突相手船に対する賠償責任

船舶保険で補償されない人身損害，油濁責任など。

(6) 船舶以外の他物の損害に対する賠償責任

岸壁，桟橋，ブイ，海底ケーブル，養殖場，定置網などに損害を与えた場合の賠償責任。

(7) 船骸撤去費用

船舶が全損となった場合の船骸や積荷の撤去費用。

(8) 汚濁損害，清掃費用

油その他による海洋や海岸の汚濁に対する賠償責任，清掃費用。また，海難救助契約に基づいて支払う環境損害防止のための費用，報酬。

(9) 曳航契約における賠償責任

曳航契約を締結したことによって，本船に課される責任。

(10) 防 疫 費 用

伝染病が発生した場合の費用。

(11) 積荷損害に対する賠償責任

運送貨物に損害が生じて，運送契約上，船主が負担する賠償責任。

(12) 荷主が支払いを拒否した共同海損分担額

船舶が不堪航であった場合など，共同海損の精算はなされたが，荷主が船主の責任を主張して支払った分担額を船主に求償した場合，または荷主が分担額の支払いを拒絶し，船主が負担することになった額。

(13) その他各種の賠償責任

その他の賠償責任も対象となる。

第12章
その他の海上保険
Other Marine Insurances

Introduction

　海上保険の中心は貨物海上保険，船舶保険，P&I保険であるが，その他にもいろいろある。各種のリスクに対応するさまざまな保険が開発・利用されている。

　貨物の輸送リスクの保険は，海上輸送を伴う場合は外航貨物海上保険または内航貨物海上保険であるが，陸上輸送のみの場合は運送保険である。運送保険は，海上保険自体ではないが，貨物保険の一領域となっていて，その保険の内容も海上保険に近い。

　船舶を建造したり修繕したりする場合は造船所で行うが，造船や修繕においても各種のリスクが存在する。そのため，さまざまな保険が利用されている。

　近年，世界的に重要になってきているのは海洋エネルギー関係の保険である。海洋石油開発や洋上風力発電に関する保険などである。これらの保険は，物の財産，収益，費用や賠償責任を幅広く対象とするオーダーメイド型の保険である。

　本章では，各種の海上保険を学ぶ。海上保険の領域は広く，その可能性を理解するとともに，それぞれの保険が持つ機能，とくに，新しいチャレンジを支援する機能を有していることを理解していただきたい。

1 国内の貨物輸送に対する保険

1-1 貨物保険の種類

　国内の貨物輸送は，トラック，鉄道，航空機，内航船，フェリーなどによってなされる。国内を輸送される貨物の保険としては，海上（川，湖を除く）の航行がある場合は貨物海上保険，それ以外は運送保険となる。日本において，これらの保険は，それぞれ歴史も古く，内航貨物は貨物海上保険として1879年，運送保険は1893年から認可を受けて販売されている。運送保険，貨物海上保険，外航貨物海上保険を含めて，貨物保険と呼ばれている。運送保険は，厳密には，海上保険ではないが，海上保険と類似の内容を持つものであり，ここで取り上げておく。

　そのほか，運送業者が受託した貨物を毀損させて賠償責任を負う場合に対する賠償責任保険として，運送業者貨物賠償責任保険がある。

1-2 特　徴

　貨物海上保険や運送保険も，輸送中の貨物の損害をてん補するものであり，基本的には，外航貨物海上保険と同様の内容を有する保険である。しかし，いくつかの点で重要な違いがある。

(1) **日本語による保険証券・約款**

　外航貨物海上保険は，ロンドンの標準書式を利用した英文契約となるが，内航の海上輸送や陸上運送では，当事者は，日本国の企業や個人であり，貨物の移動は国内のみとなることから，日本法準拠の契約となる。

(2) **保険証券の譲渡**

　外航貨物海上保険では，売買の当事者間で保険証券が譲渡される場合がある。しかし，国内の場合は，同一被保険者のリスク負担内の貨物の移動がほとんどで，輸送中に被保険者が変わるという場合はほとんど生じない。したがって，特定の被保険者の被保険利益のみを対象とする保険でよい。

(3) 期間建保険

　輸出入の貨物の場合は，原則として，個々の輸出入の単位ごとに通関が必要であり，個々の輸送に対して保険をつける必要がある。しかし，国内輸送の場合には，通関といった過程がない。また，保険で保護する被保険者の変更も生じないので，被保険者の扱う貨物に対する輸送を包括的に補償する方式が通常とられている（特殊な貨物の場合，単一の輸送に保険をつけることは可能である）。保険期間は，1年などの定期の期間を設定して，その間の物流を補償する方式になる。さらに，特約により，輸送中に限らず，保管中，加工中なども補償することが可能であり，こうした特約はロジスティック総合特約などの名称がつけられている。このように，国内貨物の保険は，物流を広く補償するものとなっている。

(4) 担保危険

　外航貨物海上保険では，地震・津波リスクが担保され，また，戦争，ストライキ，テロ等のリスクは，基本の補償範囲では免責となるが，特約によって復活担保可能である（ただし，戦争リスクは海上におけるものに限定される）。一方，内航の貨物海上保険・運送保険では，これらはいずれも免責で，原則として，特別約款は用意されていない。

1-3　適用法

　契約は，日本法に基づくが，保険約款にもその点が記されている。保険法が適用されるほか，内航貨物海上保険については，改正商法の海上保険の規定（815条から830条）が適用される。引越荷物など，個人がその個人財産に対して個別に運送保険を手配する場合には，保険法の片面的強行規定の適用を受けるが，事業者がその事業について保険をつける場合は，強行規定を除き，保険法における規律を変更することが認められる。

1-4　保険約款

　日本法に基づく約款を利用しており，その普通保険約款は，当局への届出を経て利用されている。普通保険約款に特約を添付して引き受ける点では，和文の船舶保険約款，他の各種の陸上分野の損害保険の契約と同じで，約款に記載

されている条項の内容は，他の損害保険の約款と共通する部分が多く存在する。

現在，国内の物流においては，コンテナ等による複合一貫輸送が一般的であり，海上と陸上を区別して別の保険とする意義も少なくなっている。しかし保険種目としては，別のものとして認可を受けている経緯から，貨物海上保険と運送保険は，それぞれ別の保険として存在している。ただし，実質的な内容に違いがあまりないため，保険会社によっては両者で共通の約款を利用している。

1-5 保険事故と免責事故

保険で対象とする事故と免責の内容は，保険会社によってまったく同じとはいえないが，ほぼ似たものとなっている。

運送貨物は，完成品や製造部品などの精密なものから，スクラップ，鉱石，材木など，種々のものまで多様である。保険の補償としては，オール・リスク担保として，すべての偶然な事故によって生じた損害をてん補するものと，特定危険担保として，火災，爆発，輸送用具の衝突・転覆・脱線・墜落・不時着・沈没・座礁・座州に限定する方式が用意されているので，貨物の性格，リスク，保険料等を踏まえて，補償のタイプを選択する。特定危険の場合は，それに破損・曲がり損，盗難・不着，海水・雨水濡れ，虫食い，汚損，汚染，波ざらいなど，各種の危険を追加することも可能である。貨物によっては，オール・リスク担保までは必要ないが，特定危険担保に，貨物の特性に応じてリスクのある危険を加えて，実態に応じた補償がアレンジされる。

免責としては，故意・重過失，貨物の自然の消耗，欠陥，荷造りの不完全，運送の遅延，戦争，テロ，ストライキ，原子力事故，運送人の倒産などがある。

1-6 てん補される損害

保険価額は，通常，送り状面価額をもとに協定されるので，それをもとにてん補保険金が算定される。また，損害防止費用，損害立証費用，さらには内航貨物海上保険では，救助報酬（救助料）の貨物負担額および共同海損分担額もてん補の対象となる。

貨物が滅失したかそれに類する大損害を被った場合，被保険者が貨物を喪失して回収の見込みがない場合，貨物を仕向地まで輸送する方法がなくなった場

合，費用損害が仕向地における貨物の価額を超える場合，30日間以上の船舶・航空機の行方不明などの場合には，全損として扱われる。これは，推定全損（⇒第4章7-2）の考え方を取り入れたものである。

分損（⇒第4章7-3）の場合には，分損計算による保険金が支払われる。

1-7 その他の約款記載事項

貨物海上保険，運送保険の約款は，日本法に基づくものであるので，和文の船舶保険普通保険約款，その他の陸上の各種保険約款に設けられているのと同様の条項が多く設けられている。

2 船舶建造関係の保険

2-1 船舶建造保険

船舶の建造や修繕関係でも種々の保険が利用される。大きく分けると，造船所が加入する保険と船舶所有者が加入する保険に分けることができる。造船所が加入する保険として最も一般的なものは，船舶建造保険である。造船所は，船舶を建造する場合に，その船舶が完成して引き渡すまで建造中の船舶に対する損害についてリスクを負っている。そこで，引渡しまでに生じる船舶の物的損害および試運転等における他船との衝突によって負担する賠償責任，その他の損害をてん補するものである。

保険約款としては，いくつかの種類があり，和文の場合は，船舶保険普通保険約款に船舶建造特別約款，その他の特別条項を加えて引き受ける。英文の約款としては，Institute Clauses for Builders' Risks（イギリス協会建造保険約款）や American Institute Builders' Risks Clauses（米国協会建造保険約款）がある。

この保険では，造船契約代価を下回らない額で保険価額を設定する。ただし，実際の保険価額は，工事の進捗に応じて増加していく。保険価額は，材料費，工事費用，利潤等の合算額となる。

担保する危険は，海上の危険に加えて，陸上の危険も対象として，オール・リスクが基本となっている。しかし，地震・噴火は免責となる（船舶保険では，

基本約款において担保の対象となっているので，その点で相違がある）。また，材質上の欠陥，設計や使用上の問題，設計変更のために生じる費用は，免責となる。

　保険は，工事期間を対象として設定されるが，試運転等のための航行中も補償される。ただし，航行については保険契約において合意した区域内のみが対象となる。

2-2　船舶修繕者工事保険，船舶修繕費保険

　造船所は，新たに船舶を建造するだけでなく，船舶の改造工事や修繕なども行う。この際に，被保険者が所有する船体や機器などの修繕材料，その他の財産を対象に，修繕業者のリスクを補償するものが船舶修繕者工事保険である。

　また，修繕中の事故によって修繕業者が修繕費の請求ができなくなるリスクに備えて加入する保険として船舶修繕費保険がある。修理契約代金を保険価額として設定する。

　これらはいずれも，オール・リスクをベースとする保険となっている。船舶普通保険約款に該当する特別約款を加えて引き受けられる。

　修繕のたびごとに保険を手配することは煩雑であるため，期間建ての保険として，期間内になされる修繕等を対象に，包括的な保険契約を設定して，工事の量に従って保険料を精算する方式なども利用されている。

2-3　船舶修繕者賠償責任保険

　船舶修繕者が，修繕工事の目的である船舶，その積荷およびその他の財物に与えた損害により，修繕工事発注者（船舶所有者，賃借人）や第三者に対し法律上の賠償責任を負ったことにより被る損害をてん補する保険が船舶修繕者賠償責任保険である。契約で加重された責任，地震・噴火による損害，盗難・紛失などは，免責となっている。

2-4　船舶修繕保険

　船舶修繕保険は，船主や裸傭船者等の船舶所有者や管理者がつける保険で，修繕期間中は，船舶は造船所の管理下に入り，船舶について船主等が負担するリスクは相対的に小さくなることから，保険料を削減するために，通常の船舶

保険から切り替えるものである。船舶の改造などの場合には，その工期が相当の期間になるので，こうした保険に切り替える場合がある。

3 海洋石油開発関係の保険

3-1 海洋石油開発事業の特徴

　石油は，各種の原材料となるとともに，重要なエネルギー資源である。しかし，その産出は，中東等に地理的に偏在するために供給の安定性において問題がある。1970年代，世界の石油メジャーは，政治的リスクの少ない海洋に目をつけて海洋石油開発に取り組みだした。1990年代の湾岸戦争時には原油価格が大幅に上昇し，それにより，メキシコ湾，西アフリカ，ブラジル沖などの大水深油田の開発が進むことになった。

　今日では，世界の原油生産量の約4割は海洋油田によるものである。エネルギー資源の脱炭素化は，地球温暖化の観点から重要な課題であるが，一方で，原子力発電にも問題があり，太陽光などのクリーン・エネルギーは現時点ではまだ安定的なエネルギー資源とはなっておらず，台風などの自然災害に弱く，また，日照不足によって発電量が著しく落ちてしまうという問題がある。こうした状況において，日本では，当面は，相当程度を火力発電に頼らなければならない状況にあり，石油が重要なエネルギー資源になる。

　海洋における石油開発ビジネスは，巨額の資金が必要で，その規模は1兆円を超える場合も多く，国家的な重要プロジェクトとなる。複数の国が関係する国際的なプロジェクトになる場合も多い。事故が発生すれば，原油による海洋汚染など，巨額の損害が生じる大きなリスクが存在し，それに対する保険の手配は不可欠である。保険が手配されないとなれば，そもそも融資も困難になり，開発自体について政府等の関係者から許可が得られなくなる。

　近年の特徴として，石油開発は，独立系石油開発会社，元売系石油会社に加え，商社，電力・ガス会社，コントラクターが参入したプロジェクトになっている。主な開発の地域としては，メキシコ湾，北海，ブラジル沖，オーストラリア沿岸などがある。

3-2　海洋石油開発関係の保険の特徴

　海洋におけるエネルギー開発の保険も，海上保険の重要な領域の1つである。
　海洋石油開発では，プロジェクトの数が限られる一方，巨大リスクが存在する。また，プロジェクトは，開発段階から運転段階まで，いろいろな種類のリスクにさらされている。また，事故形態に多様性がある。さらに，ひとたび，事故が生じた場合，保険金支払いが完了するまでに長期間を要する場合も少なくない。とくに，油濁による海洋汚染に対する賠償責任などは，解決まで長い時間がかかる。そのために，保険成績の把握に時間がかかるという問題が存在する。また，ハリケーンなどの自然災害によって一度に大きな損害が生じる場合が多く，保険成績が安定しない状況にある。
　こうした特殊なリスクを扱うためには，国際的な共同の取組みが必要で，共同保険や再保険がきわめて重要となる。

3-3　海洋石油開発関係の保険市場

　国際的な案件では，英米の保険ブローカーなどが中心となって，保険のスキームを企画し，多くの保険会社がそれに参加する方式がしばしば利用される。国際海上保険連合（IUMI）の統計資料（2018年9月公表）では，海上保険の保険料のうちの12%を海洋エネルギー関係が占めており，そのうちの約7割はイギリスが引き受けている（⇒第2章5-2）。日本の保険会社も力を入れている分野であり，今後，日本の商社等によるプロジェクトの成約に合わせて，日本の保険会社による保険引受けが増大していくことが期待される。

3-4　石油開発の段階と必要な保険

　以下のとおり，プロジェクトの各段階において，各種の保険が必要となり，必要な補償を組み合わせることになる。

採鉱・物理探査段階	第三者賠償責任保険，労災保険，など
採鉱・試掘段階	第三者賠償責任保険，暴噴制御費用保険（再掘削費用保険を含む），掘削機材の保険，など

開発段階	建設工事保険，第三者賠償責任保険，利益・費用保険，暴噴制御費用保険，など
生産段階	生産施設の物保険，暴噴制御費用保険，利益保険，第三者賠償責任保険，など

3-5 石油開発関係の主な保険

リスクに応じて必要な保険がアレンジされる。掘削装置（リグ），その他の機器，艀，パイプラインなどの財物については，その財物の損害に対する財物保険が手配される。

また，工事中の人身，財物等の損害に対しては賠償責任保険，油濁等の油の流出に対しては，その回収・清掃費用，それによる賠償責任を補償する保険が手配される。特徴的なものとしては，暴噴制御費用保険がある。この保険は，油田で暴噴（blowout）が発生した場合に，それを制御するために要する費用をてん補するものである。その他，事故によって操業が停止して被る収益上の損害に対する保険も手配される。

3-6 プロジェクトの特徴を踏まえた保険対応

こうしたプロジェクトには，元請，下請，委託先など，多くの企業が加わり，事故が生じた場合の責任関係が複雑になっている。保険契約においては，保険金を支払えば，法律上，保険者は被保険者が有する第三者に対する賠償請求権などの債権に当然に代位する（⇒第4章8-2）。そこで，こうした共同プロジェクトの保険では，保険者は，故意などの例外を除き，代位請求を放棄する条項を設けて，保険者が被保険者に保険金を支払った後に，下請業者等に代位請求せずに，その利益を保護する方式がとられている。

石油開発関係の保険では，国際的な共同保険や再保険の仕組みが不可欠となる。その共同保険や再保険では，事故が生じた場合などに，円滑に処理が進むように，事故の場合の対応を契約上定めている。また，幹事会社の決定に非幹事会社が従う旨の合意条項（Follow the Leader Clause）も織り込まれる。

4 洋上風力発電関係の保険

4-1 洋上風力発電の意義

　風力発電は，クリーン・エネルギーとして期待が高まっているエネルギー資源である。しかし，陸上において風力発電をする場合，周囲の住宅等への影響等の問題があり，風車の設置場所が限られる。一方，海上では，広大な場所と強い風がある。洋上の風力発電は，デンマーク，ドイツの沖合いなどの水深が浅い地域で多くなされていて，そこに多くの風車が設置されている。他方，日本の場合は，海底に風車を設置できる適地が少ないという問題がある。そこで，洋上に浮かす方式の設備の技術開発が進められている。洋上風力発電は，日本が自前でエネルギーを生み出せる発電として，日本のエネルギー資源として重要な地位を占めることが期待される。また，洋上風力発電の事業は，日本の各種技術力を集大成した産業といっても過言でなく，日本経済に対する波及効果も期待されている。

4-2 洋上風力発電の保険の意義と内容

　洋上に台を浮かして風車を動かす方式は，台自体が波浪によって大きく動くため，損害が生じる危険がきわめて高い。いずれにせよ，保険制度が重要な役割を有する。
　保険の内容は，海洋石油開発の場合と類似する。建設・設置作業中では，運搬，工事，風車の設置，ケーブルの敷設などについての各種の財物保険，費用保険，賠償責任保険が必要となる。また，事業運営中は，風車，ケーブル等の設備に対する財物保険，収益の損失保険，費用保険，賠償責任保険が必要となる。

4-3 特　　徴

　この保険も海洋石油開発の保険と同様の特徴を有する。プロジェクトにおけるリスクを吟味して，それをもとに必要な保険をパッケージ化する。リスクマ

ネジメントの専門家との共同作業によって,オーダーメイドの保険を設計することになる。再保険が重要となる点はいうまでもない。

終　章
海上保険の課題と展望
Issues and Prospects of Marine Insurance

Introduction

　海上保険が誕生して700年。各種の保険制度の中で最も古い。こういうと古めかしいイメージを持つかもしれない。しかし，海上保険は，柔軟で，時代とともに変化してきた。そして，これからも時代とともに変化していくであろう。

　海上保険は，多様な財産を対象とする保険で，各種の危険に対する補償の総合性に特徴を見出すことができる。海上保険は，商人の冒険を支える制度として発展してきた。その点は，海上保険の基本的特徴として，時代の変化にかかわらず，今後も存在していくことが期待される。

　本章では，海上保険を取り巻く環境にどのような変化が生じているか，それによって海上保険はいかなる課題に直面しているか，それに対して世界の海上保険市場ではいかなる動きが生じているか，そして，何よりも，日本として，どうしていくべきなのかを読者の方とともに考えていくものである。

　本章における記述は，筆者の執筆時点における個人的見解であることをご承知願いたい。

1 海運ビジネスの変化と海上保険

　海上保険は，貿易や海運とともに存在する。海上保険の課題と展望を考えるうえでは，まず，それらの前提について考える必要がある。

1-1 貿易における変化

　日本は，世界有数の貿易立国として成長してきた。原材料を輸入してそれをもとに製品を造り，輸出して産業を発展させた。現在，製品や半製品の輸入が増えているだけでなく，メーカーは，生産拠点自体を海外に移転させて，外国の生産拠点から輸入したり，そこから第三国に輸出する場合が多く見られる。材料の調達，部品の生産，移動，加工，消費地への移動といったビジネスがグローバルに展開されている。経済活動のグローバル化により，貿易取引も，輸入と輸出に単純に二分化して理解することが難しい状況になっている。企業はグローバルに展開するビジネスの全体について適切にリスクを管理する必要があるが，保険制度もまたそうしたビジネスに適合するように進化していく必要がある。

　企業ビジネスのグローバルな展開が進んでいくと，海上保険，陸上保険といった制度的な枠組みがうまく適さない状況も出てくる。しかし，現行の各国の保険行政や法律の枠組みを変えていくことは難しい。陸上の財産については，その国の保険会社と国内の法律に従って認められる保険の契約をしなければならない。こうした各国の状況が変わることは考えにくい。したがって，制約はあるものの，企業のグローバルなビジネスに適合するように保険が提供される必要がある。

1-2 海運における変化

　海運についてはどうであろうか。海運は，グローバルな展開が最も早くから進んだ産業といえる。所有，運航，営業，船舶管理，乗組員配乗等の機能面での国際分業が進んでいることは，すでに各章で見てきた。それぞれの機能を発揮するうえで最も有効な場所にその機能を移転させて，全体をコーディネート

するビジネスが展開されている。こうした国際分業を行わなければ，世界における厳しい競争の中で生き残っていけないのである。

　また，海運ビジネスにおける地理的位置関係によって，船舶保険のビジネスも変わってくる。たとえば，シンガポールには，多くの船舶管理会社が設立され，その業績を伸ばしている。そして，そこでの保険ビジネスや再保険ビジネスを求めて，世界の主要保険会社等がシンガポールに進出する。銀行やその他の関係する産業も集積していて，市場全体の競争力はますます高まっている。

　海運において生じている機能別の国際分業は，他の多くの産業でこれから進んでいく可能性が高い。

2　海上保険のリスクの変化

　経済のグローバル化や産業構造の変化の中で，海上保険におけるリスクは，どのように変わってきているのであろうか。

2-1　リスクの増加

　第1に，リスクの増加があげられる。日本では，半製品や製品の輸入が増え，輸出も高付加価値のものに移っている。すなわち，輸送，保管する貨物の価額が高くなり，リスクが増大している。また，たとえば，各種精密部品や半導体は，少しの湿気でも不具合が生じる可能性がある。材木や鉱石の輸入であれば，損害を生じた貨物を手直しして再利用することが可能であったが，物理的にも経済的にもその復旧が難しく廃棄せざるをえないような製品が多くなってきている。損害貨物を再利用した場合，それによって重大な事故が発生すれば，さらに大きな経済損失をもたらしたり，賠償責任が発生する可能性がある。そうした点からも，損害品を活用することが難しい貨物が増えている。すなわち，軽微な事故でも損害額が増大する状況になっているのである。

　また，港やコンテナ・ヤードにおける保管貨物は膨大な額に及び，そうした場所の集積リスクが高まっている。実際に，ハリケーンや台風などの自然災害によって大規模な事故が生じており，自然災害は大きな脅威である。東京湾等の港を巨大台風や高潮が襲えば，港湾に存在する貨物に甚大な損害が発生する

ことはいうまでもない。

　船舶の分野ではどうであろうか。船舶も，大型タンカー，LNGタンカー，豪華客船はもとより，コンテナ船や自動車専用船も大型化して価額が大きくなっている。とりわけ，油やその他の物質による海洋汚染が生じた場合には，巨額の賠償責任が発生し，環境保護に対する意識の高まりとともに，賠償責任リスクも高まっている。

　こうしたリスクの高まりに対しては，再保険制度などがますます重要になるが，再保険は，現状では，欧米市場に依存せざるをえない面が強く，安定的な再保険の手配は容易でない。

2-2　リスクの実態の不透明化

　リスクの変化として第2にあげておきたいことは，保険で引き受けるリスクがますます見えにくくなっている点である。たとえば，火災保険であれば，実際に，住宅や工場を見てリスクを判断することができるし，個別に検査をしなくても，日本におけるリスクの状態をある程度把握することが可能である。一方，外航貨物については，輸入貨物も輸出貨物も高度化し，製品名からだけではどのような損害を受けやすいのかがわかりにくいものが増えている。また，外国の子会社で保険を引き受けて，それを日本では再保険として引き受けるなどのグローバルな対応が進む中で，直接，貨物や輸送実態を確認することが難しくなり，リスクの実態が見えにくくなっている。

　船舶の場合も同じ問題が生じている。日本の船会社が直接管理していればそこから必要な情報が得られる。しかし，船舶管理を海外の会社に委託する場合が増えてくると，船舶のメンテナンス状態や不具合に関する生の情報は管理会社に存在することになる。船舶の管理が海外となれば日本でリスクの実態を知ることがいっそう難しくなっていく。

　海上保険は，住宅や自動車などの，大量かつ画一性の高いリスクとは異なり，多様で個別性の高いリスクに対処する点に特徴がある。しかし，そうしたリスクに対処するためには，リスクに応じた引受け，すなわちアンダーライティングが重要となる。リスクのいわば「見えない化」の進行は，アンダーライティングをますます難しくさせている点で，海上保険制度における重要な課題とい

える。

3 海上保険における国際競争

もともと海上保険は，国際的な内容を有する保険である。また，海上保険の事業は，国際競争にさらされており，日本の保険業法では，外航貨物海上保険や外航の船舶保険については，外国の保険会社に直接保険をつけることが認められている。それだけでなく，そもそも貿易取引では，輸出国の売主と輸入国の買主のどちらが保険を手配するかを自由に決めることができる。海運では，保険を含めた船舶管理業務自体を日本以外の管理会社に委託することもなされている。こうしたグローバルな市場は，前々から海上保険における特徴として見出すことができていた。

しかし，現在のグローバル化の著しい進展に注目すれば，市場における競争は，もはや保険会社間の競争というレベルではなく，市場間の競争になっているといえる。この点で，海上保険と国内の陸上保険では大きな違いが存在する。

海上保険を取り巻く国際競争は，他の国でも同じ状況にあり，海上保険の主要国は，市場としての競争力を高めるために注力している。以下に，イギリス，北欧，シンガポール，中国の例をあげる。

3-1 イギリス

イギリスには，ロンドンという国際的な金融センターがあり，金融保険分野の長年にわたるノウハウが蓄積されている。英語という言語のメリットを享受し，加えて，判例法をもとにした膨大な知的財産の集積があり，法律事務所，会計事務所，情報機関，大学などの専門組織が数多く存在する。とりわけ海上保険の取引においては，ロイズの存在が大きく，イギリスは，再保険市場としてのロンドンの機能に裏打ちされて，世界において不動の地位を占めてきた。

しかし，ロンドンでは，世界における中心市場としての地位を維持するために不断の努力が払われている点にも注目しなくてはならない。すでに学んだように，ロイズ S.G. 保険証券（⇒第6章第1節）は，世界標準としての支配的地位を確立していた。そして，ロンドン市場は，その保険証券様式を変更するこ

とは決してできないとの立場を貫いてきた。しかし，1970年代後半において，発展途上国等からの批判や国際条約に向けた動きなどが出てくると，突然まったく新しい保険証券の様式を作って公表したのである。その形式・内容は，UNCTAD（国連貿易開発会議）の報告書等で改善が指摘されていた内容を織り込むだけでなく，さらに大胆かつ抜本的に見直されたものであった。その結果，ロンドンに対する批判や国際規則作成に向けた動きなどは消えてしまった。こうして，ロンドン市場は海上保険のノウハウの中心地としての立場を守ったのである。

　しかし，ロンドン市場は，その地位に安住することなく，その後も約款の改定などの進化を進めている。2009年には，協会貨物約款（ICC）の改定がなされた。注目したい点は，その作成のプロセスである。ロンドン市場は，世界の主要市場の保険協会等に照会状を出して，利用する保険会社等の要望を広く拾い上げ，それをもとに改定作業を行ったのである。こうした手法は，国際規則を作る手法と重なる。

　もっとも，すべての試みが成功しているわけではない。船舶保険においては，1983年の抜本的な改革を行った協会期間約款が成功した後，市場における保険者の成績等を踏まえ，1995年に改定約款を作成したが，ほとんど支持されず，さらに，2002年には名称も変えて国際船舶約款を作成した。しかし，それも市場では選ばれなかった。こうした状況にはあるが，世界の市場から選ばれるために，約款を進化させていくための努力を継続していることに注目すべきである。

　ロンドン市場では，いろいろな保険分野において標準的な約款が起草されている。各種の貨物保険，戦争保険，船舶保険，オイル・エネルギー関係の保険，各種の特約など，さまざまな約款が起草され，それらは公開されていて，無料で利用できる。こうしたことによって，市場における取引をしやすくしている。それは，ロイズが発展してきた背景と似た面がある。保険約款の作成は容易ではなく，法的なリスクを伴う領域であり，再保険契約との関係でも問題が生じかねない場合がある。法律専門家の力を借りるとしても，一から約款を起草するためには膨大な時間と多額の費用がかかる。ロンドン市場では，専門家が集まって標準的な約款を起草し，誰もが，自由に，ただで（無償で），それらを利

用できるようにしている。こうした努力を通じて，ロンドン市場で取引がしやすい環境を整えているのである。

保険約款は，保険ビジネスの基本であり，いわば商品である。約款の競争力は，市場の競争力につながることに注目すべきである。

さらに，法律の動きも見逃せない。イギリス法は，判例法を骨格としているため，過去からの膨大な判例の蓄積によって，どのような場合に保険金が支払われて，また支払われないかについての予測可能性が高いものとなっている。しかし，保険契約法の骨格となる判例法が形成された19世紀後半においては，裁判官の判断において，当時はまだ脆弱であった保険産業（取引の中心はロイズであり，その保険者は個人であった）を不正な加入者から守る視点が存在し，そうした中で形成されたイギリス判例法とそれを成文化した海上保険法は，時代の流れから見て後退しているとの声も出ていた。とくに，後述する北欧の動きなどを意識し，イギリスは，ビジネスの領域における保険契約法について内容を見直して，2015年保険法を制定した。2015年保険法制定に関する検討資料では，イギリスの国際競争力を維持するための視点が明確に示されている。契約法のような民事法についても，戦略的に捉えているのである。

3-2 北 欧

船舶保険における北欧海上保険通則（⇒第7章5-2）についてはすでに説明したが，これは，もともとはノルウェーにおける船舶保険の保険契約規則として生成されたものである。しかし，北欧の保険者が連携して，これを母体にして，名称もノルウェーから北欧に変えたものである。作成には，保険会社，弁護士，大学教授のほか，保険を実際に利用する船会社，保険の事故処理をする鑑定人・精算人も加わっている。条項の解釈に問題が生じれば，その都度，文言を改良し，当事者間でトラブルを回避して円滑な取引をするという精神が反映されている。

さらに，注目したい点は，正式版の言語を英語に変更した点である。約款を英語にしたことからわかるように，この約款は，広く国際市場において船舶保険を引き受けていくためのものである。実際に，船舶保険についての北欧の世界シェアは，2018年の国際海上保険連合（IUMI）の資料で9％となっていて

日本の船舶保険料収入を超えている。北欧の人口・経済規模から見れば，この数字は，北欧の船舶保険約款が北欧以外の国でも利用されていることを示すものである。

　イギリスは，ロンドンという伝統的市場があり，そこでは，保険者やブローカーといった保険の実務家が中心となって多くの標準約款が提供されている。また，判例法という膨大な蓄積があり，それが約款解釈に生かされる。そうした磐石な体制に対し，北欧は，それとはまったく異なるアプローチで船舶保険のビジネスを取り囲む。ユーザーとともに約款を作り，制度を運営し，約款の制定の背景や争いなどもすべて整理して，インターネット上に開示して透明性を高めている。

　北欧の約款やその解説を読んで気づくことは，保険契約の骨格が体系的に整理されていて，論理的で，かつ英語もわかりやすいことである。英語を母語としない人に誤解が生じないように文章も作成されているように感じる。

　北欧の動きは，市場からも支持され，ロンドン市場もそれを意識せざるをえなくなった。そのことも，イギリスの2015年保険法の改正に影響を与えたことはすでに記したとおりである。

　なお，北欧では，貨物海上保険においては必ずしも同様の取組みはなされていない。それぞれの国の約款があるだけで，北欧としての約款は作成されていない。貨物保険については，貿易当事者がいずれの国の保険会社と保険を選ぶかを決めるが，すでにイギリスのICCが世界的に広く利用されていて，北欧外に存在する荷主が北欧の約款と保険会社を選ぶ場合は少ないために，北欧独自の英文約款を策定するメリットも少ないためではないかと考えられる。

3-3　シンガポール

　イギリスや北欧では，基本的には，保険会社などの市場の参加者によって，市場の競争力が高められている側面が強い。一方，近年，成長が著しいシンガポールでは，国の政策が大きく市場の成長に寄与しているように考えられる。東京23区ほどの，小さくて人口も多くない国において，あらゆる産業を育成することは困難である。教育，医療，IT（情報技術），金融，海運などにおいて集中的な取組みがなされている。

シンガポールには，イギリス法をベースにした法律体系が存在し，人口の多くが英語を話しているため，ロンドン市場との親和性も高い。さらに，キャプティブ保険会社（⇒第1章5-5）を早くから認めたり，外国からの投資を増やすために種々の政策をとってきた。マラッカ海峡という地の利も生かし，船舶の管理ビジネスが伸びていて，それに伴って船舶保険の引受けも増大している。こうして海上保険市場が成長している。船舶保険料について見ると，長年にわたり，日本の保険料がシンガポールより圧倒的に多かったが，今や逆転してしまっている。

海上保険に関する専門人材，ノウハウ，情報発信という点では，現在は，まだロンドンとは比較にならないとしても，今後，さらに発展し，アジア首位の市場として，世界の中心市場の1つになることは十分に考えられる。

3-4 中 国

中国は，貿易，金融，保険の成長が著しく，国をあげて産業の育成に取り組んでいることは誰もが認めるところである。とくに，海運，貿易，金融，保険といった産業に加え，ITをはじめとする新技術に対する国をあげた取組みは米国を超える状況ともいえる。フィンテック（FinTech）やインシュアテック（InsurTech）では，世界で最も進んでいる国ともいわれる。

ここで中国についてとくに記載しておきたいことは，人材育成に対する国の取組みである。多くの大学において，保険，海上保険，貿易などに関する講義が展開されている。たとえば，日本では，学部で，海上保険の講義科目があるのはごく一部であり，再保険といった講義科目はそもそも存在しない。しかし，中国の大学では，保険の分野だけでも，一般理論から応用まで種々の専門科目が教えられている。加えて，実践的な英語教育が充実しており，欧米の大学との連携も高め，グローバルな人材育成に取り組んでいる。英語をビジネスで利用できるレベルの学生数は，日本とはまったく比較にならない程度になっていると考えられる。人材育成は，10～20年後，大きな差として表れてくるであろう。

4 日本はどうすればよいか

4-1 グローバル競争の中で

　ビジネスが世界的に展開され，海上保険は，日本国内における保険会社間の競争のみならず，市場間の競争にもさらされている。イギリス，北欧，シンガポール，中国などの市場における取組みは，いずれも注目される内容を有するが，日本としてはどうしていくべきなのであろうか。

　まず，企業のグローバル化の動きに対しては，それに総合的に対応する仕組みが必要である。その点では，日本の保険会社は，各国に子会社や関連会社のネットワークを広げ，連携して保険を引き受ける仕組みを構築してきている。こうした国際的な仕組みは，ますます重要になる。その際，企業にとっては，リスクが海上であるか，陸上であるかは関係ない。とくに，ERM（enterprise risk management：全社的リスク管理とも呼ばれる）の点からも，グローバルに展開する企業のリスクに対して，漏れや重複がない保険を合理的な水準の保険料で提供できるかが重要である。その際には，現地リスクを含めたリスク情報の収集とコンサルティングの能力の向上が重要となろう。

　こうした総合的な対応は，欧米のブローカーなども得意とする領域であり，日本としてどのように競争力を高めていくかが問われる。

4-2 約款等の英文化

　北欧は，船舶保険の約款やその解説等をすべて英語にした。グローバル競争の中では，言語の問題は避けて通れない。保険は，保険契約という形を利用するビジネスであるので，約款という文章・文字が決定的に重要となる。日本語の約款だけでは，その内容がいかに優れていても，日本以外の国の人に利用されることはまずないであろう。外航貨物はすでにほぼすべてが英文約款であるが，船舶保険も，外航船はほとんどが英文の保険証券になっていくことも否定できない。しかし，北欧のように独自の英文約款を作っていくことは，日本では現実には難しい。そうすると，ロンドンの標準約款を利用するという現在の

実務しかなく，その延長線上で世界競争に対抗していくことになる。

　ロンドンの標準約款はイギリス法に基づくものであるので，それらについての理解が不可欠であるし，一方，北欧約款などを十分にベンチマークとして活用する必要もある。それらをもとに，日本独自の特別約款（その部分は英文）などを作って，特別約款を含めた日本の保険補償内容が，ロンドンの標準約款の弱点などを修正し，それがより顧客のニーズに沿ったものであることを英語で示していくことが考えられる。

4-3　付加サービス

　保険を離れてみても，日本は，サービスの質の高さで世界的に定評がある。保険におけるクレームサービスの質，各種のコンサルティングなどの附帯サービスの充実は，ますます重要になる。今後，AI（人工知能）も活用した種々のサービスの展開が必要となるであろう。

　しかし，これらのサービスについても，すでに各国の市場において強化されてきている状況にある。北欧のハル・クラブ（船舶保険の引受組合）などは，ITも利用した各種のサービスを提供している。世界において提供されているサービスについて，つねに知っておく必要がある。

4-4　世界への発信

　日本は，これまで優れた製品を生産し，その質と価格で世界から評価されてきた。優れた製品の存在が信頼の基本にあり，それゆえ，あまり多くを英語で説明する必要もなかったのかもしれない。しかし，保険は，見えない商品であり，その内容もサービスもわかりにくい。今後は，保険の内容について世界に発信することがますます重要になるであろう。

　また，保険の商品は，その背景に法律等の各種制度が存在するため，日本の法律や制度についても外国に向けて説明する必要がある。しかし，残念ながら，現状では，それらの発信がきわめて限られていて，日本の法律や制度は世界から理解されにくい状況にある。日本から世界に対する情報発信を進めていく必要があると考えられる。

　こうしたことが可能となるためには，国際的に活躍できる専門家，グローバ

ルな視野を持つ人材の育成が必要であることはいうまでもない。また，世界の専門家との交流を深めていくことも重要であろう。

5 技術革新と海上保険

今後，貿易や海上輸送の技術面においては，いかなる進化が進むのであろうか。そして，それは，海上保険にどのような影響を与えるであろうか。その点についても考えてみたい。

5-1 貿易・海上輸送の技術面の進化

現在，注目されているのは，ブロックチェーン，AI，IoTなどの技術革新である。それらの新技術によって貿易や海上輸送に大きな変化が生じることが考えられる。

たとえば，貿易書類の電子化があげられる。すでに航空機の旅客輸送では，Eチケットが一般化しているが，海上輸送の分野では，伝統的に，船荷証券という紙を利用した制度が利用されている。最近では，輸送技術の向上によって，船舶の航海日数が短縮されているが，近い場所であると，船舶が港に到着しているにもかかわらず，船荷証券が届かないために荷物を受け取れないという問題が生じている。そこで，紙に代わって，電子船荷証券の利用も一部で進められているが，巨額の資産の裏付けがある有価証券である船荷証券を電子化することには，大きなリスクが存在するため，他の分野に比べると電子化の動きは遅い。しかし，最近では，ブロックチェーン技術が開発され，それを利用することによって安全性の高い電子取引ができないか，新たな開発ステージに入ってきた。貿易取引の電子化が進めば，貿易取引における書類の点検業務等が合理化されて，取引は，さらに迅速かつ低廉となることが期待される。

また，船舶運航については，世界的に，完全または部分的な自動運転が研究されている。日本では，海上輸送においては，乗組員の高齢化や人手不足がきわめて深刻な問題となっていることから，自動運転により，人員の合理化や乗組員の労働環境の改善が期待されている。自動車分野では，すでに多くの実験が進み，法律制度の整備の検討が進められている。船舶の場合は，国内法の整

備に加え，国をまたがることから，国際的にいかに調和した秩序を整備していくかが重要な課題となっている。

5-2 海上保険に対する影響

　それでは，貿易取引や海上輸送における技術革新は，海上保険に対していかなる影響を与えるであろうか。

　保険制度は，保険の対象とする財物や事象，法制度の変更に伴って変化する。技術革新によって，保険取引の合理化も進む。また，事故発生の確率が低くなれば，保険料も低減し，保険料収入も減少していく。技術革新は，一方で，効率性や利便性を高め，伝統的なマリンリスクを低減させることが期待される。しかし，他方で，サイバーリスク，大規模停電による取引停止などの新たなリスクが存在し，確率は低いとしても，リスクが発現した場合の損害額はさらに巨額になることを考えなければならない。

　また，台風，高潮，地震のリスクはつねに存在し，自然災害の脅威は，地球温暖化の中でさらに高まっており，自然災害による大規模停電等は現実に発生している。サイバーリスクや停電等によるインフラの機能不全などは，あらゆる産業に影響し，各種分野で生じた事故が複合的に結びついてさらなる損害を生じさせる。すなわち，技術革新の進展にもかかわらず，リスクが発生した場合の損害は，さらに巨額化する可能性がある。しかも，こうしたリスクを科学的に予測し，その確率を計量的に分析して，保険料に反映させることは容易ではない。いずれにせよ，巨大損害に対するリスク分散（再保険の手配など）は，これまで以上に重要となることは疑いない。

　海上保険の制度においては，技術の発展とリスクの変化を踏まえて，海上保険の商品の改良，その引受け（アンダーライティング），再保険手配，サービスの提供等の対応が重要になるものと考えられる。

6　海上保険の本質

6-1　海上保険とは何か

　本書の最後に，改めて海上保険とは何かを考えてみたい。

　保険のビジネスに携わる多くの方に，「海上保険とは何か？」と聞いたらどのような答えが返ってくるだろうか。「船舶や貨物などの海上財産についての保険」，さらに聞けば，「最も歴史があるが，現在は保険料も少なく特殊な企業保険」といった回答があるかもしれない。法律を勉強している人であれば，改正商法における「航海に関する事故によって生ずることのある損害を塡補することを約する」保険（815条1項）という海上保険の定義をあげるかもしれない。確かに，海上保険は，航海に関する事故に対する損害保険であり，その点で，陸上保険と対比される。しかし，そのことで，海上保険の本質を説明したことになるだろうか。

　海上保険は，いろいろな特徴を有していることは，第1章の最初に述べた。事業者が利用する企業保険であること，国際的な保険であること，最も歴史が長い保険であること，多様性とともに柔軟性を持つ保険であること，などである。それでは，この本を読まれた方は，海上保険の本質的な特徴がどこに存在すると理解されたであろうか。その本質は，「海上の」という地理的な違いで判断されるべきものであろうか。

　海上保険では，損害が巨額になる可能性がある。しかし，その一方で，原則として，事故（危険）を限定せずに幅広い事象を保険の対象としている。戦争，海賊，テロなども対象になる。こうした海上保険の特性は，保険の理論から見ると正反対の面を有している。保険は，大数の法則を利用して事前にリスクを予測して将来に備える制度である。安定的な制度を運営するためには，リスクをできるだけ均質化させる必要があり，対象となる事故も限定した方がよいし（たとえば，建物の火災といった特定の事故のみとする），また，引き受ける対象のリスクの量的規模（保険価額など）にあまり大きな差がないことが望ましい（例：住宅のみを対象として商業ビルは除外する）。その点から見ると，海上保険は，

保険における原理を結晶化してでき上がった制度として理解することは難しいように思われる。むしろ、予測が難しい賭けに近い性格をその本質として有しているのではないか。

　海上保険は、14世紀にイタリアで誕生したと考えられている。当時、イタリア商人が利用していた海上保険証券の文言については、故木村栄一博士による日本語訳がある（木村栄一『ロイズ保険証券生成史』海文堂、1979年）。その保険証券の文言を見ると、驚くべきことに、今日の海上保険の内容と比較しても本質的といえるような大きな違いはないように思われる。そして、注目されるのは、その保険の補償範囲の包括性である。14世紀当時において、船舶とその貨物は大きな財産であったことは疑いがない。しかし、海上保険証券は、海賊、戦争、その他さまざまな危険を対象としている。1384年のピサ証券では、「上記保険者は、（中略）神の、海の、人の、すべての危険、事故および不幸ならびにいかなる形態または原因で生じようとすべての偶然な出来事、偶然な事故および不幸を負担する」と記されている（同書6頁）。また、1397年のフィレンツェ証券では、10カ月以上の行方不明の場合の保険金の支払いが規定されていて（同書43頁）、すでに推定全損（委付）の制度が織り込まれている。

　これらのことを考えると、海上保険は、引き受けるリスクを限定して大数の法則に基づく予測性を高めることで、保険制度としての安定的な運営を図って利益を得ていく制度として発展してきたものではなく、むしろ商人の冒険とともにリスクをとり、商人の冒険を支え、商人の貿易の成功とともに自らも利益を得る制度として発展してきたのではないか。すなわち、商人と保険者はともに冒険に賭けているので、対象とする危険は商人がさらされているものと同じになるし、保険金支払いにおける全損の認定なども商人の立場と同じ目線になる。

　14世紀の古い保険証券（1379年ピサ証券その他の保険証券）は、「神の名において、アーメン」という宣誓から始まる厳かな契約文言となっている。そして、契約文言の途中に、「神よ　守り給え！」との祈りの言葉が出てくる（訳語は、上記木村栄一訳による）。筆者の想像になるが、この祈りは、海の脅威に対して、被保険者に向けた祈りの言葉であるとともに、自らに対する祈りでもあったのではないか。海上保険は、海上貿易とともに成長した。事故がなければ、貿易

商人も儲かるし，海上保険者も儲かる。海上保険が支えになって商人は貿易にチャレンジし，その成功によって保険者も利益を得てきたのである。

海上保険とは，「財産・リスクの地理的違いで，陸上と海上に分けた場合の海上保険」という定義は形式的には正しい。しかし，その点からだけでは海上保険の本質の説明としては不十分であろう。多様な財産を対象に，巨額の損害が生じる可能性があるが，商人の立場に立って，広くさまざまな危険を補償するという基本精神が海上保険の制度に存在している。この精神は，冒険貸借（⇒第2章1-2）から海上保険が生まれた頃から現在まで脈々と続いていて，それこそを海上保険の本質と見るべきではないかと思われる。

6-2 海上保険の事業の特徴

14世紀においては，海上保険の事業そのものは，まさに賭けに近いものであったことは疑いない。しかし，そこでは，早くから，共同保険や再保険というリスク分散の仕組みが生み出されていて，こうした方法で，事業としての安定性を図る仕組みが作られていた。1383年のピサ証券は共同保険の契約となっている。

顧客に対しては，どのような財産であっても対象とし，できるだけ包括的な補償を提供しつつ，一方では，リスク分散の仕組みを作ってニーズに対応していく。海上保険の歴史の中では，その後，一定の事故は，免責事故として除外する方式が導入されていくが，免責については，それが保険制度を悪用するようなものは別として，海上保険の市場では，今日でも，免責を外して補償する方策がないかの試みがつねになされていることにも注目すべきである。戦争，テロ，海賊などに対する特約は，その例である。また，貨物の性質損害など，保険における偶然性に問題があるようなリスクの場合には，ワランティなどの制度を利用したり，顧客に一定のリスク防止策を求めてリスクを合理的な範囲に限定して，それによって引受けを行っている場合がある。

顧客がさらされているリスクを分析して，ぎりぎりで何ができるかを考えて真に必要な保険をオーダーメイドで提供していく。これこそが，海上保険の事業の原点であるとともに，その本質として評価すべき点ではないか。それゆえ，海上保険の事業は，保険会社が商品を用意して顧客がそれに入るかどうか選択

するというビジネスとは本質的に異なり，相手のリスクを分析して何ができるかというソリューションを与えるアプローチになるのである．

6-3　さらなる発展の方向性

　このような海上保険事業の特徴を踏まえれば，そのさらなる可能性も，その事業の特徴の延長線上にあるといえるであろう．海上保険は，リスクに挑戦する人を支え，それに対してできるだけ総合的な支援をグローバルに提供していくところにある．そこでは，リスクを分析し，どうすれば，保険制度において消化できるかを考えることになる．

　こうした新たなチャレンジに向き合う総合的なリスク対応は，海上に限られるものではないが，海上分野でもいろいろと存在するはずである．たとえば，洋上風力発電，海流発電などの新たなエネルギー産業への支援は，これまで蓄積してきた海上保険のノウハウを結集させて対応する重要な領域である．そこでは，財物，利益，費用，責任といった種々の損害（被保険利益）を対象として，自然の，人の，社会の，さまざまな危険に包括的に対応することが求められている．

　また，海上保険は，財物そのものの物理的な損害だけでなく，財物に関係するビジネスの特徴を踏まえたうえで損害を評価する保険ということもできる．たとえば，貨物海上保険では，貨物が無傷であっても，その輸送ができなくなってしまったような場合に，航海の喪失として，損害の発生を認める考え方が存在する．それゆえそれを回避する継搬費用を保険で支払いの対象とする．このような柔軟性は，各種保険の中でも，きわめて革新的な部分と考えられる．理論的にいえば，保険で支払う対象が，物といった物的な損害だけでなく，その物についての使用や利用上の損害も対象としているということである．

　こうした利害関係上の損害に注目すれば，物流がさまざまな理由で不能になったり，さらには，物流における損失を回避するための費用などを対象とするような新たな保険が考えられるかもしれない．たとえば，さまざまな理由によって部品の一部が調達できなくなって，広範囲のサプライチェーンに支障が生じる場合が時折発生している．企業が抱えるこうしたリスクに対して，どのような保険を提供できるかが重要である．新たな保険を考えるうえで骨格となる

契約理論は，海上保険の契約理論の中にすでに存在しているのではないかと考えられる。

　海上保険が有する保険技術，そしてその精神こそが海上保険における重要な特徴であり，大切な価値である。海上保険を学ぶことは，その価値に触れることといってよいであろう。

主要参考文献

本書の執筆にあたっては，とくに，以下の文献を参考にさせていただいた。

1．海上保険全般

木村栄一『海上保険』（千倉書房，1978年）
松島恵『貨物海上保険概説』（成文堂，1991年）
松島恵『船舶保険約款研究』（成文堂，1994年）
谷川久監修『イギリス船舶保険約款の解説』（損害保険事業総合研究所，1994年）
木村栄一・大谷孝一・落合誠一編『海上保険の理論と実務』（弘文堂，2011年）
Barrie G. Jervis 著／大谷孝一・中出哲監訳『現代海上保険』（成山堂書店，2013年）
今泉敬忠・大谷孝一・中出哲『海上保険法概論（改訂第4版）』（損害保険事業総合研究所，2014年）
Howard Bennett, *The Law of Marine Insurance*, 2nd ed., Oxford University Press, 2006
Robert Merkin, *Marine Insurance Legislation*, 4th ed., Informa Law from Routledge, 2010
Steven J. Hazelwood and David Semark, *P&I Clubs Law and Practice*, 4th ed., Lloyd's List, 2010
N. Geoffrey Hudson, Tim Madge and Keith Sturge, *Marine Insurance Clauses*, 5th ed., Informa Law from Routledge, 2012
Francis D. Rose, *Marine Insurance: Law and Practice*, 2nd ed., informa, 2012
Jonathan Gilman et. al., *Arnould: Law of Marine Insurance and Average*, 18th ed., Sweet & Maxwell, 2013
John Dunt, *Marine Cargo Insurance*, 2nd ed., Informa Law from Routledge, 2016
Özlem Gürses, *Marine Insurance Law*, 2nd ed., Routledge, 2017

2．海上保険の歴史

木村栄一『ロイズ保険証券生成史』（海文堂出版，1979年）

近見正彦『海上保険史研究——14・5世紀地中海時代における海上保険条例と同契約法理』（有斐閣，1997年）

大谷孝一『フランス海上保険契約史研究』（成文堂，1999年）

3. 海上保険・貿易の実務

藤沢順・小林卓視・横山健一『海上リスクマネジメント（2訂版）』（成山堂書店，2014年）

東京海上日動火災保険株式会社『貨物保険案内』（東京海上日動火災保険株式会社，2016年）

東京海上日動火災保険株式会社編『貨物保険の損害対応実務』（保険毎日新聞社，2017年）

石原伸志・土屋爲由・水落敬太郎・吉永恵一『貿易と保険——実務マニュアル』（成山堂書店，2018年）

4. リスクマネジメント，損害保険全般

大谷光彦監修・トーア再保険株式会社編『再保険——その理論と実務（改訂版）』（日経BPコンサルティング，2011年）

大谷孝一編著『保険論（第3版）』（成文堂，2012年）

大谷孝一・中出哲・平澤敦編『はじめて学ぶ損害保険』（有斐閣，2012年）

米山高生『リスクと保険の基礎理論』（同文舘出版，2012年）

近見正彦・堀田一吉・江澤雅彦編『保険学（補訂版）』（有斐閣，2016年）

東京海上日動火災保険株式会社編『損害保険の法務と実務（第2版）』（金融財政研究会，2016年）

田畑康人・岡村國和編『読みながら考える保険論（増補改訂第2版)』（八千代出版，2016年）

中出哲・中林真理子・平澤敦監修，公益財団法人損害保険事業総合研究所編『基礎からわかる損害保険』（有斐閣，2018年）

柳瀬典由・石坂元一・山﨑尚志『リスクマネジメント』（中央経済社，2018年）

5. 保 険 法

山下友信『保険法』（有斐閣，2005年）

萩本修編著『一問一答 保険法』（商事法務，2009年）

山下友信・永沢徹編著『論点体系 保険法1——総則・損害保険』（第一法規，2014年）

山下友信・竹濱修・洲崎博史・山本哲生『保険法（第3版補訂版）』（有斐閣，2015年）

中出哲『損害てん補の本質』（成文堂，2016年）

山下友信『保険法（上）』（有斐閣，2018年）

6. イギリス保険法

葛城照三・木村栄一・小池貞治共訳「1906年英国海上保険法」『損害保険研究』39巻2号123～167頁（1977年）

中出哲「イギリス2015年保険法の概要」『損害保険研究』78巻2号173～196頁（2016年）

中出哲監訳「翻訳 イギリス2015年保険法」『損害保険研究』78巻2号197～210頁（2016年）

中出哲「イギリス保険契約法の改正とわが国への示唆」『保険学雑誌』637号31～51頁（2017年）

John Birds, Bew Lynch and Simon Paul, *MacGillivray on Insurance Law*, 13th ed., Sweet & Maxwell, 2015

John Birds, *Bird's Modern Insurance Law*, 10th ed., Sweet & Maxwell, 2016

Robert Merkin, *Colinvaux's Law of Insurance*, 11th ed., Sweet & Maxwell, 2016

7. 海商法，商取引法全般

東京海上火災保険株式会社海損部編著『共同海損の理論と実務——1994年ヨーク・アントワープ規則の解説』（有斐閣，1995年）

箱井崇史編著『船舶衝突法』（成文堂，2012年）

中村眞澄・箱井崇史『海商法（第2版）』（成文堂，2013年）

藤井卓治『船舶保険の譲渡担保』（保険毎日新聞社，2014年）

箱井崇史『基本講義現代海商法（第3版）』（成文堂，2018年）

石井優・久保治郎「海上保険・共同海損」『ジュリスト』1524号44～49頁（有斐閣，2018年）

江頭憲治郎『商取引法（第8版）』（弘文堂，2018年）

Francis D. Rose, *Kennedy & Rose Law of Salvage*, 9th ed., Sweet & Maxwell, 2017

Yvonne Baatz, *Maritime Law*, 4th ed., Informa, Law from Routledge 2018

8. 保険市場，日本の課題
木村栄一『ロイズ・オブ・ロンドン――知られざる世界最大の保険市場』（日本経済新聞社，1985年）

中出哲「わが国の海上保険の現状の課題と進むべき方向性」『海事交通研究』2012年61巻3〜12頁

佐野誠・中出哲・井口浩信『損害保険市場論（8訂版）』（損害保険事業総合研究所，2015年）

事項索引

● アルファベット

ADS →ドイツ海上保険普通保険約款
BCP　4
B/L　→船荷証券
CFR（運賃込）　92,99
CIF　93,100
DDP（関税込持込渡）　92
DTV-ADS 2009　150
ERM（全社的リスク管理）　242
EXW（工場渡）　91
FOB（本船渡）　92,99
FPA　→分損不担保
ICC　→協会貨物約款
ILU　→ロンドン保険業者協会
ITC　→協会船舶期間保険約款
ITC 1983　148
ITC-Amended 6種　147
IUMI　→国際海上保険連合
L/C　→信用状
L/G　→保証状
L/L　→支払限度額
LOF　→ロイズ海難救助契約標準書式
MARフォーム　114
P&Iクラブ　8,35,37,218
P&I保険（船主責任相互保険）　8,218
　──の保険料　41
Pure ITC　147
UCP　→信用状統一規則
WA　→分損担保
YAR　→ヨーク・アントワープ規則

● あ 行

油による汚染損害についての民事責任に関する国際条約（民事責任条約）　213
油による汚染損害の補償のための国際基金の設立に関する国際条約（国際基金条約）　213
アメリカ協会建造保険約款　225
アンダーライター　32
イギリス協会建造保険約款　225
イギリス法　13,239
イギリス法準拠約款　48
以後免責（爾後免責）　66,162
異常損害　161
一部保険　64
委付主義　210
委付の通知　76
因果関係　68,126
インコタームズ　90
インシュアテック　241
インデムニティ・クラブ　36
受取船荷証券　96
運送保険　7,222
運賃込　→CFR
曳　航　175
エクセス　77
送り状　98
オフハイヤー　→休航期間
オープン・ポリシー　106
オール・リスク　113,123

● か 行

海　運　6,234
海外直接付保の禁止　44
外　航　47
外航貨物海上保険　7,222
外航船　137
海事先取特権　182
解釈規則　190
解釈全損　→推定全損
海上運送状　94,97
海上貸借　→冒険貸借

海上保険　10, 28, 246, 248
　　──の市場統計　40
　　──の種類　9
海上保険証券　247
海上保険法
　　イギリス1906年──　49
海上保険約款　51
改正商法　→商法
海難救助　174
海難救助条約　175
海難救助統一条約　175
海洋エネルギー開発　8, 42, 227
海洋汚染　208, 227
価額協定　65
価額協定方式　170
価額申告書　201
確定通知　106
貨物海上保険　7, 222
貨物保険　7, 222
　　──の保険料　40
貨物輸送　88, 222
為替手形　97
関税　107
関税込持込渡　→DDP
間接損害　194
危険の変動　71
技術革新　244
ギドン・ドゥ・ラ・メール　27
希望利益　107
キャット・ボンド　18
キャプティブ保険会社　20
休航期間（オフハイヤー）　171
求償権放棄特約　83
救助契約　176
救助契約書式　178
救助報酬（救助料）　177, 182
協会貨物約款（ICC）　105, 113, 120, 238
協会期間約款　238
協会ストライキ約款（ストライキ約款）　132
協会戦争約款（戦争約款）　130

協会船舶期間保険約款（ITC）　146, 148
強行規定　45
協定保険価額　152
共同安全主義　192
共同海損　186, 202
　　──の分担　198
共同海損犠牲損害　195, 199
共同海損行為　193
共同海損精算人　201
共同海損宣言状　201
共同海損費用損害　195
共同海損盟約書　201
共同保険　14
共同利益主義　192
漁業共済　9
漁船保険　8
近因説　70
金額責任主義　210
禁反言の法理　80
継搬費用　128
契約の解除　84
現実全損　76
権利質　140
合意条項　229
航海保険契約　146
航海備船　144
交叉責任主義　167
控除　77
工場渡　→EXW
公正な告知の義務　58
公保険　24
航路定限　163
国際P&Iグループ　219
国際海上保険連合（IUMI）　13
国際基金条約　→油による汚染損害の補償のための国際基金の設立に関する国際条約
国際船舶約款　148, 238
告知義務　57
個品運送　144
梱包明細書　98

事項索引　257

● さ 行

再保険　15
再保険者（受再者）　15
先取特権　79
サーベイ　108
サーベイヤー　108
サーベイ・レポート　108
残骸物　209
残存物代位　81
時間単価（タイムチャージ）　179
自国保険主義　101
爾後免責　→以後免責
質権　140
自動運転　244
支払限度額（L/L）　64
私保険　24
集積リスク　235
修繕費　165
受再者　→再保険者
出再者　→元受保険者
準拠法約款　48
純粋リスク　2
商船　137
衝突損害賠償金　166
商法（改正商法）　10, 46, 175
信用状（L/C）　98
信用状統一規則（UCP）　99
信用保証保険　7
推定全損（解釈全損）　76
数字規則　189
スコピック条項　180
ストライキ約款　→協会ストライキ約款
ストライキ・リスク　132
請求権代位　82
制限債権　211
性質危険　160
責任負担型賠償責任保険　217
セーフティネット条項　180
船員　143
船価責任主義　210
全社的リスク管理　→ERM
船主責任　38
船主責任制限　210, 211
船主責任制限条約　210
船主責任相互保険　→P&I保険
戦争約款　→協会戦争約款
戦争リスク　130
全損　76
船舶　136, 171
船舶金融　139
船舶建造特別約款　225
船舶建造保険　225
船舶国籍証書　140
船舶修繕者工事保険　226
船舶修繕者賠償責任保険　226
船舶修繕費保険　226
船舶修繕保険　226
船舶責任制限法（船舶の所有者等の責任の制限に関する法律）　211
船舶戦争保険特別約款　169
船舶不稼働損失保険　170
船舶保険　8, 136, 148
　――の保険料　41
船舶保険普通保険約款　225
船舶油濁損害賠償保障法　214
先履行型賠償責任保険　217
全部保険　64
倉庫間約款　121
相互船体保険組合（ハル・クラブ）　35
相互保険　24
相互保険組合　35
相当因果関係説　69
双務契約　55
遡及保険　128
損害査定代理店　108
損害のてん補　75
損害防止義務　74
損害防止費用　74
損害保険　5
損害保険業免許　44

● た 行

代換費用（代替費用）　195
大数の法則　14, 246
タイムチャージ　→時間単価
第6種特別約款　146
諾成契約　53
他保険優先主義　79
単独海損　186
担保危険　65
超過保険　64
重複保険　78
追加危険　127
通知義務　75
定額（ランプサム）　179
定期保険契約　146
定期傭船　144
定型取引条件　91
ディダクティブル　77
抵当権　140
電子船荷証券　244
ドイツ海上保険普通保険約款（ADS）　150
投機的リスク　2
東京海上保険会社　28
動産質　140
特別条項　46
特別補償　180
特別約款（特約）　46, 164
特約再保険　16
独立主義　78
独立責任額按分方式　78

● な 行

内航　47
内航貨物海上保険　7
内航船　137
投銀（抛銀）　28
投荷　126

波ざらい　126
荷為替手形　97
日本海運集会所の海難救助契約書式　181
日本船主責任相互保険組合　37
日本船主相互保険組合　219
日本船舶保険連盟　146
任意規定　45
任意救助　174
任意再保険　16
抜き荷　128
ネーム　31, 33
燃料油による汚染損害に関する民事責任に関する国際条約（バンカー条約）　214
乗合代理店　55
ノルウェー海上保険通則　149

● は 行

賠償責任　206
賠償責任保険　79, 214
ハザード　3
艀　89
裸傭船契約　143
裸傭船者　143
ハル・クラブ　→相互船体保険組合
バンカー条約　→燃料油による汚染損害に関する民事責任に関する国際条約
判例法　13
ピサ証券　247
非制限債権　211
被保険者　55
被保険利益　62
評価済保険証券　152
標準約款　48, 148
比例てん補方式　65
非割合再保険　16
フィレンツェ証券　247
フィンテック　241
風力発電　230
不確実性　2
複合一貫輸送　88

事項索引

不成功無報酬　176
負担価額　198
不堪航　194
普通船舶保険　145
普通保険約款　46
不てん補損害　67
船積書類　98
船積船荷証券　96
船荷証券（B/L）　94
付保割合　64
フランチャイズ　77
ブローカー約款　150
ブロックチェーン　244
プロテクション・クラブ　36
分損　77
分損計算　77
分損担保（WA）　113
分損不担保（FPA）　113
分担請求権　79
ペリル　2
便宜置籍船　142
片面的強行規定　45
貿易　6, 234
貿易保険　7
包括責任主義　66
包括責任方式　123, 159
包括予定保険　106
冒険貸借（海上貸借）　25, 28, 130
報酬請求権　177
法定免責事由　67
暴噴制御費用保険　229
北欧海上保険通則　149, 239
保険　24
　　──の目的物　63
保険価額　63
保険期間　122
保険給付　80
保険業法　44
保険金額　64
保険金請求権　80
保険契約　53, 62

保険契約者　54
保険事故　65, 108
保険者　54
保険証券　53, 98, 247
保険証明書　53
保険代理店　55
保険仲立人（保険ブローカー）　56
保険法　45
　　イギリス2015年──　51
保険募集　55
保険約款　239
保険料　29, 38, 39, 59
　　──の返還　84
保険料明細書　54
保証状（L/G）　183, 201
本船渡　→FOB

● ま 行

マネジメント・サイクル　4
マリン・リスク　118, 130
民事責任条約　→油による汚染損害についての民事責任に関する国際条約
民法　45
無故障船荷証券　96
免責　66, 124
免責危険　66, 67
免責事故　66
免責事由　68
免脱型賠償責任保険　217
文字規則　189
元受正味保険料　39
元受保険者（出再者）　15
モラル・ハザード　3, 160
モラール・ハザード　3

● や 行

約定保険価額　65
約定免責事由　67
約款　46, 242

油濁責任　213
油濁損害賠償保障法　214
洋上風力発電　230
傭船契約　96
ヨーク・アントワープ規則（YAR）　189
予定保険　106

● ら 行

ランプサム　→定額
利益保険　170
リスク　2, 6
　――の変化　235
リスクファイナンス　5
リスク・マップ　3
リスクマネジメント　3
列挙責任主義　66
列挙責任方式　123, 159
レンタ・キャプティブ　21

ロイズ　29, 32, 34, 112
　――における仲裁　180
　新――　30
ロイズ S. G. 保険証券様式　112
ロイズ海難救助契約標準書式（LOF）
　　178, 179
ロイズ・コーヒー店　30
ロイズ・ブローカー　32
ロイズ法　31
ロイズ保険組合　31
ロジスティクス保険　7
ロンドン市場　237
ロンドン保険業者協会（ILU）　104, 113

● わ 行

和文約款　146
ワランティ　73
割合再保険　16

欧文索引

● A

actual total loss　76
advance call　37
agreed value　65
all risks　113, 123
alleged salvage　179
Allgemeine Deutsche
　　Seeversicherungsbedingungen　150
alteration of risk　71
American Institute Builders' Risks
　　Clauses　225
American Institute Hull Clauses　150
arbitration　180
assignment　141
assured　55
average　186
Average Bond　201

● B

bareboat charter　143
bareboat charterer　143
Bill of Exchange　97
Bill of Lading　94
business continuity plan　4

● C

call　38
captive insurance company　20
cargo insurance　7
catastrophe bond (CAT bond)　18
causation　68
certificate of insurance　53
change of risk　71
charter party　96

claim settling agent　108
Clean Bill of Lading　96
co-insurance　14
constructive total loss　76
contributory value　198
Corporation of Lloyd's　31, 32
Cost and Freight　92
Cost, Insurance and Freight　93

● D

debit note　54
declaration　106
deductible　77
Delivered Duty Paid　92
direct consequence　194
Documentary Bill　97
Documentary Draft　97
double insurance　78
Draft　97
duty　107
duty of disclosure　57
duty of fair presentation　58

● E

Enterprise Act 2016　51
enterprise risk management (ERM)
　　242
estoppel　80
Ex Works　91
excess　77
Excess Loss　18
Excess of Loss Reinsurance　16
excess point　16
excluded perils　66
exclusion　66

● F

facultative reinsurance　16
FinTech　241
flag of convenience ship　142
Follow the Leader Clause　229
franchise　77
Free from Particular Average　113
Free On Board　92
full insurance　64

● G

GA Expenditure　195
GA Sacrifice　195
general average　186
general average act　193
General Average Adjuster　201
General Average Declaration Letter　201
general insurance clauses　46
Guidon de la mer　27

● H

hazard　3
hull insurance　8

● I

if clause　66
incorporation clause　96
Incoterms　90
Indemnity Club　36
indirect loss　194
Institute Cargo Clauses　105
Institute Clauses for Builders' Risks　225
Institute Strikes Clauses　132
Institute Time Clauses　146
Institute Time Clauses (Hull) Amended　146

Institute Time Clauses-Hulls　148
Institute Time Clauses-Hulls 1983　148
Institute War Clauses　130
insurable interest　62
insurance agent　55
insurance broker　56
insurance policy　53, 98
insured　55
insured amount　64
insured value　63
insurer　54
InsurTech　241
International Hull Clauses　148
Invoice　98
ITC-Hulls Amended for Japanese Clauses Class No. 6　147

● J

Japan P&I Club　37, 219

● L

Letter of Credit　98
Letter of Guarantee　183, 201
limit of liability　64
limitation of liability　210
Lloyd's Act　31
Lloyd's Broker　32
Lloyd's Coffee House　30
Lloyd's of London　29
Lloyd's Open Form　179
Lloyd's S. G. Policy　112
Lloyd's Standard Form of Salvage Agreement: No Cure-No Pay　179
Loss Payable Clause　141
lump-sum　179

● M

MAR Form　114

marine cargo insurance　7
marine insurance　10
Marine Insurance Act 1906　49
maritime lien　182
maritime salvage　174
moral hazard　3
morale hazard　3
multi-modal transportation　88

● N

name　31
negotiation　98
No Cure-No Pay　176
non-proportional reinsurance　16
Nordic Marine Insurance Plan　149
Norwegian Marine Insurance Plan　149
notice of abandonment　76

● O

off hire　171
on board notation　96
open cover　106
open policy　106
over insurance　64

● P

Packing List　98
partial loss　77
particular average　186
peril　2
peril insured　65
P&I Club　8
policyholder　54
premium　29, 38
primo　28
proportional reinsurance　16
Protection Club　36
pure risk　2

● Q

Quota Share Treaty　16

● R

received for shipment　96
reinsurance　15
reinsured　15
reinsurer　15
rent-a-captive　21
right of contribution　79
risk　2
risk covered　65
risk finance　5
risk management　3
risk map　3

● S

Safety Net　180
salvage　174
Scopic　180
Sea Waybill　94
Shipowner's Mutual Hull Underwriting
　　Association　35
shipped on board　96
Shipping Documents　98
special clauses　46
speculative risk　2
Stop Loss Reinsurance　16
subject-matter insured　63, 123
subrogation　82, 83
substituted expenses　195
sue and labor charges　74
sum insured　64
supplementary call　37
Surplus Treaty　16, 17
survey　108
survey report　108

surveyor   108

● T

The Society of Lloyd's   32
The Uniform Customs and Practice for
    Documentary Credits   99
time charge   179
time charter   144
total loss   76
treaty reinsurance   16

● U

under insurance   64
underwriter   32
unseaworthiness   194

● V

Valuation Form   201
valued policy   152
voyage charter   144

● W

warehouse to warehouse clause   121
warranty   73
Waterborne Agreement   131
while clause   66
With Average   113

● Y

York-Antwerp Rules   189

巻末付録　　　　　　　　　　　　　（2010年4月1日以降始期契約用）

貨物海上保険普通保険約款
運送保険普通保険約款

第1条（保険金を支払う場合——貨物に生じた損害）
　当会社は，保険の対象となる貨物（以下「貨物」といいます。）について生じた次の損害に対して，この約款に従い，保険金を支払います。
　①「オール・リスク担保」条件の場合には，すべての偶然な事故によって生じた損害
　②「特定危険担保」条件の場合には，火災，爆発，もしくは輸送用具の衝突・転覆・脱線・墜落・不時着・沈没・座礁・座州によって生じた損害または共同海損犠牲損害

第2条（保険金を支払う場合——費用の損害）
　当会社は，第1条（保険金を支払う場合——貨物に生じた損害）に定める損害のほか，次の費用の損害に対して，この約款に従い，保険金を支払います。
　①損害防止費用
　　第31条（損害防止義務）に定める損害の発生および拡大の防止義務を履行するために必要または有益な費用をいいます。
　②救助料
　　当会社が保険金を支払うべき事故（以下「保険事故」といいます。）が発生した場合において，救助契約に基づかないで貨物を救助した者に支払うべき報酬をいいます。
　③継搬費用
　　貨物または輸送用具に保険事故が発生した場合において，貨物を保険証券記載の仕向地へ輸送するために要した費用（中間地における荷卸し，陸揚げ，保管または再積込みの費用を含みます。）をいいます。ただし，原運送契約によって運送人が負担すべき費用，貨物について通常要すべき費用または被保険者が任意に支出した費用を除きます。
　④共同海損分担額
　　運送契約に定めた法令またはヨーク・アントワープ規則もしくはその他の規則に基づき正当に作成された共同海損精算書によって，被保険者が支払うべき額をいいます。

第3条（保険金を支払わない場合——その1）
　当会社は，次のいずれかに該当する事由によって生じた損害に対しては，保険金を支払いません。
　①保険契約者，被保険者，保険金を受け取るべき者（これらの者が法人である場合は，その理事，取締役または法人の業務を執行するその他の機関。以下同様とします。）またはこれらの者の法定代理人もしくは使用人の故意または重大な過失。ただし，上記の使用人については本条②に掲げる者を除きます。
　②貨物の輸送に従事する者が，保険契約者，被保険者または保険金を受け取るべき者の使用人である場合には，これらの者の故意

第4条（保険金を支払わない場合——その2）
　(1)　当会社は，次のいずれかに該当する事由によって生じた損害に対しては，保険金を支払いません。
　　①貨物の自然の消耗またはその性質もしくは欠陥によって生じた自然発火・自然爆発・む

　　　　れ・かび・腐敗・変質・変色・さび・蒸発・昇華その他類似の事由
　　　②荷造りの不完全
　　　③輸送用具，輸送方法または輸送に従事する者が出発（中間地からの出発および積込港・寄航港からの発航を含みます。）の当時，貨物を安全に輸送するのに適していなかったこと。ただし，保険契約者，被保険者またはこれらの者の使用人がいずれもその事実を知らず，かつ，知らなかったことについて重大な過失がなかったときは，この規定を適用しません。
　　　④運送の遅延
　(2)　当会社は，(1)に定める損害のほか，間接損害（第2条（保険金を支払う場合――費用の損害）の費用の損害を除きます。）に対しては，保険金を支払いません。

第5条（保険金を支払わない場合――その3）

　(1)　当会社は，次のいずれかに該当する事由によって生じた損害に対しては，保険金を支払いません。
　　　①戦争，内乱その他の変乱
　　　②水上または水中にある魚雷または機雷の爆発
　　　③公権力によると否とを問わず，捕獲，だ捕，抑留または押収
　　　④検疫または③以外の公権力による処分
　　　⑤ストライキ，ロックアウトその他の労働争議行為または労働争議参加者の行為
　　　⑥10人以上の群衆・集団の全部または一部によりなされた暴力的かつ騒動的な行動およびこの行動に際してその群衆・集団の一部によりなされた暴行（放火および盗取を含みます。）ならびにこれらに関連して生じた事件
　　　⑦原子核反応または原子核の崩壊。ただし，医学用，科学用または産業用ラジオ・アイソトープ（ウラン，トリウム，プルトニウムおよびこれらの化合物ならびにこれらの含有物は含みません。）の原子核反応または原子核の崩壊を除きます。
　(2)　当会社は，陸上（湖川を含みます。）にある貨物について，地震，噴火もしくはこれらによる津波またはこれらに関連のある火災その他類似の事故によって生じた損害に対しては，保険金を支払いません。地震，噴火もしくはこれらによる津波により異常な状態が存続する間に生じた損害は，前段に掲げる事故によって生じたものと推定します。

第6条（野積み等の貨物の取扱い）

　(1)　当会社は，次の損害に対しては「特定危険担保」条件のみで保険に付けられたものとみなして保険金を支払います。
　　　①貨物が野積みされている間に生じた損害
　　　②貨物が船舶またははしけの甲板上に積まれている間に生じた損害
　　　③貨物が被覆の完全でない輸送用具（船舶およびはしけを除きます。）に積まれている間に生じた損害。ただし，その輸送用具の被覆が完全であったとしても生じたであろう損害を除きます。
　(2)　(1)の規定は，次の場合には適用しません。
　　　①貨物が密閉式の金属製または強化プラスチック製コンテナに収容されている場合
　　　②保険契約者，被保険者またはこれらの者の使用人がいずれも(1)①から③までの事実を知らず，かつ，知らなかったことについて重大な過失がなかった場合
　　　③保険契約者，被保険者またはこれらの者の使用人のうち，(1)①から③までの事実を知

った者が遅滞なくこれを当会社に通知して，当会社の承認を得て，相当の追加保険料を支払った場合

第7条（保険価額）
(1) 保険価額は，貨物の仕切状面価額または発送の地および時における価額を基準として，保険契約を締結した時に，当会社と保険契約者または被保険者との間で協定した額とします。
(2) あらかじめ保険価額を協定しなかった場合は，保険価額は保険金額と同額とします。ただし，
　①保険金額が仕切状面価額（仕切状面価額が運送賃，保険料その他の諸掛りを含んでいない場合は，これらを加算した額をいいます。以下同様とします。）に，その10％に相当する金額を加算した額を超えるときは，保険価額は仕切状面価額にその10％に相当する金額を加算した額とします。
　②保険金額が仕切状面価額より著しく低い場合は，保険価額は仕切状面価額と同額とします。
(3) 仕切状がない場合は，貨物の発送の地および時における価額に仕向地までの運送賃，保険料その他の諸掛りを加算した額を(2)の仕切状面価額とみなします。

第8条（全損）
(1) 貨物の全部が保険事故によって次の状態になった場合は，貨物に全損があったものとします。
　①貨物が滅失したかまたはこれに類する大損害を受けた場合
　②被保険者が貨物を喪失して回収の見込みがない場合
　③貨物を保険証券記載の仕向地へ輸送する方法がなくなった場合
　④第2条（保険金を支払う場合——費用の損害）に定める各費用の見積額の合計額が，貨物が仕向地に到着したならば有するであろう価額を超える場合
(2) 貨物を積載している船舶または航空機の行方が最後の消息のあった日から起算して30日間不明である場合は，保険事故によって貨物に全損があったものとします。ただし，その行方不明が保険事故以外の事故によるものと推定される場合を除きます。
(3) 貨物が複数の鉄道車両，自動車，船舶，はしけまたは航空機に分載されている期間中は，その貨物は1両，1台，1隻または1機ごとに各別に保険に付けられたものとみなして，(1)および(2)の規定を適用します。
(4) この保険契約においては，被保険者は貨物を当会社に委付することができません。

第9条（分損の計算方法）
(1) 貨物の全部または一部が，保険事故によって損傷を被って仕向地に到着したときは，損傷を被らないで到着したならば有したであろう価額（以下「正品市価」といいます。）と損傷した状態で有する価額（以下「損品市価」といいます。）をもとに次の算式によって算出した額を損害額とします。
　損害額
　　＝保険価額またはその割当額×｛(正品市価－損品市価)／正品市価｝
(2) 輸入税，消費税，その他の税金が課せられる貨物については，これらの税金を含めた価額を正品市価または損品市価とします。
(3) 当会社と被保険者との間で，損品市価について協定がととのわない場合には，被保険者

の勘定で損傷を被った貨物を売却し，その売却代金（税金を買主の負担としたときはその額を加算し，また，売却に要した費用はこれを控除しません。）を損品市価とみなします。

(4) (1)の規定にかかわらず，貨物のラベルに損害が生じた場合は，そのラベルの代替費（再貼付費を含みます。）を，また貨物が機械類である場合には，その損害部分の代替品購入代金，修繕費および運送賃を合算した額（貨物の関税の全額が保険価額に含まれていた場合に限り，代替品購入のため支払われた関税があればこれを加算します。）を当会社が支払うべき保険金の限度とします。この場合においても第11条（保険金の支払額の限度）の規定を適用します。

第10条（支払いを免れた運送賃その他の費用の控除）

保険価額に運送賃その他の費用が含まれている場合において，損害発生のために被保険者がこれらの費用の全部または一部について支払いを免れたときは，当会社は，その費用を控除した残額を基礎として，保険金の額を決定します。

第11条（保険金の支払額の限度）

(1) 当会社が保険金として支払う額は，1回の保険事故について保険金額を限度とします。

(2) (1)の規定にかかわらず，貨物が損害を被り，これを修繕または手直ししない状態において，さらに他の保険事故によって損害を被った場合には，当会社が保険金として支払う額は，担保期間中を通算して保険金額を限度とします。

(3) (1)および(2)の規定にかかわらず，第2条（保険金を支払う場合——費用の損害）①に定める損害防止費用については，その費用とその他の保険金とを合算した額が保険金額を超えた場合でも，当会社は，これを支払います。

第12条（一部保険の場合の保険金の支払額）

保険金額が保険価額より低い場合は，当会社は，保険金額の保険価額に対する割合によって算出した額を保険金として支払います。

第13条（他の保険契約等がある場合の保険金の支払額）

他の保険契約等（この保険契約における貨物について締結された第1条（保険金を支払う場合——貨物に生じた損害）および第2条（保険金を支払う場合——費用の損害）の損害または費用を補償する他の保険契約または共済契約をいいます。）がある場合において，それぞれの保険契約または共済契約につき他の保険契約等がないものとして算出した保険金または共済金の額（以下「支払責任額」といいます。）の合計額が損害額を超えるときは，次に定める額を保険金として支払います。

①他の保険契約等から保険金または共済金が支払われていない場合
この保険契約の支払責任額

②他の保険契約等から保険金または共済金が支払われた場合
損害額から，他の保険契約等から支払われた保険金または共済金の合計額を差し引いた残額。ただし，この保険契約の支払責任額を限度とします。

第14条（保険責任の始期と終期）

(1) 当会社の保険責任は，輸送開始のために，貨物が保険証券記載の発送地における保管場所から搬出された時またはその保管場所において輸送用具へ直ちに積込む目的で最初に動かされた時のいずれか早い時に始まり，通常の輸送過程を経て，貨物が保険証券記載の仕向地における荷受人の指定した保管場所に搬入された時またはその保管場所において貨物の輸送用具からの荷卸しが完了した時のいずれか遅い時に終わります。ただし，輸送用具

が仕向地における荷受人の指定した保管場所に到着した後の担保期間は，輸送用具が到着した日の翌日の正午をもって限度とします。
(2) (1)の本文の規定にかかわらず，積込港において貨物が海上輸送用具に積込まれる前の担保期間は，貨物の保険証券記載の発送地における保管場所からの搬出が開始された日またはその保管場所における輸送用具への積込みが開始された日のいずれか早い日の翌日の午前0時から起算して15日間（発送地が積込港以外の地である場合は30日間）をもって，また，荷卸港において貨物が海上輸送用具から荷卸しされた後の担保期間は，貨物の荷卸しが完了した日の翌日の午前0時から起算して15日間（仕向地が荷卸港以外の地である場合は30日間）をもって，限度とします。
(3) (1)の本文の規定は，搬出された，もしくは積込みが開始された貨物の部分ごと，または搬入された，もしくは荷卸しされた貨物の部分ごとにこれを適用します。
(4) (1)および(2)の時刻は，日本国の標準時によるものとします。

第15条（保険料の支払い）
保険契約者は，保険契約締結の際，保険料の全額を支払わなければなりません。ただし，別途取決めた場合は，この規定を適用しません。

第16条（告知義務）
(1) 保険契約者または被保険者になる者は，保険契約締結の際，危険（損害の発生の可能性をいいます。以下同様とします。）に関する重要な事項のうち，保険契約申込書その他の書類の記載事項とすることによって当会社が告知を求めたもの（他の保険契約等に関する事項を含みます。以下「告知事項」といいます。）について，当会社に事実を正確に告げなければなりません。
(2) 当会社は，保険契約締結の際，保険契約者または被保険者が，告知事項について，故意または重大な過失によって事実を告げなかった場合または事実と異なることを告げた場合は，保険契約者に対する書面による通知をもって，この保険契約を解除することができます。
(3) (2)の規定は，次のいずれかに該当する場合には適用しません。
　①(2)に規定する事実がなくなった場合
　②当会社が保険契約締結の際，(2)に規定する事実を知っていた場合または過失によってこれを知らなかった場合（当会社のために保険契約の締結の代理を行う者が，事実を告げることを妨げた場合または事実を告げないこともしくは事実と異なることを告げることを勧めた場合を含みます。）
　③保険契約者または被保険者が，保険事故による損害の発生前に，告知事項につき，書面をもって訂正を当会社に申し出て，当会社がこれを承認した場合。なお，当会社が，訂正の申出を受けた場合において，その訂正を申し出た事実が，保険契約締結の際に当会社に告げられていたとしても，当会社が保険契約を締結していたと認めるときに限り，これを承認するものとします。
　④当会社が，(2)の規定による解除の原因があることを知った時から1か月を経過した場合または保険契約締結時から5年を経過した場合
(4) (2)の規定による解除が保険事故による損害の発生した後になされた場合であっても，第25条（保険契約解除の効力）の規定にかかわらず，当会社は，保険金を支払いません。この場合において，既に保険金を支払っていたときは，当会社は，その返還を請求するこ

とができます。
(5) (4)の規定は，(2)に規定する事実に基づかずに発生した保険事故による損害については適用しません。

第17条（通知義務）

(1) 保険契約締結の後，次のいずれかに該当する事実が発生した場合には，保険契約者，被保険者またはこれらの者の使用人は，事実の発生がその責めに帰すべき事由によるときはあらかじめ，責めに帰すことのできない事由によるときはその発生を知った後，遅滞なく，その旨を当会社に申し出て，承認を請求しなければなりません。ただし，その事実がなくなった場合，および，切迫した危険を避けるため，または人命救助もしくは輸送用具上にある者の緊急の医療のために必要となった場合には，当会社に申し出る必要はありません。
①保険証券記載の発送地，積込港，荷卸港もしくは仕向地を変更し，もしくは変更しようとしてその実行に着手すること，または輸送用具が順路外へ出ること。
②貨物が保険証券記載の輸送用具以外のものに積込まれ，または積替えられること。
③輸送の開始または遂行が著しく遅延すること。
④①から③までの事実のほか，保険契約申込書その他の書類の記載事項の内容に変更を生じさせる事実（保険契約申込書その他の書類の記載事項のうち，保険契約締結の際に当会社が交付する書面等においてこの条の適用がある事項として定めたものに関する事実に限ります。）が発生すること。

(2) (1)の事実がある場合（(4)ただし書の規定に該当する場合を除きます。）には，当会社は，その事実について承認を請求する書面を受領したと否とを問わず，保険契約者に対する書面による通知をもって，この保険契約を解除することができます。

(3) (2)の規定は，当会社が，(2)の規定による解除の原因があることを知った時から1か月を経過した場合または(1)の事実が生じた時から5年を経過した場合には適用しません。

(4) (1)に規定する手続を怠った場合には，当会社は，(1)の事実が発生した時から当会社が承認を請求する書面を受領するまでの間に生じた保険事故による損害に対しては，保険金を支払いません。ただし，(1)に規定する事実が発生した場合において，変更後の保険料が変更前の保険料より高くならなかったときは除きます。

(5) (4)の規定は，(1)の事実に基づかずに発生した保険事故による損害については適用しません。

第18条（保険契約者の住所変更）

保険契約者が保険証券記載の住所または通知先を変更した場合は，保険契約者は，遅滞なく，その旨を当会社に通知しなければなりません。

第19条（保険契約の無効）

保険契約者が，保険金を不法に取得する目的または第三者に保険金を不法に取得させる目的をもって締結した保険契約は無効とします。

第20条（保険契約の失効）

(1) 保険契約締結の後，次のいずれかに該当する場合には，その事実が発生した時に保険契約は効力を失います。
①貨物の全部が滅失した場合。ただし，第38条（保険金支払後の保険契約）(1)の規定により保険契約が終了した場合を除きます。
②貨物が譲渡された場合

(2) おのおの別に保険金額を定めた貨物が2以上ある場合には，それぞれについて，(1)の規定を適用します。

第21条（保険契約の取消し）
保険契約者または被保険者の詐欺または強迫によって当会社が保険契約を締結した場合には，当会社は，保険契約者に対する書面による通知をもって，この保険契約を取り消すことができます。

第22条（保険金額の調整）
(1) 保険契約締結の際，保険金額が貨物の価額が超えていた場合であっても，保険契約者は，その超過部分について，この保険契約を取り消すことはできません。

(2) 保険契約締結の後，貨物の価額が著しく減少した場合であっても，保険契約者は，保険金額の減額を請求することはできません。

第23条（保険契約者による保険契約の解除）
保険契約者は，当会社に対する書面による通知をもって，この保険契約を解除することができます。ただし，保険金請求権の上に質権または譲渡担保権が設定されている場合は，この解除権は，質権者または譲渡担保権者の書面による同意を得た後でなければ行使できません。

第24条（重大事由による解除）
(1) 当会社は，次のいずれかに該当する事由がある場合には，保険契約者に対する書面による通知をもって，この保険契約を解除することができます。

① 保険契約者または被保険者が，当会社にこの保険契約に基づく保険金を支払わせることを目的として損害を生じさせ，または生じさせようとしたこと。

② 被保険者が，この保険契約に基づく保険金の請求について，詐欺を行い，または行おうとしたこと。

③ ①および②に掲げるもののほか，保険契約者または被保険者が，①および②の事由がある場合と同程度に当会社のこれらの者に対する信頼を損ない，この保険契約の存続を困難とする重大な事由を生じさせたこと。

(2) (1)の規定による解除が保険事故による損害の発生した後になされた場合であっても，次条の規定にかかわらず，(1)①から③までの事由が生じた時から解除がなされた時までに発生した保険事故による損害に対しては，当会社は，保険金を支払いません。この場合において，既に保険金を支払っていたときは，当会社は，その返還を請求することができます。

第25条（保険契約解除の効力）
保険契約の解除は，将来に向かってのみその効力を生じます。

第26条（保険料の返還または請求——告知義務・通知義務等の場合）
(1) 第16条（告知義務）(1)により告げられた内容が事実と異なる場合において，保険料を変更する必要があるときは，当会社は，変更前の保険料と変更後の保険料との差額を返還または請求します。

(2) 第17条（通知義務）(1)の事実が生じた場合において，保険料を変更する必要がある場合であっても，当会社は変更前の保険料の全額を取得することができるものとします。また，追加保険料が必要となる場合は，当会社は，変更前の保険料と変更後の保険料との差額を請求します。

(3) 当会社は，保険契約者が(1)または(2)の規定による追加保険料の支払を怠った場合（当

会社が，保険契約者に対し追加保険料の請求をしたにもかかわらず相当の期間内にその支払がなかった場合に限ります。）は，保険契約者に対する書面による通知をもって，この保険契約を解除することができます。
(4) (1)または(2)の規定による追加保険料を請求する場合において，(3)の規定によりこの保険契約を解除できるときは，当会社は，保険金を支払いません。この場合において，既に保険金を支払っていたときは，当会社は，その返還を請求することができます。
(5) (4)の規定は，第17条（通知義務）(1)の事実が生じた場合における，その危険増加が生じた時より前に発生した保険事故による損害については適用しません。
(6) (1)および(2)のほか，保険契約締結の後，保険契約者が書面をもって保険契約の条件の変更を当会社に通知し，承認の請求を行い，当会社がこれを承認する場合において，保険料を変更する必要があるときは，当会社は，変更前の保険料と変更後の保険料との差額を返還または請求します。
(7) (6)の規定による追加保険料を請求する場合において，当会社の請求に対して，保険契約者がその支払を怠ったときは，当会社は，保険契約条件の変更の承認の請求がなかったものとして，この保険契約に適用される普通保険約款および特約に従い，保険金を支払います。

第27条（保険料の返還——保険契約の無効または失効の場合）
(1) 第19条（保険契約の無効）の規定により保険契約が無効となった場合には，当会社は，保険料を返還しません。
(2) 保険契約が失効となる場合であっても，当会社は，保険料の全額を取得することができるものとします。

第28条（保険料の返還——保険契約の取消しの場合）
第21条（保険契約の取消し）の規定により，当会社が保険契約を取り消した場合には，当会社は，保険料を返還しません。

第29条（保険料の返還——解除の場合）
(1) 第16条（告知義務）(2)，第17条（通知義務）(2)，第24条（重大事由による解除）(1)または第26条（保険料の返還または請求——告知義務・通知義務等の場合）(3)の規定により，当会社が保険契約を解除した場合には，当会社は，保険料を返還しません。
(2) 第23条（保険契約者による保険契約の解除）の規定により，保険契約者が保険契約を解除した場合であっても，当会社は，保険料の全額を取得することができるものとします。

第30条（事故の通知）
(1) 保険契約者または被保険者は，貨物について損害が生じたことを知った場合は，損害の発生ならびに他の保険契約等の有無および内容（既に他の保険契約等から保険金または共済金の支払を受けた場合には，その事実を含みます。）を当会社に遅滞なく通知しなければなりません。
(2) 貨物について損害が生じた場合は，当会社は，事故が生じた貨物または事故状況を調査することができます。
(3) 保険契約者または被保険者が，正当な理由がなく(1)の規定に違反した場合は，当会社は，それによって当会社が被った損害の額を差し引いて保険金を支払います。

第31条（損害防止義務）
(1) 保険契約者，被保険者またはこれらの者の使用人は，保険事故が発生したことを知った

場合は，これによる損害の発生および拡大の防止に努めなければなりません。保険契約者，被保険者またはこれらの者の使用人が損害の防止の義務を履行しなかった場合は，当会社は，損害の額から損害の発生および拡大を防止することが出来たと認められる額を差し引いた残額を基礎として，保険金の額を決定します。
　(2) 　保険契約者，被保険者またはこれらの者の使用人は，第三者（他人のためにする保険契約の場合の保険契約者を含みます。以下同じ。）に対して，損害について賠償，補償その他の給付を請求することができる場合には，その請求権の保全または行使に努めなければなりません。保険契約者，被保険者またはこれらの者の使用人が第三者に対する請求権の保全または行使に必要な手続の義務を履行しなかった場合は，当会社は，その請求権の行使によって，損害の額から第三者から給付を受けることができたと認められる額を差し引いた残額を基礎として，保険金の額を決定します。

第32条（残存物）
　当会社が保険事故による損害に対して保険金を支払った場合でも，貨物の残存物について被保険者が有する所有権その他の物権は，当会社がこれを取得する旨の意思を表示しないかぎり，当会社に移転しません。

第33条（全損となった貨物上の権利と義務）
　(1) 　第32条（残存物）で当会社が所有権その他の物権を取得する場合において，貨物に対して留置権，先取特権，質権，抵当権，賃借権，その他の権利が存在するとき，または損害をうけた貨物を取り除く義務その他その貨物に関する義務が存在するときには，被保険者は，遅滞なくその明細を当会社に通知しなければなりません。
　(2) 　被保険者は，(1)に定める権利を消滅させなければなりません。これに要する金額および費用または(1)に定める義務を履行するために要する金額および費用は，被保険者の負担とします。
　(3) 　当会社が(2)の金額および費用を支払ったとき，または将来支払う必要があると認めたときは，当会社は，支払うべき保険金の額からこれらを控除することができます。

第34条（保険金の請求）
　(1) 　当会社に対する保険金請求権は，保険事故による損害が発生した時から発生し，これを行使することができるものとします。
　(2) 　被保険者が保険金の支払を請求する場合は，次の書類または証拠のうち，当会社が求めるものを当会社に提出しなければなりません。
　　①保険金の請求書
　　②損害見積書
　　③その他当会社が第35条（保険金の支払時期）(1)に定める必要な事項の確認を行うために欠くことのできない書類または証拠として保険契約締結の際に当会社が交付する書面等において定めたもの
　(3) 　当会社は，事故の内容または損害の額等に応じ，保険契約者または被保険者に対して，(2)に掲げるもの以外の書類もしくは証拠の提出または当会社が行う調査への協力を求めることがあります。この場合には，当会社が求めた書類または証拠を速やかに提出し，必要な協力をしなければなりません。
　(4) 　保険契約者または被保険者が，正当な理由がなく(3)の規定に違反した場合または(2)もしくは(3)の書類に事実と異なる記載をし，もしくはその書類もしくは証拠を偽造しもし

くは変造した場合は，当会社は，それによって当会社が被った損害の額を差し引いて保険金を支払います。

第35条（保険金の支払時期）
(1) 当会社は，被保険者が第34条（保険金の請求）(2)の手続を完了した日（以下この条において「請求完了日」といいます。）からその日を含めて30日以内に，当会社が保険金を支払うために必要な次の事項の確認を終え，保険金を支払います。
　①保険金の支払事由発生の有無の確認に必要な事項として，事故の原因，事故発生の状況，損害発生の有無および被保険者に該当する事実
　②保険金が支払われない事由の有無の確認に必要な事項として，保険金が支払われない事由としてこの保険契約において定める事由に該当する事実の有無
　③保険金を算出するための確認に必要な事項として，損害の額（保険価額を含みます。）および事故と損害との関係
　④保険契約の効力の有無の確認に必要な事項として，この保険契約において定める解除，無効，失効または取消しの事由に該当する事実の有無
　⑤①から④までのほか，他の保険契約等の有無および内容，損害について
　　被保険者が有する損害賠償請求権その他の債権および既に取得したものの有無および内容等，当会社が支払うべき保険金の額を確定するために確認が必要な事項
(2) (1)の確認をするため，次に掲げる特別な照会または調査が不可欠な場合には，(1)の規定にかかわらず，当会社は，請求完了日からその日を含めて次に掲げる日数（複数に該当する場合は，そのうち最長の日数）を経過する日までに，保険金を支払います。この場合において，当会社は，確認が必要な事項およびその確認を終えるべき時期を被保険者に対して通知するものとします。
　①(1)①から④までの事項を確認するための，警察，検察，消防その他の公の機関による捜査・調査結果の照会（弁護士法（昭和24年法律第205号）に基づく照会その他法令に基づく照会を含みます。）　180日
　②(1)①から④までの事項を確認するための，専門機関による鑑定等の結果の照会　90日
　③災害救助法（昭和22年法律第118号）が適用された災害の被災地域における(1)①から⑤までの事項の確認のための調査　60日
　④(1)①から⑤までの事項の確認を日本国内において行うための代替的な手段がない場合の日本国外における調査　180日
　⑤損害を受けた貨物，損害発生事由もしくは損害発生形態が特殊である場合，または多数の貨物が同一事故により損害を受けた場合，または共同海損が宣言されたことにより，(1)①から④までの事項を確認するための，専門機関による鑑定等の結果の照会　180日
(3) (2)①から⑤に掲げる特別な照会または調査を開始した後，(2)①から⑤に掲げる期間中に保険金を支払う見込みがないことが明らかになった場合には，当会社は，(2)①から⑤に掲げる期間内に被保険者との協議による合意に基づきその期間を延長することができます。
(4) (1)から(3)までに掲げる必要な事項の確認に際し，保険契約者または被保険者が正当な理由なくその確認を妨げ，またはこれに応じなかった場合（必要な協力を行わなかった場合を含みます。）には，これにより確認が遅延した期間については，(1)から(3)までの期間に算入しないものとします。

貨物海上保険普通保険約款　275

第36条（時効）
　保険金請求権は，第34条（保険金の請求）⑴に定める時の翌日から起算して3年を経過した場合は，時効によって消滅します。

第37条（求償権代位）
⑴　損害が生じたことにより被保険者が損害賠償請求権その他の債権を取得した場合において，当会社がその損害に対して保険金を支払ったときは，その債権は当会社に移転します。ただし，移転するのは，次の額を限度とします。
　①当会社が損害の額の全額を保険金として支払った場合
　　被保険者が取得した債権の全額
　②①以外の場合
　　被保険者が取得した債権の額から，保険金が支払われていない損害の額を差し引いた額
⑵　⑴②の場合において，当会社に移転せずに被保険者が引き続き有する債権は，当会社に移転した債権よりも優先して弁済されるものとします。
⑶　保険契約者および被保険者は，当会社が取得する⑴または⑵の債権の保全および行使ならびにそのために当会社が必要とする証拠および書類の入手に協力しなければなりません。この場合において，当会社に協力するために必要な費用は，当会社の負担とします。

第38条（保険金支払後の保険契約）
⑴　貨物に第8条（全損）⑴から⑶までに定める全損があった場合は，保険契約は，その保険金支払の原因となった損害の発生した時に終了します。
⑵　⑴の場合を除き，当会社が保険金を支払った場合においても，この保険契約の保険金額は減額することはありません。
⑶　⑴の規定により，保険契約が終了した場合には，当会社は保険料を返還しません。
⑷　おのおの別に保険金額を定めた貨物が2以上ある場合には，それぞれについて，⑴から⑶までの規定を適用します。

第39条（訴訟の提起）
　この保険契約に関する訴訟については，日本国内における裁判所に提起するものとします。

第40条（準拠法）
　この約款に規定のない事項については，日本国の法令に準拠します。

（付則）
　第24条（重大事由による解除）に以下の規定を追加します。

1（保険契約の解除）
　当会社は，次のいずれかに該当する事由がある場合には，保険契約者に対する書面による通知をもって，この保険契約を解除することができます。
⑴　保険契約者が，次のいずれかに該当すること。
　①反社会的勢力(注)に該当すると認められること。
　②反社会的勢力(注)に対して資金等を提供し，または便宜を供与する等の関与をしていると認められること。
　③反社会的勢力(注)を不当に利用していると認められること。
　④法人である場合において，反社会的勢力(注)がその法人の経営を支配し，またはその法人の経営に実質的に関与していると認められること。

⑤その他反社会的勢力(注)と社会的に非難されるべき関係を有していると認められること。
(2) (1)に掲げるもののほか，保険契約者または被保険者が，(1)の事由がある場合と同程度に当会社のこれらの者に対する信頼を損ない，この保険契約の存続を困難とする重大な事由を生じさせたこと。
(注) 暴力団，暴力団員（暴力団員でなくなった日から5年を経過しない者を含みます。），暴力団準構成員，暴力団関係企業その他の反社会的勢力をいいます。

2（被保険者に関する解除）

当会社は，被保険者が1(1)①から⑤までのいずれかに該当する場合は保険契約者に対する書面による通知をもって，この保険契約(注)を解除することができます。
(注) 被保険者が複数である場合は，その被保険者に係る部分とします。

3（免責）

(1) 1または2の規定による解除が保険事故による損害の発生した後になされた場合であっても，第25条（保険契約解除の効力）の規定にかかわらず，1または2の解除の原因となる事由が生じた時から解除がなされた時までに発生した保険事故による損害に対しては，当会社は，保険金を支払いません。この場合において，既に保険金を支払っていたときは，当会社は，その返還を請求することができます。
(2) 1の規定により保険契約者に対する解除がなされた場合においても，(1)の規定は次の損害については適用しません。
①1(1)①から⑤までのいずれにも該当しない被保険者に生じた損害
②1(1)①から⑤までのいずれかに該当する被保険者が損害賠償責任を負担したことにより被る損害
(3) (2)にかかわらず，普通保険約款およびこの保険契約に付帯されたその他の特約で規定された費用の損害に対する保険金のうち，1(1)①から⑤までのいずれかに該当する保険契約者または被保険者が支出した費用に対しては，当会社は保険金を支払いません。

(平成22年4月1日改正)

船舶保険普通保険約款

第1章　当会社の責任

（当会社の負担する危険）
第1条　当会社は，この保険証券記載の船舶（以下「被保険船舶」という。）が沈没，転覆，座礁，座州，火災，衝突その他の海上危険（以下「保険事故」という。）に遭遇したことによって被保険利益について生じた損害を，この約款およびこの保険証券記載の特別約款の規定に従い，てん補する責めに任ずる。陸上危険について特約がある場合も同様とする。
2　前項の被保険利益について生じた損害とは，全損，修繕費，共同海損分担額，衝突損害賠償金，損害防止費用その他の損失，費用および賠償金をいう。

（保険の目的物の範囲）
第2条　船舶を保険の目的物としたときは，船体および機関のほか，特約がある場合を除き，被保険者が所有または賃借し，かつ，船舶内に存在する次に掲げる物は保険の目的物に含まれるものとする。保険契約者が所有または賃借する物も同様とする。
(1)　属具および備品
(2)　燃料，食料その他の消耗品等で，船舶の使用目的に供するすべての物
2　前項の規定にかかわらず，属具のうち，端艇については，船舶外に取り出された場合であっても，本来の使用目的に供されているときに限り，保険の目的物に含まれるものとする。

（全　損）
第3条　被保険船舶が滅失したとき，または著しい損傷を被り修繕不能となったときは全損とする。
2　被保険者は，次に掲げる事実が生じたときは，全損として保険金の支払を請求することができる。
(1)　被保険船舶の修繕費，共同海損分担額もしくは損害防止費用（第7条第1項第1号に掲げる費用に限る。）の各見積額またはこれらの合算額が保険価額を超過したこと。
(2)　被保険船舶の存否が最後の消息のあった日から起算して60日間不明であったこと。
(3)　被保険船舶を占有して使用することが不可能な状態が180日間継続したこと。
3　前項第2号または第3号に掲げる事実が生じた場合には，これら各号に掲げる期間経過前に保険期間が満了したときでも，被保険者は，全損として保険金の支払を請求することができる。
4　この保険契約において，被保険者は，被保険船舶を当会社に委付して保険金の支払を請求することはできない。

（修繕費）
第4条　修繕費とは，被保険船舶が被った損傷をその損傷発生直前の状態に復旧するために要する妥当な費用をいう。

2 前項の費用には，被保険船舶が被った損傷の修繕のために要する次に掲げる費用を含むものとする。ただし，共同海損分担額となるもの，損害防止費用となるものおよび事故の有無にかかわらず要する費用を除く。
 (1) 損傷を被った後，直ちに最寄りの修繕地に回航する場合は，その航海のために要する妥当な費用。ただし，修繕費を節約するために当会社の同意を得て最寄りの修繕地以外の修繕地に回航する場合には，その航海のために要する妥当な費用は，それにより節約される修繕費を限度とする。
 (2) 修繕完了後，直ちに原航路に復帰する場合は，その航海のために要する妥当な費用
 (3) 損傷の修繕を行った後，試運転をする場合は，その航海のために要する妥当な費用
3 次に掲げる場合の仮修繕費を第1項の費用に含める。ただし，共同海損分担額となるものを除く。
 (1) 本修繕に必要な材料または部品の調達に長期間を要し，本修繕が著しく遅延するとき。
 (2) 仮修繕を行うことにより本修繕に要する修繕費が節約されるとき。ただし，その仮修繕により節約される修繕費を限度とする。
4 次に掲げる場合に，被保険船舶が被った損傷の仮修繕を行っていたときは，その仮修繕費を第1項の費用に含める。ただし，共同海損分担額となるものおよび損害防止費用となるものを除く。
 (1) 被保険者が本修繕の費用または第27条第3項の修繕費を当会社に請求しないとき。
 (2) 本修繕を行う時までに，被保険船舶が全損となったとき。
5 保険事故によって生じた損傷の修繕工事（以下「保険工事」という。）のために被保険船舶の上架または入きょを必要とする場合，船底防汚塗料の代金および塗装費（船底清掃費を含む。）は，特別条項の規定に従い第1項の費用に含める。水線塗料および船底防腐塗料の代金ならびに塗装費は，損傷のあった部分に対するものに限り，第1項の費用に含める。
6 保険工事とそれ以外の工事または検査（以下「船主工事等」という。）とが同時に行われる場合に，そのいずれもが次に掲げる費用を必要とするときは，それぞれについて定める割合により算出された費用を第1項の費用に含める。
 (1) 上下架または入出きょの費用はその2分の1
 (2) 滞架または滞きょの費用は，保険工事と船主工事等が併行して行われた日数に対してはその2分の1
7 被保険船舶が座礁もしくは座州し，または他物（水を除く。）と衝突した後，保険契約者または被保険者が直ちに，当会社の同意を得て船底損傷検査のみを目的として潜水夫を使用しまたは被保険船舶を上架もしくは入きょさせた場合に要する妥当な潜水夫使用料または上下架もしくは入出きょ費用は，損傷が発見されなかったときであっても，第1項に定める修繕費とみなす。

（共同海損分担額）
第5条 共同海損分担額とは，保険契約者または被保険者が選任した精算人により，運送契約に定められた法令もしくは規則に従って，または運送契約に別段の定めがないときは，日本国の法令もしくは1994年ヨーク・アントワープ規則に従って作成された共同海損精算書によって被保険船舶が分担すべき額をいう。ただし，当会社が支払った第4条に規定する修繕費のうち，共同海損として認容される金額がある場合には，その金額を共同海損分担額から

控除する。保険契約者または被保険者が遅滞なく精算人を選任しない場合は、当会社は、自ら精算人を選任することができる。

2 被保険船舶が空船で航行する場合に、船舶以外に共同海損を分担する利益があれば共同海損行為となる行為によって保険契約者または被保険者が費用を支出したときは、1994年ヨーク・アントワープ規則（同規則第20条および第21条を除く。）を準用する。この場合の航海は、発航港から次の港（避難港または燃料の補給のためにのみ寄航する港を除く。）に到着するまでとする。ただし、避難港または寄航港において航海が打ち切られたときは、その航海はその時に終了したものとする。

（衝突損害賠償金）
第6条 衝突損害賠償金とは、被保険船舶が他の船舶と衝突（被保険船舶が他の船舶と衝突した直接の結果としてその他船がさらに他の船舶と衝突した場合を含む。）したことによって生じた次に掲げる損害に対して被保険者が法律上の損害賠償責任を負った場合に、確定判決によりまたは当会社の書面による同意を得て確定した金額をいう。
(1) 他船に与えた損害（その他船の損傷による使用利益の喪失を含む。）
(2) 他船上の積荷または他船上のその他の財物（以下「他船上の積荷または財物」という。）に与えた損害

2 次に掲げる金額をもって、前項に規定する衝突損害賠償金とする。
(1) 衝突が被保険船舶のみの過失によって生じた場合は、被保険者が前項に掲げる損害に対して賠償すべき金額
(2) 衝突が被保険船舶および他船の過失によって生じた場合は、各船舶の過失の割合（各船舶の過失の軽重を判定することができないときは、各船舶の過失の割合は同等とみなす。以下同じ。）に応じ、かつ、相殺をしないで被保険者が前項に掲げる損害に対して賠償すべき金額
(3) 前二号の規定にかかわらず、日本国もしくは外国の法令または条約に基づいて被保険者の責任が制限される場合は、その法令または条約に基づいて被保険者が提供した基金の確定額または提供した財産の提供時の価額のうち、前項に掲げる損害に対する賠償として割り当てられる金額

3 被保険船舶が被保険者の所有または賃借する他の船舶（被保険船舶の端艇を除く。）と衝突した場合も、第三者の所有または賃借する他の船舶と衝突した場合に準じて前二項が適用されるものとする。この場合、各船舶の過失の有無およびその割合ならびに各船舶の損害額については被保険者と当会社との間で協定する。

4 前項の協定が成立しないときは、被保険者と当会社は、協議して1人の仲裁人を選任しその判断に任せる。この選任ができないときは、被保険者と当会社は、協議して各自1人の仲裁人を選任し、その2人が選任する第三の仲裁人1人を加えた3人の仲裁人の多数決による判断に従う。

（損害防止費用）
第7条 損害防止費用とは、次に掲げる費用をいう。
(1) 保険契約者または被保険者が第24条第1項に規定する損害防止義務を履行するために必要または有益な費用（被保険船舶に保険事故が発生した場合に、救助契約に基づかずに

被保険船舶を救助した者に対して保険契約者または被保険者が支払うべき報酬を含む。）
　(2)　保険契約者または被保険者が第24条第3項に規定する第三者に対する請求権の行使または保全の義務を履行するために必要または有益な費用。ただし，この保険契約に関する損害と，その他の損害とを合わせて第三者に対する請求権を行使または保全した場合の費用は，各損害額の割合によって案分される金額に限る。
　(3)　この保険契約に関する損害について，賠償請求の訴えが被保険者に対して提起され，被保険者が当会社の書面による同意を得て応訴するため，または被保険者が当会社と協議のうえ争いを仲裁に付すために必要または有益な訴訟費用または仲裁費用。ただし，この保険契約に関する損害に対する賠償と，その他の損害に対する賠償とを合わせて請求された場合の訴訟費用または仲裁費用は，各被請求金額の割合によって案分される金額に限る。
2　保険契約者または被保険者が被保険船舶と被保険船舶上の積荷その他の財物の損害を共に防止軽減する場合は，前項の費用のうち，被保険船舶が分担すべき額をもって損害防止費用とする。ただし，共同海損分担額となるものを除く。
3　損害の防止軽減に際して，被保険船舶が被った損傷の修繕費は，いかなる場合も損害防止費用とは認めない。積荷，運送賃および乗客，船長，乗組員その他の人員に生じた損害についても，同様とする。

（火災・汚染防止損害）
第8条　当会社は，被保険船舶に保険事故が発生し，その結果日本国または外国の公権力により講じられた次に掲げる緊急措置によって被保険利益について生じた損害を，その緊急措置の原因となった保険事故によって生じたものとみなし，この約款およびこの保険証券記載の特別約款の規定に従い，てん補する責めに任ずる。ただし，当会社は，その緊急措置に要した費用についてはてん補する責めに任じない。
　(1)　被保険船舶に火災が発生しまたはまさに発生しようとしている場合に，その火災の消火，延焼の防止もしくは火災の発生の防止または人命を救助するために講じられた緊急措置
　(2)　被保険船舶から流出しまたは排出された油その他の物により，海洋，河川等が汚染され，またはそのおそれがある場合に，その汚染を防止軽減するために講じられた緊急措置

（てん補額の限度）
第9条　当会社のてん補すべき金額は，1回の保険事故ごとに保険金額を限度とする。
2　前項の規定にかかわらず，次に掲げる賠償金または費用について当会社のてん補すべき金額は，1回の保険事故ごとに，かつ，他のてん補金とは別個に，それぞれ保険金額を限度とする。
　(1)　第6条に規定する衝突損害賠償金
　(2)　保険契約者または被保険者が支出した第7条第1項第1号および第2号に規定する損害防止費用。ただし，第7条第1項第1号の費用については，被保険船舶が全損になるおそれがある場合に，保険契約者または被保険者があらかじめ当会社の書面による同意を得て支出した費用に限る。
　(3)　第7条第1項第3号に規定する費用のうち，第6条第1項各号の損害について賠償請求の訴えが被保険者に対して提起されたときの必要または有益な訴訟費用または仲裁費用
3　当会社は，保険金額の保険価額に対する割合をもって，損害をてん補する責めに任ずる。

(保険期間)
第10条　一定の期間についての保険（以下「期間保険」という。）における当会社の責任は，この保険証券に異なる時刻の記載がないかぎり，この保険証券記載の開始日の正午に始まり，この保険証券記載の終了日の正午に終わる。
2　前項の時刻は，この保険証券に異なる記載がないかぎり，日本国の標準時によるものとする。
3　一定の航海についての保険（以下「航海保険」という。）における当会社の責任は，特約がある場合を除き，被保険船舶がこの保険証券記載の発航港において発航のため係留索を解き始めた時，またはいかりを揚げ始めた時のいずれか早い時に始まり，この保険証券記載の到達港においていかりを降ろし終わった時，または係留索をつなぎ終わった時のいずれか早い時から24時間を経過した時に終わる。ただし，24時間以内であっても，他の航海のため積荷の積込みその他発航の準備に着手したとき，または他の航海のため係留索を解き始めたときもしくはいかりを揚げ始めたときは，当会社の責任は，そのいずれか早い時に終わる。
4　被保険船舶が航海している間または被保険船舶に保険事故が発生して当会社の責任の有無が確定しない間に第1項に規定する保険期間が満了する場合，保険契約者または被保険者は，保険期間の満了前に書面をもって保険期間の延長を当会社に請求し，かつ，30日間に相当する保険料を支払うことによって，保険期間を30日間延長することができる。さらにその保険期間を延長しようとするときも同様とし，30日を1期として保険期間を延長することができる。ただし，保険期間が延長された場合であっても，次に掲げる時をもってこの保険契約は終了する。
　(1)　航海中であった被保険船舶が安全に停泊できる水域においていかりを降ろし終わった時または係留索をつなぎ終わった時のいずれか早い時
　(2)　被保険船舶に発生した保険事故について当会社の責任の有無が確定した時または被保険船舶の損傷の修繕が完了した時のいずれか早い時
5　保険期間中に被保険船舶が全損となったときは，その時をもってこの保険契約は終了する。

第2章　免　　責

(てん補しない損害──1)
第11条　当会社は，次に掲げる事由によって生じた損害をてん補する責めに任じない。
　(1)　戦争，内乱その他の変乱
　(2)　水雷，爆弾その他爆発物として使用される兵器の爆発またはこれらの物との接触
　(3)　公権力によると否とを問わず，だ捕，捕獲，抑留，押収または没収
　(4)　海賊行為
　(5)　ストライキ，ロックアウトその他の争議行為または争議行為参加者のそれに付随する行為
　(6)　テロリストその他政治的動機または害意をもって行動する者の行為
　(7)　暴動，政治的または社会的騒じょうその他類似の事態
　(8)　原子核の分裂，融合またはこれらと同種の反応によって生じた放射性，爆発性その他の有害な特性
　(9)　差押え，仮差押え，担保権の実行その他訴訟手続に基づく処分

(てん補しない損害——2)
第12条　当会社は，次に掲げる事由によって生じた損害をてん補する責めに任じない。ただし，第1号または第2号に掲げる者が船長または乗組員である場合には，これらの者の船長または乗組員としての職務上の重大な過失によって生じた損害については，このかぎりでない。
　(1)　保険契約者，被保険者またはこれらの者の代理人（前記の者が法人であるときは，その理事，取締役または法人の業務を執行するその他の機関）の故意または重大な過失
　(2)　前号に掲げる者以外の者で保険金を受け取るべき者またはその代理人の故意または重大な過失。ただし，この場合には，これらの者の受け取るべき金額に限り，てん補する責めに任じない。
　(3)　船長または乗組員が前二号に掲げる者に保険金を取得させることを目的としていた場合のこれらの者の故意
2　前項第1号または第2号に掲げる事由のうち，重大な過失により損害が生じた場合において，被保険者が損害賠償責任を負ったことによって被る損害については，前項の規定を適用しない。

(てん補しない損害——3)
第13条　当会社は，次に掲げる事由によって生じた損害（第1号または第2号に掲げる事由によって損害が生じた場合は，その事由が存在する部分の損害を含む。）をてん補する責めに任じない。ただし，保険契約者または被保険者が相当の注意を払ったにもかかわらず，第2号に掲げる事由を発見することができなかったとき，または第3号に掲げる事由が生じたときは，このかぎりでない。
　(1)　被保険船舶に生じた摩滅，腐食，さび，劣化その他の自然の消耗
　(2)　被保険船舶に存在する欠陥
　(3)　被保険船舶が発航（寄港港からの発航を含む。）の当時，安全に航海を行うのに適した状態になかったこと，または被保険船舶が係留されもしくは停泊する場合，安全に係留されもしくは停泊するのに適した状態になかったこと。

(てん補しない損害——4)
第14条　当会社は，次に掲げる事実が発生した場合は，その時以後に生じた損害をてん補する責めに任じない。ただし，その事実が消滅した後において当会社が書面により承諾したときは，その承諾後に生じた損害については，このかぎりでない。
　(1)　被保険船舶が安全に航海を行うために必要な官庁もしくは船級協会の検査または当会社の指定する検査を受けなかったこと。
　(2)　被保険船舶の船級が変更され，または船級協会の船級登録が抹消されたこと。ただし，当会社の書面による承諾を得たときは，このかぎりでない。
　(3)　期間保険の場合に，被保険船舶がこの保険証券記載の航路定限の外に出たこともしくは通常の航路でない場所を航行したこと，または航海保険の場合に，被保険船舶がこの保険証券記載の期間内に発航しなかったこと，通常の航路でない場所を航行したこと，この保険証券記載の順路を逸脱したことまたは到達港を変更したこと。ただし，切迫した危険の回避，人命救助もしくは船上にある者の医療のためであったとき，または当会社の書面に

よる承諾を得たときは，このかぎりでない。
　(4)　被保険船舶が日本国もしくは外国の法令または条約に違反する目的で使用されたこと。
　(5)　被保険船舶が戦地その他の変乱地に入ったことまたは戦争その他の変乱に関連する目的で使用されたこと。ただし，当会社の書面による承諾を得たときは，このかぎりでない。
　(6)　被保険船舶の所有者または賃借人に変更があったこと。ただし，当会社の書面による承諾を得たときは，このかぎりでない。
　(7)　被保険船舶の構造または用途に著しい変更があったこと。ただし，当会社の書面による承諾を得たときは，このかぎりでない。
　(8)　前各号に掲げる事実を除き，当会社の負担する危険が保険契約者または被保険者の責めに帰すべき事由によって著しく変更または増加したこと。ただし，当会社の書面による承諾を得たときは，このかぎりでない。
2　前項各号に掲げる事実が発生した場合に，当会社は，保険契約者に対する書面による通知をもって，この保険契約を解除することができる。保険契約者または被保険者が書面をもって当会社に引き続き損害てん補の責めに任ずべきことの承諾を請求したときでも，当会社は，これを承諾しないで，保険契約者に対する書面による通知をもって，この保険契約を解除することができる。本項の解除は，将来に向かってその効力を生ずる。
3　第1項第1号から第7号までに掲げる事実を除き，当会社の負担する危険が保険契約者または被保険者の責めに帰すことのできない事由によって著しく変更または増加した場合は，保険契約者または被保険者は，その事実を知った後遅滞なくこれを当会社に通知しなければならない。保険契約者または被保険者が，故意または重大な過失によって遅滞なくこの通知をすることを怠ったときは，当会社は，通知すべき事実が発生した時以後に生じた損害をてん補する責めに任じない。
4　前項の場合に，保険契約者または被保険者からの通知の有無にかかわらず当会社がその事実を知ったときは，当会社は，保険契約者に対する書面による10日前の予告をもって，この保険契約を解除することができる。その解除は，将来に向かってその効力を生ずる。
5　第2項の解除権は，当会社が解除の原因があることを知った時から1ヶ月以内または第1項各号に掲げる事実が発生した時から5年以内にこれを行使しないときは消滅する。
6　第4項の解除権は，当会社が解除の原因があることを知った時から1ヶ月以内または当会社の負担する危険が保険契約者または被保険者の責めに帰すことのできない事由によって著しく変更または増加した時から5年以内にこれを行使しないときは消滅する。

(てん補しない損害——5)
第15条　当会社は，第6条に規定する衝突損害賠償金については，第11条から第13条までに規定する事由によって生じた賠償責任にかかわる衝突損害賠償金のほか，次に掲げる賠償責任にかかわる衝突損害賠償金についてもてん補する責めに任じない。
　(1)　賠償責任に関して特約がある場合に，その特約によって加重された賠償責任
　(2)　他船および他船上の積荷または財物以外の物に与えた損害に対する賠償責任
　(3)　他船の使用利益以外の利益に与えた損害に対する賠償責任
　(4)　人の死傷または疾病について生じた賠償責任
　(5)　他船，他船上の積荷または財物およびその他の物の引き揚げまたは除去を命ぜられた場合に要した費用に対する賠償責任

(6) 海洋，河川等の汚染を防止軽減するための措置に要した費用に対する賠償責任
(7) 被保険船舶が他船に曳航もしくは押航されまたは他船を曳航もしくは押航している場合に，その船列内の他船と船列外の船舶との衝突（被保険船舶が船列内の他船と衝突した直接の結果としてその他船がさらに船列外の船舶と衝突した場合を除く。）によって生じた損害に対する賠償責任

第3章 保険契約の無効等

(保険契約の無効，取消および解除)
第16条 保険契約者が，保険金を不法に取得する目的または第三者に保険金を不法に取得させる目的をもって保険契約を締結した場合には，この保険契約は無効とする。
2 保険契約者または被保険者の詐欺または強迫によって当会社が保険契約を締結した場合には，当会社は，保険契約者に対する書面による通知をもって，この保険契約を取り消すことができる。
3 当会社は，次のいずれかに該当する事由がある場合には，保険契約者に対する書面による通知をもって，この保険契約を解除することができる。
  (1) 保険契約者または被保険者が，当会社にこの保険契約に基づく保険金を支払わせることを目的として損害を生じさせ，または生じさせようとしたこと。
  (2) 被保険者が，この保険契約に基づく保険金の請求について，詐欺を行い，または行おうとしたこと。
  (3) 前二号に掲げるもののほか，保険契約者または被保険者が前二号の事由がある場合と同程度に当会社のこれらの者に対する信頼を損ない，この保険契約の存続を困難とする重大な事由を生じさせたこと。
4 前項の解除は，将来に向かってその効力を生ずる。ただし，その解除が損害の生じた後になされた場合であっても，当会社は，前項各号の事由が生じた時以後に生じた損害をてん補する責めに任じない。この場合において，すでに保険金を支払っていたときは，当会社は，その返還を請求することができる。
5 保険契約者は，当会社に対する書面による通知をもって，この保険契約を解除することができる。ただし，この保険契約の保険金請求権の上に質権が設定されている場合またはこの保険契約の保険金請求権の債権譲渡が行われている場合，この解除権は質権者または当該請求権の譲受人の書面による同意を得た後でなければ行使することができない。
6 前項の解除は，将来に向かってその効力を生ずる。

(告知義務およびその違反による保険契約の解除)
第17条 保険契約者または被保険者になる者は，この保険契約締結に際し，次に掲げる事項について，当会社に事実を正確に告げなければならない。
  (1) 被保険利益，負担危険および保険期間の全部または一部がこの保険契約と重複する他の保険契約が締結されていること。
  (2) 保険申込書の記載事項
  (3) 前各号に掲げる事項のほか，当会社の保険引受の諾否または保険契約内容の決定に影響を及ぼすべき重要な事項

2 保険契約者または被保険者が故意または重大な過失によって，前項各号に掲げる事項のうち当会社の負担する危険に関する重要な事項について，事実を知りながらこれを当会社に告げなかったとき，または不実のことを告げたときは，当会社は，保険契約者に対する書面による通知をもって，この保険契約を解除することができる。
3 前項の規定は，次のいずれかに該当するときは適用しない。
　(1) この保険契約締結の当時，当会社が保険契約者または被保険者の告げなかった事実を知っていたときもしくは告げたことが不実であることを知っていたとき，または過失によってこれを知らなかったとき。
　(2) 当会社のために保険契約の締結の代理を行う者が，事実を告げることを妨げたときまたは事実を告げないこともしくは事実と異なることを告げることを勧めたとき。
4 第2項の解除は，将来に向かってその効力を生ずる。ただし，その解除が損害の生じた後になされた場合であっても，当会社は，その損害をてん補する責めに任じない。この場合において，すでに保険金を支払っていたときは，当会社は，その返還を請求することができる。ただし，保険契約者または被保険者が事実を当会社に告げなかった事項または告げたことが不実である事項に基づかずに発生した損害については，このかぎりでない。
5 第2項の解除権は，当会社が解除の原因があることを知った時から1ヶ月以内または保険契約締結時から5年以内にこれを行使しないときは消滅する。

（保険価額の協定およびその著しい増減）
第18条 当会社と保険契約者は，保険契約締結の時に保険価額を協定する。
2 保険期間中に被保険利益の価額が著しく増加または減少したときは，当会社または保険契約者は，書面をもってこの保険証券記載の保険価額または保険金額の変更を申入れることができる。
3 前項の変更について合意が成立したときは，当会社は，保険価額または保険金額が増額されまたは減額された部分に対し日割をもって計算した保険料を請求または返還する。

（被保険船舶の調査）
第19条 当会社は，必要と認めたときは，保険期間中いつでも被保険船舶またはその積荷および底荷の積付状態について調査を行い，かつ，保険契約者，被保険者または船長に対して必要な報告を求めることができる。
2 保険契約者，被保険者または船長が正当な理由がないにもかかわらず前項の調査または報告を拒んだときは，当会社は，保険契約者に対する書面による通知をもって，この保険契約を解除することができる。その解除は，将来に向かってその効力を生ずる。
3 前項の解除権は，同項に規定する拒否の事実があった時から1ヶ月以内にこれを行使しないときは消滅する。

第4章　保険料の支払および返還・請求

（保険料の支払）
第20条 保険契約者は，この保険証券記載の保険料をこの保険証券記載の支払期日（以下「支払期日」という。）に当会社に支払わなければならない。

2　保険契約者が支払期日に保険料の支払を怠ったときは，当会社は，その支払期日以後保険料の支払がある時までに生じた損害をてん補する責めに任じない。

(保険料の返還——無効または取消の場合)
第21条　第16条第1項の規定により，保険契約が無効となる場合には，当会社は，既収保険料を返還しない。
2　第16条第2項の規定により，当会社がこの保険契約を取り消した場合には，当会社は，既収保険料を返還しない。

(保険料の返還・請求——保険契約の終了の場合)
第22条　第10条第5項の規定により，この保険契約が終了した場合には，当会社は，保険契約が終了した日の翌日から日割をもって計算した未経過期間に対応する保険料を返還する。
2　前項の規定にかかわらず，保険事故によって被保険船舶が全損となり第10条第5項の規定によりこの保険契約が終了した場合には，当会社は，保険料の全額を請求することができる。また，既収保険料は返還しない。

(保険料の返還・請求——解除の場合)
第23条　第14条第2項，同条第4項，第16条第3項，第17条第2項または第19条第2項の規定により，当会社が保険契約を解除した場合には，当会社は，解除した日の翌日から日割をもって計算した未経過期間に対応する保険料を返還する。
2　第16条第5項の規定により，保険契約者が保険契約を解除した場合には，当会社は，既収保険料と，既経過期間に対し別表に掲げる短期料率によって計算した保険料との差額を返還または追加請求する。

第5章　保険事故の発生

(損害防止義務)
第24条　保険契約者または被保険者は，保険事故発生にあたり，損害の防止軽減に努め，または船長をしてこれに努めさせなければならない。
2　保険契約者または被保険者が，故意または重大な過失によって損害の防止軽減を怠ったときは，当会社は，防止軽減することができたと認められる額をその保険事故による損害額から控除した残額を基礎として，てん補額を決定する。
3　保険契約者または被保険者が，第三者(他人のためにする保険契約の場合の保険契約者ならびにその代理人および使用人を含む。以下同じ。)に対し損害の賠償を請求することができる場合には，その請求権の行使または保全に努めなければならない。
4　保険契約者または被保険者が，故意または重大な過失によって第三者に対する請求権の行使または保全を怠ったときは，当会社は，その請求権を行使すれば，第三者から賠償を受けることができたと認められる額をその保険事故による損害額から控除した残額を基礎として，てん補額を決定する。

(保険事故発生の通知義務)
第25条　保険契約者または被保険者は，被保険船舶に保険事故が発生したことまたは発生した疑いがあることを知ったときは，遅滞なくその旨を当会社に通知し，かつ，管海官庁が認証した海難報告書その他当会社が要求する書類を提出しなければならない。
2　保険契約者または被保険者が前項に規定する義務を正当な理由がないにもかかわらず履行しなかったときは，当会社は，それによって当会社が被った損害の額をその保険事故による損害額から控除した残額を基礎として，てん補額を決定する。
3　保険契約者，被保険者または船長が第1項の通知または提出書類において故意に不実のことを述べ，または事実を隠したときは，当会社は，それによって当会社が被った損害の額をその保険事故による損害額から控除した残額を基礎として，てん補額を決定する。

(保険事故発生の場合の損害調査)
第26条　当会社は，前条第1項に規定する保険事故の通知を受けたときは，被保険船舶について必要な調査を行い，かつ，保険契約者，被保険者または船長に対して必要な報告を求めることができる。
2　保険契約者，被保険者または船長が正当な理由がないにもかかわらず前項の調査または報告を拒んだときは，当会社は，それによって当会社が被った損害の額をその保険事故による損害額から控除した残額を基礎として，てん補額を決定する。この場合において，保険契約者，被保険者または船長が前項の調査または報告に応じるまでの期間については，第28条第6項から同条第8項までに掲げる期間に算入しないものとする。

(修　繕)
第27条　保険契約者または被保険者は，被保険船舶が保険事故によって損傷を被った場合は，遅滞なく修繕を行うものとし，当会社は，その修繕が完了した後に修繕費を支払う。保険契約者または被保険者が修繕を遅滞なく行わずに後日行った場合には，当会社の支払う修繕費は，遅滞なく修繕を行えば要したと認められる修繕費の見積額を限度とする。
2　保険契約者または被保険者は，前項の修繕を行うにあたり，修繕費の見積を徴しようとする場合は，あらかじめ当会社と協議することを要し，かつ，当会社が要求したときには，修繕費の見積について当会社の指定する者を参加させなければならない。
3　第1項の規定にかかわらず，保険事故によって生じた損傷を未修繕のまま被保険船舶が売却または解撤された場合は，当会社は，その損傷（修繕費として支払うべきものに限る。）によって減価した額を限度として修繕を行えば要すると認められる修繕費の見積額を修繕費として支払う。
4　保険事故によって生じた損傷の修繕完了前に被保険船舶が全損（保険事故によると否とを問わない。）となった場合は，当会社は，未修繕の損傷の修繕費を支払わない。

第6章　保険金の請求と支払

(保険金の請求および支払)
第28条　当会社に対する保険金請求権は，第1条に規定する損害が生じた時から発生し，これを行使することができるものとする。

2 被保険者が保険金の支払を請求する場合は、次の書類または証拠のうち、当会社が求めるものを当会社に提出しなければならない。
   (1) 保険金の請求書
   (2) 損害見積書
   (3) その他当会社が第6項に定める必要な事項の確認を行うために欠くことのできない書類または証拠として保険契約締結の際に当会社が交付する書面等において定めたもの
3 当会社は、事故の内容または損害の額等に応じ、保険契約者または被保険者に対して、前項に掲げるもの以外の書類もしくは証拠の提出または当会社が行う調査への協力を求めることがある。この場合には、当会社が求めた書類または証拠を速やかに提出し、必要な協力をしなければならない。
4 保険契約者または被保険者が、正当な理由がなく前項の規定に違反した場合または第2項もしくは前項の書類に不実の記載をし、もしくはその書類もしくは証拠を偽造しもしくは変造した場合は、当会社は、それによって当会社が被った損害の額をその保険事故による損害額から控除した残額を基礎として、てん補額を決定する。
5 保険金請求権は、第1項に定める時の翌日から起算して3年を経過した場合は、時効によって消滅する。
6 当会社は、被保険者が第2項の手続を完了した日(以下「請求完了日」という。)から起算して30日以内に、当会社が保険金を支払うために必要な次の事項の確認を終え、保険金を支払う。
   (1) 保険金の支払事由発生の有無の確認に必要な事項として、事故の原因、事故発生の状況、損害発生の有無および被保険者に該当する事実
   (2) 保険金が支払われない事由の有無の確認に必要な事項として、保険金が支払われない事由としてこの保険契約において定める事由に該当する事実の有無
   (3) 保険金を算出するための確認に必要な事項として、損害の額および事故と損害との関係
   (4) 保険契約の効力の有無の確認に必要な事項として、この保険契約において定める解除、無効または取消の事由に該当する事実の有無
   (5) 前各号のほか、他の保険契約の有無および内容、損害について被保険者が有する損害賠償請求権その他の債権および既に取得したものの有無および内容等、当会社が支払うべき保険金の額を確定するために確認が必要な事項
7 前項の確認をするため、次に掲げる特別な照会または調査が不可欠な場合には、同項の規定にかかわらず、当会社は、請求完了日から起算して次の各号に掲げる日数(複数に該当するときは、そのうち最長の日数)を経過する日までに、保険金を支払う。この場合において、当会社は、確認が必要な事項およびその確認を終えるべき時期を被保険者に対して通知するものとする。
   (1) 前項第1号から第4号までの事項を確認するための、警察、検察、消防その他の公の機関による捜査・調査結果の照会(弁護士法(昭和24年法律第205号)に基づく照会その他法令に基づく照会を含む。) 180日
   (2) 前項第1号から第4号までの事項を確認するための、医療機関、検査機関その他の専門機関による鑑定等の結果の照会 90日
   (3) 前項第3号の事項のうち、後遺障害の内容およびその程度を確認するための、医療機関による診断、後遺障害の認定に係る専門機関による診断、鑑定等の結果の照会 120日

(4) 災害救助法（昭和22年法律第118号）が適用された災害の被災地域における前項各号の事項の確認のための調査　60日
　(5) 前項各号の事項の確認を日本国内において行うための代替的な手段がない場合の日本国外における調査　180日
　(6) 損害を受けた保険の目的もしくは損害発生事由・損害発生形態もしくは修繕方法が特殊である場合または同一事故により多数の保険の目的（賠償の対象を含む。）が損害を受けた場合において，前項第1号から第4号までの事項を確認するための，専門機関による鑑定等の結果の照会　180日
8　前項各号に掲げる特別な照会または調査を開始した後，これら各号に掲げる期間中に保険金を支払う見込みがないことが明らかになった場合には，当会社は，これら各号に掲げる期間内に被保険者との協議による合意に基づきその期間を延長することができる。
9　前三項に掲げる必要な事項の確認に際し，保険契約者または被保険者が正当な理由なく当該確認を妨げ，またはこれに応じなかった場合（必要な協力を行わなかった場合を含む。）には，これにより確認が遅延した期間については，前三項の期間に算入しないものとする。

（未払込保険料の保険金からの控除）
第29条　当会社が保険金を支払う時に，この保険証券記載の保険料のうちに未払込の保険料がある場合は，当会社は，保険金から次に掲げる未払込の保険料を控除する。
　(1) 全損金を支払うときは，保険料支払期日が到来していると否とを問わず未払込の保険料の全額
　(2) 全損金以外の保険金を支払うときは，保険料支払期日が既に到来している未払込の保険料

（他の保険契約がある場合のてん補額）
第30条　被保険利益，負担危険および保険期間の全部または一部がこの保険契約と重複する他の保険契約が締結されている場合に，各保険契約について他の保険契約がないものとして算出したてん補責任額（以下「独立責任額」という。）の合計が損害額を超過するときは，各保険契約の独立責任額の合計に対するこの保険契約の独立責任額の割合を損害額に乗じて得た額をもって，当会社のてん補額とする。
2　各保険契約の保険価額が異なるときは，それらのうち最も高い保険価額の保険契約のもとで算出された損害額を前項の損害額とする。

（全損となった被保険船舶の所有権の帰属）
第31条　被保険船舶が全損となった場合に，当会社が全損金を支払うときは，当会社は，被保険船舶の所有権を取得するか否かを選択することができる。
2　前項の規定により当会社が被保険船舶の所有権を取得しない場合には，当会社は，その旨を全損金を支払う時までに被保険者に通知する。
3　第1項の規定により当会社が被保険船舶の所有権を取得する場合には，当会社は，全損金を支払うことにより保険金額の保険価額に対する割合でその所有権を取得する。

(全損となった被保険船舶に存在する負担の帰属)
第32条　被保険船舶が全損となった場合には，被保険者または保険金を受け取るべき者は，全損金の支払を請求する時までに次に掲げる事実を当会社に通知しなければならない。
　(1)　先取特権，質権，抵当権，賃借権，留置権その他被保険船舶の所有権を制限する権利の存否およびこれらの権利が存在する場合にはその内容
　(2)　被保険船舶に付随する公法上の義務もしくは私法上の債務の存否またはこれらの存在の可能性のある事実
2　被保険者または保険金を受け取るべき者から前項の通知を受ける時までの期間については，第28条第6項から同条第8項までに掲げる期間に算入しないものとする。
3　前条の規定に基づいて当会社が被保険船舶の所有権を取得した場合であっても，第1項第1号に規定する権利を消滅させるために要する金額または同項第2号に規定する義務もしくは債務を履行するために要する金額は，被保険者または保険金を受け取るべき者の負担とする。

(第三者に対する権利の取得)
第33条　保険事故によって損害が生じたことにより，被保険者が第三者に対して権利を取得した場合に，当会社が被保険者に損害をてん補したときは，当会社は，てん補額の範囲内で，かつ，被保険者の権利を害さない範囲内で第三者に対して有する被保険者の権利を取得する。

第7章　その他

(裁判管轄)
第34条　この保険契約に関する訴訟は，当会社の本店所在地を管轄する裁判所に提起するものとする。

(準拠法)
第35条　この約款およびこの保険証券記載の特別約款に規定のない事項については，日本国の法令に準拠する。

別表　短期料率表

短期料率は，年料率に下記割合を乗じたものとする。

既経過期間	割合（％）
1ヶ月以下	20
2ヶ月以下	30
3ヶ月以下	40
4ヶ月以下	50
5ヶ月以下	60
6ヶ月以下	70
7ヶ月以下	80
8ヶ月以下	90
8ヶ月超	100

●著者紹介

中出　哲（なかいで　さとし）

早稲田大学商学学術院教授（副学術院長），同大学産業経営研究所所長，国際保険法学会（AIDA）海上保険部会長，国際金融消費者学会 Executive Director。博士（商学）

略歴：1981 年，一橋大学商学部卒業，同年，東京海上火災保険株式会社入社，93 年，ロンドン大学 L.S.E. 法学部大学院卒業（LL. M. 取得），94 年，ケンブリッジ大学大学院法学研究科卒業（Diploma in Legal Studies 取得），2009 年，東京海上日動火災保険株式会社退社，早稲田大学商学学術院准教授，13 年より同教授。15-16 年，イギリス・エクセター大学ロースクール Honorary Visiting Professor，16-17 年，マックス・プランク外国法国際私法研究所客員研究員

受賞歴：2012 年，山縣勝見賞（共著），12 年，住田正一海事技術奨励賞（共著），17 年，日本保険学会賞（著作の部），18 年，早稲田大学大隈記念学術褒賞（奨励賞）

主要著作：『損害てん補の本質』（成文堂，2016 年），『海上保険の理論と実務』（分担執筆，弘文堂，2011 年），『はじめて学ぶ損害保険』（共編著，有斐閣，2012 年），『船舶衝突法』（共著，成文堂，2012 年），『現代海上保険』（共監訳，成山堂書店，2013 年），『海上保険法概論』（共著，損害保険事業総合研究所，改訂第四版，2014 年），『基礎からわかる損害保険』（共同監修／執筆，有斐閣，2018 年），『企業損害保険の理論と実務』（共編著，成文堂，2021 年）

海上保険 ── グローバル・ビジネスの視点を養う
Marine Insurance

2019 年 2 月 15 日　初版第 1 刷発行
2023 年 11 月 5 日　初版第 8 刷発行

著　者　　中　出　　　哲
発行者　　江　草　貞　治
発行所　　株式会社　有　斐　閣
　　　　　郵便番号 101-0051
　　　　　東京都千代田区神田神保町 2-17
　　　　　https://www.yuhikaku.co.jp/

印刷・大日本法令印刷株式会社／製本・大口製本印刷株式会社
© 2019. Satoshi Nakaide. Printed in Japan
落丁・乱丁本はお取替えいたします。
★定価はカバーに表示してあります。

ISBN 978-4-641-16540-3

JCOPY　本書の無断複写（コピー）は，著作権法上での例外を除き，禁じられています。複写される場合は，そのつど事前に（一社）出版者著作権管理機構（電話03-5244-5088, FAX03-5244-5089, e-mail：info@jcopy.or.jp）の許諾を得てください。